Sali Hughes
ECHT SCHÖN

mosaik

Sali Hughes

ECHT SCHÖN

Das Beauty-Handbuch

Fotos von Jake Walters

Aus dem Englischen
von Christiane Burkardt

mosaik

Bildnachweis S. 282: Christy Turlington – Getty; Elizabeth Taylor – Getty; Josephine Baker – Estate of Emil Bieber/KlausNiermann/Getty; Kim Deal – Getty; Anne-Marie Duff – John Lindquist/Getty; Alabama Whurley – courtesy of Morgan Creek; Zadie Smith – Sebastain Kim; Coco Chanel – George Hoyningen-Huene/RDA/Getty; Barbra Streisand – Alamy; Joan Collins – Cambridge Jones/Getty; Lauren Bacall – John Stoddart/Getty; Madonna – Gary Heery.

Verlagsgruppe Random House FSC® N001967
Das für dieses Buch verwendete FSC®-zertifizierte Papier
Tauro liefert Sappi, Werk Stockstadt.

Dieses Buch ist auch als E-Book erhältlich.

1. Auflage
Deutsche Erstausgabe November 2015
© 2015 Wilhelm Goldmann Verlag, München,
in der Verlagsgruppe Random House GmbH
© 2014 der Originalausgabe Sali Hughes
All rights reserved.
Originaltitel: Pretty Honest
Originalverlag: HarperCollins Publishers Ltd.
Umschlaggestaltung: zeichenpool
Redaktion: Birthe Katt
Fotos: © Jake Walters
Layout: BLOK
Satz: Uhl + Massopust, Aalen
Druck und Bindung: Print Consult GmbH, München
Printed in Czech Republic
KW · Herstellung: IH
ISBN 978-3-442-39292-6
www.mosaik-verlag.de

FÜR CAREY LANDER UND JULIA MARCUS,
DIE NIE AUFGEHÖRT HABEN, LIPPENSTIFT ZU TRAGEN –
UND DAS IN JEDER LEBENSLAGE.

Inhalt

EINLEITUNG

»Hübsch wird man geboren. Aber schön?
Bei diesem Adjektiv herrscht Chancengleichheit.«
Ralph Waldo Emerson

Ich habe genau zwei Leitsprüche, und der erste stammt von meiner Großmutter. Als ich noch ein kleines Mädchen war, saß ich einmal auf ihrem Bett und sah zu, wie sie sich mit Lavendelparfüm einsprühte, ihr Gesicht mit Kompaktpuder aus einem goldenen Döschen mattierte und Lippenstift in der Farbe Fuchsia 07 auftrug. Fasziniert fragte ich, warum sie sich schminke. Daraufhin schloss sie den Lippenstift mit einem lauten Klicken und sagte: »Ganz einfach: Wenn ich geschminkt bin, bin ich auf alles vorbereitet. Stell dir vor, ich bin unterwegs und bekomme eine interessante Einladung, muss aber absagen, weil ich mich nicht in Form fühle. Wenn ich geschminkt bin, kann mir das nicht passieren. Dann kann ich jede Herausforderung annehmen.« Das habe ich nie vergessen und halte mich so gut wie immer daran. Den zweiten Leitspruch benutze ich bei Freundinnen, wenn sie sich krank oder niedergeschlagen fühlen (dazu schicke ich ihnen immer ein Riesencarepaket mit Beauty-Produkten): »Sich schrecklich zu fühlen ist schlimm genug. Aber noch schlimmer ist es, auch noch schrecklich auszusehen!« Ersteres lässt sich nicht immer vermeiden. Aber Letzteres schon, davon bin ich fest überzeugt.

Dass man gut aussehen will, finde ich wichtig und richtig. Frauen, die sich für ihr Äußeres interessieren, werden zu Unrecht als dumm, oberflächlich oder hohl bezeichnet. Manche behaupten sogar, das wäre Verrat am Feminismus. Aber für mich sind ein gepflegtes Äußeres und Feminismus keine Gegensätze. Für viele Frauen hat Schönheit etwas mit Selbstachtung zu tun. Sie wollen sich von ihrer besten Seite zeigen und wünschen sich zu Recht, wahrgenommen zu werden. Wenn sich Männer für Fußball, Wein, Formel 1 oder Paintball interessieren, kommt niemand auf die Idee, an ihrer Intelligenz zu zweifeln. Aber einer Frau, die sich um ihr Äußeres kümmert, wird fehlender Tiefgang vorgeworfen! Ich finde es völlig normal, sich für Lippenstift *und* Literatur zu begeistern. Für Nagellack *und* Politik. Wer gut aussieht, fühlt sich auch gut, und die Pflegerituale an sich sind schon ein Genuss. Die Vorstellung, wir bemitleidenswerte Frauen würden extra eine halbe

Stunde früher aufstehen, nur um uns schlecht gelaunt irgendwelches Zeug ins Gesicht zu kleistern, weil die Gesellschaft das so von uns verlangt, ist einfach absurd! Ich weiß aus zuverlässigen Quellen, dass das Schminken für viele Frauen der einzige Moment des Tages ist, an dem sie ganz bei sich sein können. Es ist ein Akt der Selbstliebe, aber auch der Selbstdarstellung: Make-up kann unheimlich kreativ sein, und mir tut es aufrichtig leid für die Männer, dass sie diese Möglichkeit nicht haben.

Oft werde ich gefragt: »Warum haben Sie das Bedürfnis, sich zu schminken? Können Sie Ihren Anblick ohne Make-up nicht ertragen?« Das ist eine sehr beleidigende und extrem übergriffige Frage, die ich als Beauty-Kolumnistin allerdings ständig zu hören bekomme (vor allem von Leuten, die sich einbilden, etwas Besseres zu sein, nur weil sie sich das Gesicht mit Kernseife waschen und die Zähne mit Zweigen reinigen). Dabei laufe ich oft ungeschminkt herum, und auch mit meinem Selbstbewusstsein ist alles in Ordnung – danke der Nachfrage! Trotzdem möchte ich nicht immer gleich aussehen. Wenn ich heute Lust habe, den Vamp zu geben und morgen die Unschuld vom Lande, am Samstagabend aussehen will wie die grell geschminkte Madonna und am Sonntag so natürlich wie Joni Mitchell, bedeutet das für mich schlichtweg Freiheit – und genau darum geht es dem Feminismus doch eigentlich.

Mit Männern hat das nur sehr bedingt etwas zu tun. (Auch wenn überhaupt nichts dagegen spricht, sie mithilfe von Schminke zu verführen. Warum freiwillig auf einen solchen Startvorteil verzichten?) Ich schminke mich hauptsächlich mir selbst zuliebe. Ganz einfach, weil ich dann nicht nur besser aussehe (und ich habe noch niemanden kennengelernt, der durch ein bisschen Concealer und etwas Rouge nicht frischer und wacher aussah), sondern mich auch selbstbewusster und besser fühle.

Jeder, der Kosmetikprodukte für überflüssigen, eitlen Tand hält, hat offen gestanden keine Ahnung von Frauen. Wenn es uns gut geht, ist unsere Schminke eine Art Rüstung, die uns das Gefühl gibt, es mit allem aufnehmen zu können. Mit einem guten Lippenstift sehen wir der wichtigen Präsentation noch gelassener entgegen. Und ein perfektes Make-up gibt uns das Selbstvertrauen, offen auf andere zugehen zu können. Selbst zu Hause mache ich es mir nur selten ohne etwas getönte Tagescreme und eine Lippenpflege im Pyjama gemütlich. Wenn man sich schminkt, und sei es noch so dezent, heißt das, dass der Tag begonnen hat. Und gut aussehend kommt man deutlich besser in Schwung!

Vielen Frauen ist ihr Aussehen auch dann wichtig, wenn man es am wenigsten erwartet: In schwierigen Lebensphasen gewinnt es sogar oft noch an Bedeutung, ja wird zu einer unverzichtbaren Bewältigungsstrategie. Zum Beispiel, wenn wir unseren Job verloren haben, gerade eine Scheidung durchmachen oder um einen geliebten Menschen trauern. (Ich weiß noch, wie ich vor der Beerdigung meines Vaters stundenlang überlegt habe, welchen Lippenstift ich tragen soll. Denn nur darüber glaubte ich an diesem traurigen Tag noch Kontrolle zu haben.) Das sind die Situationen, in denen wir im wahrsten Sinne des Wortes gute Miene zum bösen Spiel machen. Selbst in Wirtschaftskrisen darf unsere Schönheit nicht zu kurz kommen. Statistiken belegen, dass die Verkäufe von Lippenstift in Zeiten der Rezession sogar hochgehen: Ganz einfach, weil wir uns sofort besser fühlen, wenn wir einen hübschen Lippenstift kaufen und auftragen. Auf seine stimmungsaufhellende Wirkung greifen wir vor allem zurück, wenn wir krank sind und Gesundheitsprobleme und ihre Behandlung unser Erscheinungsbild drastisch beschädigt haben. Schönheitsrituale sind viel mehr als nur Körperpflege, sie können auch eine Form von Therapie sein.

Zu sagen, dass ich mich für das Thema Beauty begeistere, ist noch stark untertrieben. Ich liebe und vergöttere es! Nichts macht mich glücklicher, als ein tolles Produkt zu entdecken und weiterzuempfehlen, an einem verregneten Tag zu Selfridges zu gehen und mir einen schönen Chanel-Lippenstift auszusuchen oder eine neue Schminktechnik zu erlernen, von der ich dachte, dass ich sie niemals hinkriegen würde. So ging es mir von klein auf. Spätestens, als ich meine erste Lippenpomade mit Kirschgeschmack bei Body Shop kaufte, war es um mich geschehen. Schon nach einer Woche war ich süchtig danach und stürzte mich auf jeden Kosmetikkatalog, den ich finden konnte. Ich teste mehrere Hundert Produkte im Jahr, Produkte jeder Preisklasse. Und mein Esszimmer sieht aus wie eine kleine Parfümerie. Ich mache mir über typgerechte Pflegerituale Gedanken, stelle wie erwähnt Carepakete mit Schönheitsprodukten zusammen und schminke begeistert jeden, der mich lässt.

Aber nur, weil ich ein Beauty-Fan bin, bin ich noch lange nicht von gestern! Mithilfe von Verpackungsdesign und Zeitschriftenwerbung wird viel heiße Luft verkauft – Träume, die sich einfach nicht verwirklichen lassen. Bestimmte Mythen halten sich hartnäckig, und es wird Zeit, dass endlich damit aufgeräumt wird. Wenn wir schon Unsummen hart verdientes Geld für diese Sachen ausgeben, sollten wir uns auch darauf verlassen können, dass die Produkte wirklich helfen. Ich bin seit 20 Jahren in der Beauty-Branche – erst als Visagistin, dann als Journalistin. Ich habe buchstäblich Tausende von Kosmetikprodukten getestet und nie etwas empfohlen, das nicht von mir selbst ausprobiert wurde oder zumindest von jemandem, den ich sehr gut kenne. Für mich gibt es nichts Befriedigenderes, als einen Blick in das Schminktäschchen einer Freundin zu werfen und ihr zu sagen, dass sie die Augencreme für 100 Euro nicht braucht, weil die Feuchtigkeitspflege für 25 Euro deutlich besser wirkt. Dass ein anderer Concealer sie auf Fotos so gut aussehen lässt, wie sie es niemals für möglich gehalten hätte. Und dass eine neue Reinigungsmilch ihr hartnäckiges Hautproblem lösen kann. Ich weiß, was funktioniert und was nicht … und ich finde, Sie sollten es auch wissen!

Als ich Beauty-Kolumnistin bei der Wochenendausgabe des *Guardian* wurde, war ich fest entschlossen, das Thema Beauty völlig neu zu behandeln. Ich wollte dort genauso offen reden können wie zu den Tausenden von Forenmitgliedern und Twitter-Followern, die mich jeden Tag um Rat fragen und sich Produktempfehlungen von mir wünschen. Auch wenn ich Hochglanzmagazine über alles liebe und ihre meist sehr kompetenten Beauty-Redakteure zu schätzen weiß, können diese nicht zu 100 Prozent aufrichtig sein. Dafür sind sie zu abhängig von den Werbekunden der Kosmetikindustrie. Bringt ein großer Konzern eine neue Feuchtigkeitspflege auf den Markt, stimmt meist, was darüber geschrieben wird. Doch selbst, wenn sie zu Recht gelobt wird, gibt es noch andere Produkte von kleineren Firmen mit einem geringeren Werbeetat, die viel zu oft keine Berücksichtigung finden. Ich betrachte es als meine Aufgabe, dafür zu sorgen, dass Sie sie nicht übersehen. Ich möchte, dass Sie die Insidertipps kennen, die ich während meiner jahrelangen Zusammenarbeit mit Profis gelernt habe. Die Looks, nach denen ich täglich gefragt werde, lassen sich nämlich viel leichter erzielen, als Sie denken. Smokey Eyes, Make-up, das besser wirkt als Botox, Katzenaugen, eine Maniküre wie aus dem Nagelstudio … Ich kenne da todsichere Tricks, und nicht nur zu diesen Themen! Tricks, auf die Sie, sobald Sie sie erst einmal beherrschen, nie mehr verzichten werden.

Ich bin fest davon überzeugt, dass ausnahmslos alle Frauen besser aussehen, wenn sie Beauty-Produkte benutzen. Und das in Maßen, schließlich wollen Sie weder völlig zugekleistert aussehen noch so aufgetakelt wie ein Zirkuspferd.

Ich rede von getönter Tagescreme und Wimperntusche, von einem verführerisch geschwungenen Lidstrich und rotem Lippenstift. Und ich sage bewusst »besser« aussehen, nicht »perfekt«. Denn auch, wenn uns die Werbeindustrie etwas anderes weismachen will: Die wenigsten Frauen träumen davon, genauso einen Look zu haben wie Angelina Jolie. Wir wollen nicht aussehen wie der Klon eines Supermodels. Wir wollen uns nicht nur von Marlboro Lights ernähren. Wir wollen einfach bloß aussehen wie wir selbst, *nur in Schön*. Und ich werde meinen Teil dazu beitragen.

WELCHER HAUTTYP
SIND SIE?

»Ich habe genug von all dem Unsinn,
dass Schönheit nur oberflächlich ist.
Das reicht doch. Was will man mehr –
etwa eine anbetungswürdige Bauchspeicheldrüse?«

Jean Kerr

Auf die Frage nach dem Hauttyp werden die meisten mit »Mischhaut«, »empfindliche Haut« oder »eine Kombination aus beidem« antworten. Nichts gibt es häufiger. Frauen, die etwas anderes behaupten, sagen in der Regel »trockene Haut«, womit sie feuchtigkeitsarme Haut meinen. Dieses Unwissen muss sich dringend ändern, denn nichts, was sich irgendwie abfüllen lässt, wird Ihre Haut verbessern, wenn Sie nicht wissen, womit Sie es genau zu tun haben. Nur wenn Sie Ihren Hauttyp kennen – egal, ob er sich nun kategorisieren lässt wie aus dem Lehrbuch oder eine Mischung aus zwei bis drei verschiedenen Hauttypen ist (vor allem Frauen in den Wechseljahren stellen fest, dass sie das gesamte Spektrum einmal durchmachen) –, können Sie auch die richtigen Produkte kaufen, statt Ihr Geld für die falschen zum Fenster hinauszuwerfen.

Es lohnt sich also, den eigenen Hauttyp zu bestimmen, auch wenn es sich dabei natürlich um keine exakte Wissenschaft handelt. Es ist völlig normal, »sowohl als auch« zu sein. Meine Haut ist beispielsweise trocken und feuchtigkeitsarm. Am besten reagiert sie jedoch auf Produkte, die auf Letzteres spezialisiert sind. Empfindlich reagiert meine Haut dafür eher selten – was bei den vielen Produkten, die ihr im Namen der Forschung zugemutet werden, fast schon ein Wunder ist! Kommt es dennoch zu Irritationen, liegt das fast immer an kalter Witterung oder einem Übermaß an Zucker. Dann wird es Zeit, vorübergehend auf einige heiß geliebte Produkte zu verzichten wie alle mit AHAs (Fruchtsäuren). Ich weiß, dass Mineralöl bei meiner Haut manchmal für Probleme sorgt, Sheabutter dagegen nicht (auch wenn das bei anderen häufig der Fall ist). Ich weiß, dass ein Serum mit Hyaluronsäure bei mir nichts bringt, aber ein Gesichtsöl ohne sehr wohl. Und zwar, weil ich ganz methodisch vorgegangen bin und meine Haut genau beobachtet habe – in guten wie in schlechten Zeiten. Die Bestimmung des eigenen Hauttyps ist kein Pflichtprogramm, aber es hilft einem, zur Expertin für die eigene Haut zu werden – zu verstehen, was ihr guttut und was ihr schadet, und zu erkennen, wann man eingreifen muss und wie.

Die Haut ist das A und O in Sachen Schönheit. Wer eine tolle Haut hat, kann nicht mehr viel falsch machen. Und anders als bei Make-up, Frisur und Nägeln kommt es bei der Haut nicht nur aufs Äußere an: Die Haut ist unser größtes Organ und außerdem das einzige, das uns unseren Gesundheitszustand Tag für Tag vor Augen führt. Das sollten Sie sich zunutze machen und auf sie hören!

TROCKENE HAUT

Die Haut spannt und sehnt sich nach dem Reinigen oder Duschen nach Feuchtigkeit.

....

Auch wenn morgens eine geeignete Feuchtigkeitspflege aufgetragen wurde, fühlt sich die Haut abends trocken an. Das Make-up sieht fleckig aus.

....

Auf Kälte reagiert die Haut gereizt, noch schlimmer wird es bei trockener Heizungsluft.

....

Feine Fältchen erscheinen früher als bei Gleichaltrigen.

....

Die Haut wird schnell stumpf und schuppig, vor allem im Winter um Nasenregion, Lider und Wangen.

....

Die Haut fühlt sich morgens nach dem Aufwachen trocken an, wenn am Vorabend keine reichhaltige Nachtcreme aufgetragen wurde.

....

Feine Poren

....

Die Haut neigt zu Milien – Hautgrieß, der monatelang bleiben kann, vor allem um die Augen herum.

Mir fällt auf, dass immer mehr Frauen behaupten, sie hätten »extrem trockene Haut«. Genauso verhält es sich mit der Diagnose »Winterdepression«: Die gibt es tatsächlich, aber längst nicht so häufig, wie wir glauben. Eine gewisse Hauttrockenheit ist ganz normal, aber die meisten von uns haben zum Glück nicht die leiseste Ahnung, was es tatsächlich bedeutet, an trockener Haut zu leiden. Menschen mit wirklich trockener Haut können das Bad morgens nicht verlassen, ohne eine reichhaltige Feuchtigkeitspflege aufzutragen. (Meine Haut ist derart trocken, dass ich nach dem Duschen sofort Öl einmassieren muss, weil meine Haut so sehr spannt.)

Während der Sommer bei Hauttrockenheit eher Erleichterung bringt, kann der Winter die Hölle sein. Dann braucht man eine extrem beruhigende, brutal reichhaltige Megafeuchtigkeitspflege, damit die Haut nicht brennt, spannt, rissig oder stumpf wird. Apothekenmarken, Produkte wie Vaseline oder Cremes auf Urea-Basis sind oft toll für den Körper, können aber im Gesicht Pickel verursachen. (Denn anders als viele glauben, reagiert trockene Haut auf Inhaltsstoffe wie Mineralöl mit Unreinheiten). Außerdem sind sie als Make-up-Unterlage ungeeignet, was für mich mindestens so ein Problem ist wie die Hauttrockenheit selbst. Aus meiner Sicht besteht die beste Behandlungsmethode bei trockener Haut – sei sie nun leicht trocken, rissig oder wund – darin, dass man täglich ölhaltigen, beruhigenden Reinigungsbalsam, hochwertige Pflanzenöle, reichhaltige Verwöhncremes und sanfte Peelings benutzt.

EMPFINDLICHE HAUT

Die Haut brennt und juckt manchmal nach dem Reinigen.

....

Die Haut reagiert mit roten Flecken auf neue Pflegeprodukte.

....

Die Haut ist während des Menstruationszyklus
unterschiedlich schnell gereizt.
Oft handelt es sich um eine Mischung aus fettiger,
trockener und feuchtigkeitsarmer Haut.

....

Das Phänomen »empfindliche Haut« kann kommen
und gehen.

....

Empfindliche Haut neigt zu brennenden, juckenden
roten Flecken, die sich verschlimmern, wenn man
daran kratzt.

....

Nach dem Duschen ist das Gesicht häufig gereizt.

....

Die Haut neigt zu Sonnenbrand.

Wer Schönheitsprodukte liebt, hat es bei empfindlicher Haut nicht immer leicht. Viele Produkte enthalten aktive Inhaltsstoffe, die zwar ungefährlich sind, aber die Haut bestimmter Frauen trotzdem angreifen, und zwar so sehr, dass ihre Anwendung unangenehm ist oder schlichtweg unmöglich wird. Das Problem ist, dass viele Frauen, die ihre Haut für empfindlich halten, eigentlich nur auf ein, zwei Inhaltsstoffe reagieren, die allerdings in den meisten Kosmetikprodukten enthalten sind und sich deshalb schwer vermeiden lassen. Trotzdem lohnt es sich, den Ursachen für empfindliche Hautreaktionen auf den Grund zu gehen. Und zwar nach dem Ausschlussprinzip, auch wenn das reichlich mühsam ist: Setzen Sie alle Pflegeprodukte ab, und testen Sie dann jedes einzeln, bis Sie den Schuldigen gefunden haben. Zum Glück werden Sie das höchstens ein-, zweimal in Ihrem Leben tun müssen. Anschließend genügt ein Blick auf die Liste mit Inhaltsstoffen, und Sie wissen, was Sie am besten meiden. Immer mehr Nischenprodukte verzichten auf Allergene wie Mineral-, Palm-, Paraffinöle, Duftstoffe, Parabene, Alkohol usw. – auch wenn die meisten dieser

Inhaltsstoffe der Haut womöglich nicht das Geringste ausmachen. Das kann bedeuten, dass man manchmal etwas mehr Geld ausgeben muss, aber auch das scheint sich gerade zu ändern. Die meisten Drogeriemärkte oder Reformhäuser bieten inzwischen Pflegeprodukte an, die die Haut nicht reizen. Empfindliche Typen sollten auch auf ihre Ernährung achten. Zahlreiche Experten behaupten, die Ernährung hätte keinerlei Einfluss auf den Zustand der Haut, aber diese Meinung teile ich nicht: Ich kenne einfach zu viele Frauen (mich eingeschlossen), die extrem empfindlich auf ein Übermaß an Zucker reagieren und bei denen sich die Haut bessert, wenn sie den Konsum zurückfahren. Ich bin eigentlich ziemlich mainstreamig unterwegs, habe nichts gegen Chemie und stehe alternativen Behandlungsmethoden eher skeptisch gegenüber. Aber in diesem Punkt verlasse ich mich eher auf meine langjährigen Erfahrungen als auf die Wissenschaft.

MISCHHAUT

Größere Poren an Nase, Stirn und Kinn

....

*An den Wangen ist die Haut eigentlich normal,
neigt aber zu leichter Trockenheit.*

....

*Die T-Zone (Stirn, Nase und Kinn) neigt zu fettiger,
unreiner Haut, vor allem zu bestimmten Zeiten
des Zyklus, während der Schwangerschaft oder
in der Menopause.*

....

*Es fällt schwer, eine Feuchtigkeitspflege zu finden,
bei der das Gesicht matt bleibt und nicht spannt.*

....

Das Make-up wird im Laufe des Tages fleckig.

Die meisten Frauen, denen ich begegne, glauben, sie hätten mehr oder weniger Mischhaut, und ich kann bestätigen, dass viele irgendwann welche haben. Mischhaut lässt sich oft von Hormonen aus dem Gleichgewicht bringen (Pickel während der Regel sind bei diesem Hauttyp sehr verbreitet), und in der Menopause kann sich das sogar noch verschlimmern. Bei Mischhaut ist eine vernünftige Pflege besonders wichtig. Ich habe festgestellt, dass Mischhaut oft erst dadurch entsteht, dass die Hautbalance durch zu aggressive, austrocknende oder zu reichhaltige Feuchtigkeitspflege gestört wurde. Das zwingt die Haut geradezu, extrem zu reagieren. Also bitte eine sanfte Pflege verwenden! Die meisten Menschen mit Mischhaut bevorzugen die Textur, das Hautgefühl und die lange Wirksamkeit einer ölfreien Tagespflege. Dagegen habe ich auch gar nichts einzuwenden, rate aber wenigstens abends zu ausgleichenden Pflanzenölen. Außerdem sollten Sie in regelmäßigen Abständen ein mildes Flüssig-Peeling verwenden. Bitte auf schäumende Reinigungsprodukte verzichten, da diese Sulfate (SLS) enthalten. Ein Reinigungsbalsam, ein Öl oder eine Reinigungsmilch sind besser für die Balance der Haut.

FETTIGE HAUT

Die Haut glänzt.

....

Größere, deutlich sichtbare Poren (oft mit Mitessern)

....

Die Haut neigt zu Pickeln und/oder Akne (abhängig vom Hormonzyklus).

....

Die Haut altert langsamer und hat weniger Fältchen als bei Gleichaltrigen.

....

Die Haut fühlt sich auch nach dem Duschen oder Reinigen gut an (man könnte sich zum Beispiel problemlos einen Tee machen, ohne dass Feuchtigkeitspflege nötig wäre).

....

Drückt man eine Stunde nach dem Reinigen ein Kosmetiktuch auf Kinn und Nase, bleiben transparente Fettflecken zurück.

Fettige Haut ist ein zweischneidiges Schwert und vermutlich der Hauttyp, der sich am schwierigsten behandeln lässt. Zweischneidig deshalb, weil man in der Pubertät und der Lebensmitte sehr darunter leiden kann (vor allem Letzteres sehe ich immer öfter), dafür verläuft der Alterungsprozess deutlich langsamer. Menschen mit trockener Haut haben in der Jugend einen wunderbar reinen Teint, bekommen aber später schnell Falten. Fettige Haut lässt sich nicht so leicht behandeln, einerseits wegen ihrer Beschaffenheit, andererseits, weil so viel Unsinn über diesen Hauttyp verbreitet wird, dass die Betroffenem irgendwann gar nicht mehr wissen, was sie tun sollen. Fettige Haut kann kurzfristig eine gute Make-up-Unterlage sein, bringt die Schminke aber auch schnell wieder zum Verschwinden und neigt zu fettigem Glanz. (Im Kapitel »Akne« finden Sie Tipps, wie sich fettige, zu Pickeln neigende Haut am besten pflegen lässt).

Unterm Strich lässt sich sagen, dass Sie auf keinen Fall auf Feuchtigkeitspflege und Öle verzichten dürfen. Meiden sollten Sie allerdings Mineralöle, Sheabutter und Kakaobutter sowie sehr reichhaltige Cremes. Es macht mich wütend zu sehen, wie vielen Frauen mit fettiger Haut eingeredet wird, sie müssten ölhaltige Produkte meiden. Ich kann nachvollziehen, dass eine ölfreie Feuchtigkeitspflege für tagsüber eine angenehmere, mattere und praktischere Make-up-Unterlage ist. Aber für die Nacht würde ich trotzdem zu einem leichten Gesichtsöl raten. Nicht jedes Öl ist gleich: Ein gutes pflegt die fettige Haut, statt ihr zu schaden. In Kombination mit einem sanften Reinigungsprodukt ist es eine echte Hilfe!

NORMALE HAUT

Die Haut ist weder fettig noch trocken
(kann aber durchaus mal glänzen
oder spannen).

....

Die Haut ist angenehm glatt.

....

Feine Poren

Ich bin im Allgemeinen kein großer Fan des Wörtchens »normal«, wenn es ums Aussehen geht, aber in diesem Fall bedeutet »normal« einfach nur »ausgewogen«: Es handelt sich also um eine Haut, die weder trocken noch fettig ist und nur selten eine Mischung aus beidem. Sie neigt nicht zu Pickeln und fühlt sich meist angenehm an. Wenn Sie diesen Hauttyp haben, kann ich Ihnen nur gratulieren! Die Haut lässt sich leicht pflegen und verzeiht vieles, auch im Alter. In bestimmten Lebensphasen oder im Lauf des Zyklus kann sie vorübergehend zu fettiger/trockener/Mischhaut werden. In diesem Fall können Sie entsprechende (aber bitte milde!) Produkte verwenden, um die Hautbalance wieder herzustellen. Fühlt sich die Haut bei Kälte manchmal trocken an, ist das ganz normal, genauso wie ein leichter Fettfilm oder vergrößerte Poren in der T-Zone. Ein echtes Problem stellt das nur selten dar. Also bitte nicht in Panik geraten und die Haut dadurch ruinieren, dass Sie sie übertrieben mit Produkten gegen fettige oder trockene Haut behandeln! Denn das könnte Ihren beneidenswerten Hauttyp langfristig gefährden.

FEUCHTIGKEITSARME HAUT

Die Haut wirkt rasch stumpf und glanzlos.

....

Die Haut neigt zu feinen Fältchen, man hat den Eindruck, sie kommen und gehen.

....

Die Haut sieht nach dem Duschen (aber noch vor dem Abtrocknen) rosiger, strahlender und gesünder aus.

....

Die Haut reagiert gut auf Dampfbäder und sieht bei feuchter Witterung besonders gut aus.

....

Die Haut sehnt sich nach dem Duschen verzweifelt nach einem Pflegeprodukt.

....

Die Haut schuppt und schält sich manchmal, wenn Make-up aufgetragen wird, vor allem um Augen und Nase.

....

Trockene Lippen

Bis vor Kurzem wurde feuchtigkeitsarme Haut von der Beauty-Industrie häufig mit trockener Haut in einen Topf geworfen, obwohl sie sich klar davon unterscheidet. Trockener Haut fehlt Öl. Feuchtigkeitsarmer Haut fehlt Wasser (deshalb kann feuchtigkeitsarme Haut auch leicht fettig werden, nicht nur trocken). Feuchtigkeitsarme Haut sieht in der Regel nass zehnmal besser aus, aber nach dem Abtrocknen stumpf und fahl. Bei feuchter Witterung läuft sie zur Hochform auf, bei Kälte wirkt sie grau. Manche Hauttypen speichern die Feuchtigkeit besser als andere – es gibt keine wissenschaftlichen Belege dafür, dass viel Trinken die Haut feuchter macht. Viele Frauen stellen aber genau das fest (die meisten, die ich kenne, haben das

Gefühl, dass sich ihre Haut verbessert, wenn sie viel Wasser trinken). Ein erfahrener Dermatologe hat mir mal erzählt, dass der Körper sehr darauf achtet, genügend Wasser zu bekommen, es jedoch zuerst den überlebenswichtigen Organen zuführt. Trocknet er aus, holt er sich die Feuchtigkeit aus der Haut. Das hört sich für mich logisch an, auch wenn echte Austrocknung im medizinischen Sinne etwas ganz anderes ist, als zwei Gläser Wasser statt acht pro Tag zu trinken.

Feuchtigkeitsarmer Haut helfen nachweislich feuchtigkeitsspendende Inhaltsstoffe, die in der Lage sind, Wasser zu binden. Glyzerin (ein alter, aber guter Bekannter!) und Hyaluronsäure sind diesbezüglich unschlagbar. Sie sind fantastisch dazu geeignet, die Haut wieder prall zu machen und ihr ein gesundes Strahlen zu verleihen – etwas, an dem es feuchtigkeitsarmer Haut so oft mangelt. Da diese Inhaltsstoffe nachweislich wirken, werden sie immer mehr Produkten beigemischt – teuren ebenso wie günstigen. Halten Sie danach Ausschau – sie machen einen Riesenunterschied!

DER RICHTIGE UMGANG
MIT KOSMETIKBERATERN

»Das beste Make-up einer Frau ist Leidenschaft.
Aber Kosmetika sind schneller gekauft.«
Yves Saint Laurent

Als notorische Schulschwänzerin (und letztlich Schulabbrecherin) habe ich mich Ende der Achtzigerjahre schon als sehr junges Mädchen stundenlang in den Kosmetikabteilungen der Kaufhäuser herumgetrieben. Der Clinique-Stand bei Debenhams in Cardiff war mein bevorzugtes Ziel. Wie eine kleine Masochistin bin ich in meiner Schuluniform regelmäßig dorthin marschiert – wohl wissend, dass man mich im besten Fall ignorieren und im schlimmsten erniedrigen und beleidigen würde. Die Kosmetikberaterin war eine Frau, bei der ich sogar schon als Zwölf-, Dreizehnjährige merkte, dass sie viel zu stark geschminkt war. Sie hatte eine stachelige, mit viel Haarfestiger in Form gebrachte, blondierte Kurzhaarfrisur, die sie aussehen ließ wie Dolph Lundgren, und trug so viel Make-up, als hätte sie einen ganzen Drogeriemarkt leergekauft. Sie war extrem unverschämt. Und trotzdem war ich wie hypnotisiert von diesem Beauty-Counter und sparte mein ganzes Taschengeld für das Privileg, dort einkaufen zu können. Ich durfte sie also auf keinen Fall verärgern.

Als ich eines Tages genug Geld hatte, um mir losen Puder leisten zu können (ja genau – was will eine Zwölfjährige bitte schön mit losem Puder? Aber dazu gehörte ein silberner Pinsel mit einziehbaren Borsten, von dem ich absolut hingerissen war), ging ich wieder dorthin und hoffte, dass die Frau gerade Pause hätte. (Ich stellte mir immer vor, dass sie gierig Knäckebrot in sich hineinstopfte.) Doch ich hoffte vergeblich. Ich fragte nach dem ersehnten Puder, und sie starrte mich an, nur um mir zu sagen, meine Haut sei »zu schlecht«, ich solle doch in die Drogerie gehen, dort sei es außerdem »viel billiger«.

Ich kam ohne Puder nach Hause und schrieb meinen ersten Beschwerdebrief. Direkt an Clinique. Ich zählte die unzähligen Unverschämtheiten dieser Frau auf und ließ sie wissen, dass ich zwar noch ein Kind sei, aber dennoch eine Kundin und ein Riesenfan der Marke. Zwei Wochen später steckte eine wattierte Tüte im Briefkasten, die eine für mich damals unbezahlbare Bodylotion und ein Blatt Papier mit dem blassgrünen Clinique-Logo enthielt. Es handelte sich um ein formvollendetes Entschuldigungsschreiben, das genau das richtige Ausmaß an Empörung enthielt.

Seitdem habe ich mich von Kosmetikberatern nie mehr einschüchtern lassen. Trotzdem staune ich, wie oft mir meine erwachsenen, erfolgreichen, intelligenten Leserinnen schreiben, sie trauten sich nicht an den Stand einer Premiummarke – aus Angst, beleidigt, lächerlich gemacht oder erniedrigt zu werden. Frauen, die in allen anderen Lebensbereichen stark und selbstbewusst auftreten, fühlen sich angesichts einer Kosmetikberaterin wieder wie ein kleines Kind. Entweder sie verlassen den Beauty-Counter mit leeren Händen und sind verärgert, weil sie sich nicht genügend beachtet fühlen. Oder aber sie werden dermaßen eingeschüchtert, dass sie 300 Euro für Dinge ausgeben, die sie niemals brauchen werden. Das muss endlich aufhören!

An einem Kosmetikstand schlecht behandelt zu werden hat etwas extrem Demütigendes. Erstens geht es bei jedem Gespräch um nicht weniger als Ihr Gesicht: Eine Wildfremde mustert es forschend, soll zutreffende Bemerkungen darüber machen (was oft nicht besonders taktvoll passiert) und Verbesserungsmöglichkeiten vorschlagen. Das allein ist schon problematisch genug, selbst wenn man an eine sehr einfühlsame Beraterin gerät.

Zweitens ist das Verkaufspersonal unglaublich gestylt (meist ist es dazu sogar vertraglich verpflichtet). So kann die Verkäuferin völlig unbeabsichtigt arrogant und einschüchternd wirken – erst recht, wenn man den Beauty-Counter nach einem langen Tag in der Stadt völlig erschöpft erreicht – quengelnde Kinder und einen Mann im Schlepptau, der sofort nach Betreten des Ladens einsam und verloren im nächstbesten Sessel wartet.

Und drittens waren Kosmetikberater früher einmal wirklich ziemlich Furcht einflößend, etwas, wovon ich bis heute nicht wirklich abzubringen bin. Es gab sicherlich Ausnahmen, aber aus meiner Sicht haben die Kosmetikfirmen erst in den letzten 20 Jahren begriffen, was Kundenservice wirklich bedeutet. Besser spät als nie! Denn wenn man einen Teenager nett behandelt, der nach einer guten Pickelcreme sucht, hat man unter Umständen eine Kundin fürs Leben gewonnen! Und wenn man einer Frau das Gefühl gibt, schön zu sein, wird sie immer wiederkommen und etwas kaufen, sobald sie ein wenig Aufmunterung braucht. Das Problem ist nur, dass die meisten Frauen von den früheren Beraterinnen längst traumatisiert sind.

Ich kann dazu nur sagen, dass ich selbst fünf Jahre lang im Verkauf gearbeitet habe. Das Bedienen von Kunden ist ein höchst ehrenwerter, anständiger Beruf, und die meisten Verkäuferinnen haben meinen vollen Respekt und meine Bewunderung, weil sie ihren Job so gut machen. Man braucht enorme Geduld und Feinfühligkeit, außerdem ist es eine ziemliche Plackerei für ziemlich wenig Geld. Ehrlich gesagt hasse ich unverschämte Kunden genauso wie unverschämtes Verkaufspersonal. Wie immer im Leben ist vieles eine Frage guten Benehmens.

Heute haben alle Marken fantastisches Verkaufspersonal. Ich habe großartige, professionelle Schminksessions bei MAC, Laura Mercier und Bobbi Brown erlebt – von Leuten, die weniger als zehn Pfund die Stunde verdienen. Ich habe gesehen, wie Frauen zu La Mer gingen und mit einer traumatischen Erfahrung rechneten – nur um anschließend von dannen zu schweben, als würden sie Millionen von Dollar verdienen (leicht berauscht von Gratischampagner und belgischen Pralinen). Die Kosmetikberaterin von Clinique im Boots von Brighton ist dermaßen fröhlich, engagiert und herzlich, dass sich Frauen, die nur Tampons und Zahnpasta kaufen, extra bei ihr anstellen, nur um von ihr abkassiert zu werden. Bei meinem Chanel-Stand gibt es eine Frau, die limitierte Nagellacke extra für meine Freundin beiseitelegt – wohl wissend, dass diese sie sofort kaufen wird, sobald sie das Geld dafür zusammen hat. Das sind Verkäuferinnen, die sich genauso für Beauty-Produkte begeistern wie wir. Die wissen, welche Wirkung sich damit erzielen lässt. Die begreifen, dass wir gute Beratung noch lange in Erinnerung behalten werden. Und von denen wir uns nur zu gern verführen lassen, unserer Leidenschaft hingebungsvoll nachzugeben.

Solche Kosmetikberater können gar nicht genug gelobt werden. Behandeln Sie sie gut. Strafen Sie sie nicht mit Herablassung, und nutzen Sie ihre Großzügigkeit in puncto Zeit und Pröbchen nicht über Gebühr aus. Wer eine einstündige Gratisschminksession bucht, während es gerade hoch hergeht, und dann unangenehm wird, nur weil die Beraterin es wagt, zwischendurch einer anderen Kundin einen Lippenstift zu empfehlen, verhält sich absolut unangemessen. Man darf durchaus um ein paar Pröbchen bitten, aber eine Selbstverständlichkeit sind sie nicht. Haben Sie Verständnis dafür, dass man Ihnen mehr Produkte verkaufen will, als Sie brauchen. Das muss man nicht persönlich nehmen, sondern kann es höflich ablehnen. Diese Frau macht auch nur ihren Job und versucht, sowohl die Kunden als auch ihren Chef zufriedenzustellen.

Trotzdem: Auf fünf tolle Beraterinnen kommt nach wie vor eine mit Make-up zugekleisterte Dame mit aufgemalten Brauen, die nur darauf wartet, Ihnen die Laune zu verderben. Sollten Sie an so jemanden geraten, bleiben Sie standhaft: Es ist schließlich Ihr hart verdientes Geld, auf das sie scharf ist. Sie bestimmen hier, was passiert, und sonst niemand. Hier ein paar hilfreiche Tipps:

MIT DEM GELDBEUTEL ABSTIMMEN

Verkaufspersonal bekommt Provision. Wenn man Ihnen unverschämt begegnet oder Sie schlecht bedient, wechseln Sie einfach höflich zu einer anderen Verkäuferin. Scheuen Sie sich nicht, den Grund dafür zu nennen. Freundliches Personal hat Ihr Geld eher verdient.

AUF DIE UMTAUSCHMODALITÄTEN ACHTEN

Große Firmen wie Estée Lauder und Clinique nehmen jedes Produkt zurück, das zu Hautirritationen führt. Sie müssen es allerdings einschicken, direkt vor Ort umtauschen geht nicht, da der Shop nicht vom Hersteller geführt wird. Wenn Sie empfindliche Haut haben, kann es praktischer sein, diese Marken zu kaufen, anstatt sich anderswo wegen eines Umtauschs streiten zu müssen.

SICH BESCHWEREN

Die meisten Firmen sind entsetzt, wenn sie von schlechtem Kundenservice erfahren, und werden sich bemühen, Probleme sofort zu beheben. (Wenn ein Lippenstift 30 Euro kostet, können sie sich zusätzliche Personalschulungen durchaus leisten!). Die Firmenanschrift finden Sie normalerweise auf der Verpackung oder aber auf der Firmenwebseite. Schreiben Sie einen höflichen, sachlichen Brief an den Kundenservice oder die PR-Abteilung, und nennen Sie Uhrzeit, Tag und Ort Ihres Einkaufs (wenn möglich auch Quittungsdetails). Dann wird man sich bestimmt bei Ihnen entschuldigen und den Laden auf Ihre Beschwerde aufmerksam machen.

STANDHAFT BLEIBEN

Das ist nicht leicht, aber es wird Zeit, Haltung zu zeigen. Es geht um Ihr Gesicht und Ihren Gelbeutel – nur Sie bestimmen, was damit passiert. Wenn eine Verkäuferin versucht, Sie zum Kauf von Dingen zu drängen, die Sie nicht brauchen, geraten Sie bitte nicht in Panik. Sagen Sie auch nicht, dass Sie später wieder vorbeischauen werden. Lächeln Sie einfach, sagen Sie mit fester Stimme: »Nein, ich glaube, ich habe alles, was ich brauche, danke«, und gehen Sie.

EINE GUTE HANDTASCHE MITNEHMEN

Natürlich sollte jeder Kunde gut behandelt werden – egal wie alt oder vermögend er wirkt. Aber wenn viel los ist, wird man die Frau, die aussieht, als könnte sie viel kaufen, immer bevorzugt behandeln. Selbst wenn Sie im Jogginganzug aus dem Haus gegangen sind und Ihre Frisur eine Katastrophe ist, sollten Sie immer eine anständige Handtasche dabeihaben. Die bleibt bestimmt nicht unbemerkt, und schon wird das Personal Sie deutlich aufmerksamer bedienen.

NACH PRÖBCHEN FRAGEN

Wenn Sie sich nicht sicher sind, ob Sie ein Produkt kaufen wollen, das von einem Verkäufer empfohlen wird, bitten Sie um ein Pröbchen. Die meisten Stände haben Pröbchen von fast allen Produkten oder Behälter, in die sie etwas zum Ausprobieren einfüllen können. Kiehl's, Clarins und Laura Mercier sind in dieser Hinsicht besonders großzügig. Aber nutzen Sie dieses Privileg nicht aus – zwei bis drei Pröbchen, vielleicht noch ein paar mehr, wenn Sie etwas kaufen, sind für beide Seiten mehr als fair.

NICHT ALLES VON EINER MARKE KAUFEN

Ich hasse es, wenn Verkäuferinnen behaupten, ich müsse die ganze Pflegeserie kaufen, damit die Produkte auch wirken. In der Regel ist das völliger Quatsch – und wenn nicht, habe ich so meine Zweifel an Produkten, die nicht für sich allein stehen können. Wenn Sie eine bestimmte Firma lieben, sollten Sie auch bei ihr einkaufen. Aber ich habe Pflegeprodukte von ganz unterschiedlichen Marken. Es geht darum, sich die Stärken der verschiedenen Firmen zunutze zu machen. (Mein Primer ist beispielsweise von Laura Mercier, aber meine Foundation von Armani). Wenn das Personal darauf besteht, dass Sie die Feuchtigkeitspflege dazunehmen, weil das Serum sonst nicht wirke, sollten Sie sich anderweitig nach besseren Produkten umsehen.

NUR SIE BESTIMMEN, WIE SIE AUSSEHEN WOLLEN!

Es geht um Ihr Gesicht, und niemand kennt es besser als Sie. Wenn Sie sagen, dass Sie fettige Haut haben, sollte das auch berücksichtigt werden. Wenn Sie wissen, dass Sie blaue Augen haben, muss man Ihnen nicht einreden, dass sie grün sind. Wenn Sie roten Lippenstift wollen, sollen Sie ihn auch bekommen. Und wenn Sie höchstens 40 Euro ausgeben können, ist das eben die Obergrenze. Lassen Sie sich von niemandem, der dafür bezahlt wird, Ihnen möglichst viel zu verkaufen, einreden, wie Sie auszusehen haben. Der Kunde ist König!

SCHMINKSESSIONS SCHLAU VEREINBAREN

Buchen Sie keinen Schminktermin vor einer wichtigen Veranstaltung – außer Sie kennen den Visagisten bereits und waren mit dem Ergebnis zufrieden. Ich war schon auf Schminksessions, die so plump und fantasielos waren, dass es wehtat. Manche Marken sind darin besser als andere. Meiner Meinung nach ist das Personal von Bobbi Brown, MAC, Laura Mercier und Armani besonders gut qualifiziert. Aber natürlich gibt es immer Ausnahmen, also verlassen Sie sich bitte nicht darauf – außer Sie haben anschließend noch genug Zeit, um Korrekturen vorzunehmen. Und bitte nutzen Sie die Visagisten nicht aus oder machen ihnen etwas vor. Sie sind schließlich nicht blöd und wittern Schnorrer zehn Meilen gegen den Wind. Diese Leute wissen ganz genau, ob Sie bloß gekommen sind, um sich gratis schminken zu lassen, ohne etwas kaufen zu wollen. Ich finde, nach einem guten Gratisschminktermin sollte man mindestens einen Lippenstift mitnehmen. Auf diese Weise bekommt die Visagistin Provision, und Sie können Ihr Make-up unkompliziert auffrischen.

ERST NACHDENKEN, DANN PERSONALIEN ANGEBEN

Geben Sie keiner Verkäuferin Ihre Telefonnummer – niemals! Das kann nur Ärger geben. Warten Sie ab, was passiert, nachdem Sie Ihre E-Mail-Adresse genannt haben. Bekommen Sie anschließend tatsächlich nur von dieser Firma Post? Manchmal kann es nützlich sein, über Kosmetikevents informiert zu werden. Aber wenn die Mailbox nur so überquillt vor Spam, haben Sie einen Fehler gemacht.

NULL TOLERANZ BEI UNVERSCHÄMTEM BENEHMEN

Wenn Verkäufer irgendetwas sagen, das Sie sich von keinem Fremden oder Passanten anhören würden, lassen Sie sie einfach stehen. Es ist schließlich Ihr Geld und deren Job. Wenn diese Leute beides nicht wollen – bitte sehr! Gehen Sie, beruhigen Sie sich, und geben Sie anschließend der Firma Bescheid.

FEEDBACK GEBEN

Woher sollen Läden und Marken wissen, was sie richtig machen, wenn Sie es ihnen nicht sagen? Positives Feedback zu einer tollen Verkäuferin wird gern gehört, und man wird auch danach handeln. Personal mit konstant gutem Feedback wird befördert und bekommt irgendwann seine eigenen Stände, Läden, Verkaufsregionen. Tragen Sie dazu bei, dass sich der Kundenservice generell verbessert.

GEFÜRCHTETES KOSMETIKBERATER-VOKABULAR

»Sie sind sehr blass und brauchen ein paar warme Töne.«
(Wir machen Sie genauso orange wie mich.)

....

»Wenn Sie noch zwei Produkte kaufen, bekommen Sie
zwei gratis dazu.« (Neongrünen Lidschatten und einen
Minilippenstift in Leukoplast-Beige.)

....

»Entschuldigen Sie, aber ich arbeite normalerweise
nicht an diesem Stand, deshalb kenne ich mich hier
nicht aus.«
(Ich bin nur in der Mittagspause eingesprungen und
habe keine Lust, Kollegen Provision zukommen zu
lassen.)

....

»Die Feuchtigkeitspflege wird mit Augencreme
aus derselben Serie benutzt, zu der wiederum ein
passendes Augenserum gehört.
Sie brauchen also alle drei Produkte, wenn sie ihre
volle Wirkung entfalten sollen.
(Dieses Produkt ist Mist, aber ich bekomme einen
Bonus für jedes verkaufte Set.)

....

»Das macht den Alterungsprozess
Ihrer Haut rückgängig.«
(Genauso gut könnten Sie nach »Quacksalberei«
googeln oder Ihren Geldbeutel verbrennen.)

DARAN ERKENNEN SIE TOLLE KOSMETIKBERATER

Sie (oder er) verrät Ihnen auch, wenn es anderswo bessere Produkte gibt. Ein Berater, der sagt: »Unsere Lippenstifte sind toll, aber wenn Sie nur ein Rouge benutzen, sollten Sie eines von Nars nehmen, die sind unschlagbar«, ist absolut vertrauenswürdig.

....

Sie (oder er) nennt doppelt so viele Vorzüge wie Makel an Ihrem Gesicht. So nach dem Motto: »Ihre Haut ist so rein, dass getönte Tagescreme reicht … Mit blassem Lidschatten können wir Ihre Augen noch größer erscheinen lassen. Sie können auch welchen mit Schimmerpartikeln tragen, weil Sie in diesem Bereich keine Falten haben.«
Das ist sympathisch, professionell und höflich.

....

Sie (oder er) sieht selbst gut aus. Man muss keine Schönheit sein, aber gepflegt. Eine Frau, die weiß, wie sie das Beste aus ihrem Typ macht, die weiß, was eine gute Frisur und gutes Make-up ist, wird auch ein gutes Auge für Sie haben.

....

Sie (oder er) stellt Fragen. Gute Kosmetikberater werden Sie nicht schminken oder belehren, ohne vorher in Erfahrung zu bringen, wie viel Zeit Sie morgens haben, wie viele Schminkprodukte Sie bereits besitzen, wie geschickt Sie beim Auftragen von Make-up sind und wie Sie wirklich aussehen wollen. Menschen, die Schönheitsprodukte lieben, interessieren sich generell für Schönheit. Sie können gar nicht anders als nachfragen!

....

Sie (oder er) bleibt auch dann freundlich, wenn Sie nichts kaufen wollen. Das bleibt unvergessen: Bei einer Verkäuferin, die nichts dagegen hat, wenn Sie sich nur umschauen, werden Sie in Zukunft gern einkaufen.

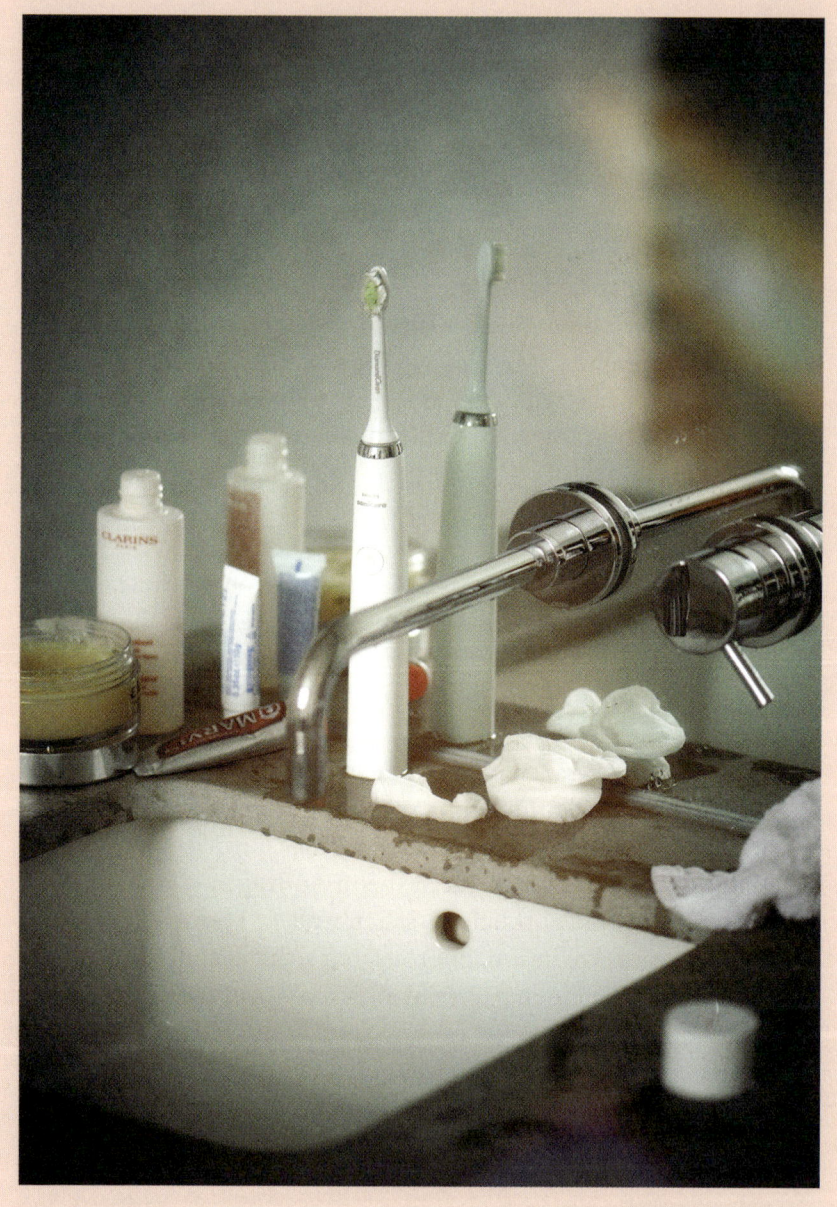

IHRE TÄGLICHE PFLEGEROUTINE

»Ich kann nur eines sagen:
Sonnenbrand ist Selbstmord
in Sachen Schönheit.«
Helena Rubinstein

Egal, wen Sie fragen, wie man die Haut am besten pflegt – noch heute werden 90 Prozent der Befragten sagen: »Mit Wasser und Seife«, oder aber: »Reinigen, Gesichtswasser, Eincremen«, und zwar unabhängig davon, ob sie sich selbst daran halten oder nicht. Inzwischen pflege ich meine Haut sehr sorgfältig, wenn auch nicht übertrieben: Nicht einmal ich schaffe ein aus zwölf verschiedenen Schritten bestehendes Reinigungsritual, wie es im Internet beschworen wird. Wer hat denn bitte schön für so was Zeit? Und wer hat offen gestanden die Haut dafür? Die müsste schon aus Kruppstahl sein, um das auszuhalten! Von Seife und Gesichtswasser halte ich allerdings ebenso wenig. Die Haut ist unser größtes Organ und noch dazu das einzige, das wir der Welt rund um die Uhr präsentieren. Sie verdient unseren ganzen Respekt und reagiert durchaus positiv auf ein wenig tägliche Aufmerksamkeit. Denn die braucht sie tatsächlich.

Die meisten finden Hautpflege nervig, aber wir reden hier von nur wenigen Minuten, die einen deutlich besser aussehen lassen. Sie werden sich rasch daran gewöhnen und schon bald erste Ergebnisse sehen. Auch ich habe wenig Zeit und Wichtigeres zu tun, deshalb lasse ich alles weg, was aus meiner Sicht nicht unbedingt notwendig ist. So schön ein Gesichtswasser auch sein mag – es ist größtenteils wirkungslos. Umgekehrt kann ich eher ohne Benzin als ohne Serum auskommen. Wollen Sie Primer benutzen? Manchmal vielleicht. Wissen Sie, wann genau Sie ihn auftragen müssen? Vermutlich nicht. Meiner Meinung nach bestehen die wichtigsten Pflegeschritte aus reinigen, behandeln, mit Feuchtigkeit versorgen und schützen. Ich mache das mit Reinigungsmilch, Serum, Feuchtigkeitscreme und Sonnenschutz. Das Ganze dauert fünf Minuten. Der Rest ist nebensächlich. Und so wird's gemacht:

1. REINIGUNG

Warum?

Ich kann gar nicht oft genug betonen, wie unverzichtbar das Entfernen von Make-up-Resten und Schmutz ist. Und zwar bitte nicht mit Feuchttüchern – genauso gut könnte man seine Kleidung mit Duftspray reinigen. Feuchttücher sind nur etwas für den Notfall (wie sagt meine Freundin Caroline Hirons so schön?: »Für Reisen, Festivals und Muschis«). Wenn ich »reinigen« sage, meine ich die Hautreinigung mit einer Creme, einem Balsam oder Öl, auch wenn ich Letzteres nicht sonderlich schätze, weil man für die Augenpartie spezielles Öl benötigt. Außerdem kleckere ich mir nur ungern den Schlafanzug voll. Ich bin auch kein großer Fan von Waschlotionen, da sie das Make-up nur selten rückstandsfrei beseitigen. Ich finde danach oft noch Make-up-Spuren im Handtuch, außerdem enthalten diese Lotionen Sulfate, damit sich Schaum bildet.

Beim Reinigen kommt es weniger auf die Marke und den Preis an, sondern darauf, dass Sie das gekaufte Produkt auch benutzen. Wenn Sie zu Pickeln neigen, würde ich allerdings generell von Reinigungsprodukten abraten, die Mineralöl enthalten. (Aber wie immer gibt es Ausnahmen: Die Reinigungscreme von Eve Lom ist auf Mineralölbasis und konnte bei so manch unreiner Haut wahre Wunder wirken.)

Außerdem benötigen Sie einen altmodischen Frotteewaschlappen, wie Ihre Oma ihn benutzt hat (oder den, den Sie aus dem Hotel haben mitgehen lassen). Vielen modernen Reinigungsprodukten liegt ein Mulltuch bei, das allerdings nicht optimal für diesen Job geeignet ist. Wenn Sie nicht gerade eine extrem empfindliche Haut, Aknepusteln oder Rosacea haben, ist ein Frotteewaschlappen deutlich effektiver. Benutzen Sie die Mulltücher lieber, um Ihren Kindern den Mund abzuwischen. Das Frottee ist deshalb so wichtig, weil es das Reinigungsprodukt samt dem Dreck gründlich abnimmt und gleichzeitig abgestorbene Hautzellen entfernt, die Mitesser verursachen und für einen schuppigen, stumpfen, trockenen Teint sorgen.

Wann?

Zweimal täglich, morgens und abends. Ich reinige mein Gesicht morgens vor dem Duschen und abends vor dem Schlafengehen. Wenn Sie abends sehr müde sind, sollten Sie sich gleich nach der Arbeit abschminken. Danach können Sie sich entspannen. Egal, welche Pflegeroutine Sie bevorzugen – ausfallen lassen gilt nicht! Ihre Haut wird es Ihnen danken.

Wie?

Einen großen Klecks Reinigungsmilch oder Reinigungsbalsam im Gesicht verteilen, die Augenpartie nicht aussparen. Stirn, Hals und Kinn nicht vergessen. Dabei nicht zimperlich sein, Sie dürfen ruhig ordentlich Druck ausüben. Den Waschlappen in warmes Wasser tauchen und auswringen. Aufs Gesicht legen und sanft andrücken, dann wie einen Handschuh um die Hand wickeln und das Reinigungsprodukt mit kreisförmigen Bewegungen abnehmen. Mit der Augenpartie beginnen, dann fest über den Rest des Gesichts streichen. Den Lappen nach der Hälfte der Prozedur ausspülen, um den Schmutz zu entfernen. Waren Sie besonders stark geschminkt, den Vorgang bitte wiederholen.

2. PEELING

Warum?

Das ist eine Spezialbehandlung, die nicht täglich durchgeführt werden muss. Ich peele meine Haut mehrmals die Woche mit einem flüssigen Fruchtsäurepeeling. Wer zu Pickeln neigt, kann auch mal täglich peelen. Dann ist die Auswahl des richtigen Produkts besonders wichtig. BHAs (Betahydroxysäuren, normalerweise Salicyl) sind sehr effektiv, wenn Sie unter Hautunreinheiten leiden. AHAs (Alphahydroxysäuren wie Glykol, Milch- und Zitronensäure) sind wirkungsvoller, wenn es darum geht, vorzeitiger Hautalterung vorzubeugen. Normalerweise sind sie bei Peelings in höherer Dosierung vorhanden. Flüssigpeelings helfen gut gegen feine Fältchen, vergrößerte Poren, stumpfen Teint und kleine Pigmentflecken. Benutzt man sie eine gewisse Zeit lang, sieht man in der Regel schon bald erste Erfolge.

Ich gebe zu, dass »Säure« im Zusammenhang mit Kosmetikprodukten erst einmal ziemlich Furcht einflößend klingt, aber keine Angst: Es handelt sich um natürliche Säuren, die so stark verdünnt sind, dass sie über dem Ladentisch verkauft werden dürfen. Sie sind schlichtweg nicht stark genug, um eine drastische Wirkung zu entfalten. Trotzdem sind sie mit Vorsicht zu genießen. Beginnen Sie zunächst mit einer sanften Peelingformel, die Sie anfangs nur einmal in der Woche benutzen. Finger weg von Peelings, bei denen Alkohol die Inhaltsstoffe anführt, da er die Haut definitiv austrocknet, und das ist immer schlecht. Es gibt ein paar wenige Ausnahmen, dazu gehört auch mein Lieblingspeeling: »Liquid Gold« von Alpha-H. Aber zunächst einmal sollten Sie lieber von Alkohol Abstand nehmen. Schauen Sie, wie Ihre Haut reagiert (dass es ein bisschen prickelt, ist ganz normal), und gönnen Sie ihr anschließend ein paar Tage Pause.

Doch egal, ob Sie schon Erfahrung mit Peelings haben oder nicht – tragen Sie anschließend unbedingt einen Sonnenschutz auf (einen Breitbandsonnenschutz mit einem Lichtschutzfaktor von 30 oder höher), wenn Sie vorhaben, ins Freie zu gehen. Peelings entfernen die obersten, abgestorbenen Hautzellen und legen die darunter liegende, jungfräuliche Hautschicht bloß. Diese neue Haut ist besonders empfindlich für Sonnenschäden und muss geschützt werden. Deshalb peele ich nur abends und trage am nächsten Morgen einen Sonnenschutz auf. Wenn Sie an Ekzemen, Rosacea oder einer extrem empfindlichen Haut leiden, können Sie diesen Schritt komplett weglassen.

Wann?
Anfangs einmal die Woche. Findet keine unerwünschte Reaktion statt, zwei- bis dreimal die Woche.

Wie?

Nach dem Reinigen zwei Wattepads mit Flüssigpeeling tränken. Damit über Gesicht und Hals fahren. Ich beziehe auch die Augenpartie mit ein, da sie leicht schuppig wird. Aber wenn Sie sehr empfindliche Augen haben, sollten Sie das lieber lassen. Kurz warten, bis die Feuchtigkeit verdunstet (kein Handtuch verwenden, das peelt zu stark!), bevor Sie mit dem nächsten Schritt weitermachen.

3. SERUM

Warum?

Serum hilft bei spezifischen Hautproblemen, und für jedes gibt es Tausende von Produkten. Manche Seren wirken Austrocknung entgegen, manche großen Poren und Pickeln, andere Falten und dunklen Pigmentflecken, und wieder andere entfernen abgestorbene Hautschuppen. Gewisse Produkte erledigen gleich zwei oder mehr Aufgaben auf einmal und werden unter dem Überbegriff »Anti-Aging« zusammengefasst. Was alle gemeinsam haben, ist eine sehr feine Textur, die schnell in die oberen Hautschichten einzieht. Seren sind in der Regel ölfrei und enthalten meist höhere Wirkstoffdosierungen als eine normale Feuchtigkeitspflege. In der Regel spenden sie aber nicht genügend Feuchtigkeit, um allein benutzt zu werden. Sie müssen also anschließend noch eine Creme oder ein Öl auftragen, damit die Haut nicht spannt und geschützt ist.

Wann?

Morgens und abends. Sie können zwei verschiedene Seren verwenden – für jede Tageszeit eines –, um zwei Probleme anzugehen. Oder aber Sie benutzen zweimal dasselbe. Ich nehme morgens ein stark hyaluronsäurehaltiges, um meine feuchtigkeitsarme Haut praller zu machen. Außerdem ist es eine gute Make-up-Unterlage. Abends benutze ich ein Anti-Aging-Serum gegen feine Fältchen, stumpfen Teint und ein vorzeitiges Erschlaffen der Haut.

Wie?

Nach dem Reinigen (und Peelen) zwei, drei Tropfen Serum auf die Fingerspitzen geben und ins gesamte Gesicht einmassieren, Hals und Augenpartie nicht vergessen. Nicht zu zaghaft vorgehen, aber so, dass es der Haut guttut. Ein paar Sekunden warten, bis die Feuchtigkeit eingezogen ist, dann mit dem nächsten Schritt weitermachen.

4. FEUCHTIGKEITSPFLEGE

Tagescreme

Warum?

Heutzutage sind sich die meisten darüber einig, dass Feuchtigkeitspflege unabdingbar ist. Die Haut fühlt sich danach besser und weicher an, wirkt praller, strahlender und wird außerdem vor Witterungseinflüssen geschützt. Sie sollten nicht auf sie verzichten, auch wenn Sie zu fettiger oder unreiner Haut neigen (im Kapitel »Akne« erfahren Sie, warum das keine gute Idee ist). Ich weiß mit Sicherheit, dass eine Feuchtigkeitspflege die Hautoberfläche verbessert. Und das ist schon mal toll. Aber denken Sie nicht, sie könnte in tieferen Hautschichten ebenfalls etwas ausrichten, denn dort kommt sie gar nicht hin. Also kann sie dort keine Probleme lösen, geschweige denn die Hautbeschaffenheit verändern, so leid es mir tut. Wenn ich mit Frauen über ihre Haut spreche, merke ich, wie viel Quatsch man uns mithilfe der Versprechungen auf den Verpackungen und in der Werbung weismachen will. Bis irgendwann noch die intelligentesten Leserinnen glauben, ein kleiner, teurer Tiegel könnte Wunder wirken. Ich wähle meine Tagescreme hauptsächlich danach aus, wie sie meine Haut aussehen lässt, wie gut sie sich unmittelbar nach dem Auftragen anfühlt und wie gut sie als Make-up-Unterlage geeignet ist. Langfristigeren Werbeversprechen glaube ich kein Wort.

Ein weiteres Missverständnis betrifft das Thema Sonnenschutz: Viele Tagescremes haben auch einen Sonnenschutzfaktor (normalerweise liegt er bei 15, manchmal auch bei 8, 12 oder 30). Ich bin sehr dafür – nur dass Feuchtigkeitspflege mit Sonnenschutz oft zu kleinen Kügelchen gerinnt, wenn man darüber Make-up auftragen will. Daraufhin muss man sich das Gesicht waschen und die ganze Prozedur wiederholen. Cremes mit Sonnenschutz führen auch häufig zu tränenden Augen, in diesem Fall braucht man vermutlich noch eine extra Augencreme. Es gibt auch Leute, die sagen, man solle deshalb keine Feuchtigkeitspflege mit Sonnenschutz verwenden, weil der sie daran hindert, tief in die Haut einzuziehen. Ich sehe das anders, da ich, a) wie schon erwähnt, sowieso nicht glaube, dass eine Feuchtigkeitspflege das kann – Sonnenschutz hin oder her –, und b) Sonnenschutz wichtig ist. Ich bin allerdings realistisch genug, um zu wissen, dass viele darauf verzichten, wenn er mühsam extra aufgetragen werden muss.

Vielleicht entscheiden Sie sich auch für eine getönte Feuchtigkeitspflege, die allerdings nur wenig Feuchtigkeit spendet. Deshalb würde ich sie lieber über einer dünnen Schicht Tagescreme auftragen. Sie haben die Wahl! Ich verlange nur, dass Sie auch im Herbst und im Winter einen Breitbandsonnenschutz (gegen UVA- und UVB-Strahlen) auftragen – entweder in Form einer Feuchtigkeitspflege, eines Primers, einer Foundation oder einer BB-Cream. Ein Lichtschutzfaktor von 15 und mehr reicht aus – Sie werden in diesen Jahreszeiten nicht viel draußen sein, außerdem scheint die Sonne dann ohnehin nicht besonders lang. Hinzu kommt, dass der Körper Sonne braucht, um Vitamin D zu produzieren. Im Frühling und im Sommer sollten Sie mindestens Sonnenschutzfaktor 30 verwenden. Entweder Sie tragen den Sonnenschutz über der Feuchtigkeitspflege auf (wenige Minuten später) oder ausschließlich über dem Serum. Es gibt auch Gründe dagegen, aber da ich sehr trockene Haut habe, weiß ich, wie gut und feucht sich meine Haut in den Sommermonaten anfühlt. Und ich weiß auch, wie raffiniert und feuchtigkeitsspendend heutige Sonnencremes sind. Hauptsache, die Leute schützen ihre Haut ohne großen Aufwand. Und das tun immer noch viel zu wenige.

Wann?
Jeden Morgen

Wie?
Nach dem Serum ein bisschen von der Tagescreme oder Feuchtigkeitslotion zwischen den Fingerspitzen anwärmen und mit kräftigen Bewegungen einmassieren. Nicht hin und her rubbeln, erst recht nicht, wenn ein Sonnenschutz enthalten ist, da sich dann oft kleine Kügelchen bilden, die einen in den Wahnsinn treiben können.

Nachtcreme oder Gesichtsöl

Warum?
Weil Sie gerade das Gesicht gereinigt haben und Ihre Haut über Nacht Feuchtigkeit benötigt. Sie wird sich anschließend schöner anfühlen und am nächsten Morgen deutlich besser aussehen – strahlender, praller und frischer. Außerdem haben Sie dann auch seltener Kissenfalten im Gesicht (Kopfkissenbezüge aus Seide aus Beauty-Boutiquen können das ebenfalls verhindern). Ob Sie abends lieber eine Creme oder ein Öl verwenden, bleibt Ihnen überlassen. Ich nehme fast immer Öl, denn tagsüber finde ich es unpraktisch – auch Make-up lässt sich schlecht darauf auftragen. Aber wie dem auch sei – nehmen Sie auf jeden Fall eine Pflege, die etwas reichhaltiger ist als Ihre Tagescreme, schließlich macht es nichts, wenn Ihre Haut beim Schlafen glänzt. Sie können sie also ruhig verwöhnen! Ich mag es, wenn ich die Feuchtigkeit am nächsten Morgen noch spüren kann. Ist das nicht der Fall, dürfen Sie gern auf etwas Reichhaltigeres zurückgreifen.

Wann?
Abends nach dem Serum

Wie?

Die Nachtcreme genauso auftragen wie die Tagescreme (siehe oben). Vom Gesichtsöl ein paar Tropfen in der Hand erwärmen und es dann fest in Gesicht und Hals einmassieren. Die Augenpartie aussparen, da Öle dicke Lider verursachen oder, schlimmer noch, Ablagerungen bilden können, die die Wimpernfollikel verstopfen und zu Blepharitis führen können – einer sehr unangenehmen und unschönen Schwellung sowie Rötung der Lider. (Jawohl, ich habe es am eigenen Leib erfahren müssen und kann es wirklich nicht empfehlen.) Cremes können die Wimpernfollikel ebenfalls verstopfen, aber das scheint weitaus seltener vorzukommen.

Ist Ihre Haut extrem trocken, können Sie über dem Gesichtsöl noch eine Nachtcreme auftragen, also beides verwenden (und zwar genau in dieser Reihenfolge). Sie können auch ein paar Tropfen Pflanzenöl auf die Fingerspitzen geben und es mit der Nachtcreme vermischen, bevor Sie sie auftragen, um Zeit und Mühe zu sparen. Ich mache das häufig im Winter, oder wenn ich eine extra Portion Feuchtigkeit gebrauchen kann.

5. MÖGLICHE EXTRAS

Augen-Make-up-Entferner

Wenn Ihre Reinigungsmilch sanft ist und Sie das Make-up mit einem Waschlappen entfernen, brauchen Sie keinen extra Augen-Make-up-Entferner. Ich verwende dieses Produkt nur, um Fehler rasch zu korrigieren oder verschmierte Schminke zu beseitigen. Möchten Sie trotzdem welchen verwenden, denken Sie bitte daran, dass er ölbasiert sein muss, wenn er wasserfeste Mascara entfernen soll. Sonst reicht welcher auf Wasserbasis (der einen anschließend auch nicht verschwommen sehen lässt). Vor dem Reinigen ein Wattepad damit tränken und dann damit über die Lider fahren. Für jedes Lid ein anderes Pad verwenden.

Gesichtsmasken

Wenn Sie gerne Masken verwenden, um der Haut eine extra Portion Feuchtigkeit zu gönnen, Pickel zu behandeln oder den Teint zum Strahlen zu bringen, sollten Sie sie nach dem Reinigen, aber vor dem Serum benutzen. Etwa ein-, zweimal die Woche oder wann immer Sie die Haut verwöhnen möchten. Den Packungsanweisungen folgen.

Gesichtswasser

Wenn Sie gern Gesichtswasser benutzen – bitte sehr! Aber bitte greifen Sie nicht danach, weil Ihnen die Verkäuferin gesagt hat, Sie bräuchten es, um »die Reste des Reinigungsprodukts zu entfernen und die Poren zu schließen«. Denn nichts davon ist wahr: Ein mit Wasser getränkter Lappen genügt vollauf, und kein Gesichtswasser kann Poren schließen. Das Einzige, was für die Benutzung dieser hübschen, wenn auch meist überflüssigen Wässerchen spricht, ist, dass Sie sie lieben. Nach dem Reinigen, aber vor dem Serum verwenden. Ein Wattepad damit tränken und damit übers Gesicht fahren. Oder aber in einen Zerstäuber füllen und das Gesicht damit einsprühen.

Augencreme

Mehr zum Thema Augencreme finden Sie im Kapitel »Grundausstattung«. Wenn Sie allerdings nicht mit Irritationen oder Schwellungen zu kämpfen haben, nachdem Sie Feuchtigkeitspflege oder Anti-Aging-Produkte verwendet haben, können Sie sich das Geld sparen. Falls doch, oder wenn Sie Pflanzenöl als Nachtcreme verwenden, brauchen Sie eine Augencreme. Diese wird mit dem Ringfinger in die Augenpartie eingeklopft. Im inneren Augenwinkel beginnen und die Creme dann nach außen hin verteilen, abschließend nach unten in Richtung Nase. Nach dem Serum verwenden.

Mittel gegen Pickel

Wenn Sie sichtbare Pickel haben, wollen Sie diese vermutlich über Nacht behandeln. Salicylgel in einer hohen Konzentration ist dafür am besten geeignet. Das Gel nach der normalen Pflegeroutine mit einem sauberen Wattebausch auftupfen. Dass es prickelt, ist ganz normal.

Primer

Primer ist eigentlich keine Hautpflege, sondern ein Silikonbalsam, der eine glatte, lang anhaltende Make-up-Unterlage bilden soll. Im Kapitel »Foundation« erfahren Sie mehr zum Thema Primer. Wenn Sie welchen verwenden wollen, dann im Anschluss an die Tagescreme und vor dem Make-up. Ich würde offen gestanden keine Primer verwenden, wenn Sie danach Sonnenschutz auftragen wollen – ganz einfach deshalb, weil es irgendwann reicht und man Kosmetikprodukte nicht endlos übereinanderschichten kann. Den Primer auftragen, ohne zu rubbeln, und ein paar Sekunden einziehen lassen.

SPICKZETTEL FÜR DIE PFLEGEROUTINE: DIE RICHTIGE REIHENFOLGE

MORGENS

Reinigungsmilch/-balsam/-creme

....

Gesichtswasser (optional, komplett überflüssig)

....

Serum

....

Augencreme (optional)

Tagescreme

....

Sonnenschutz (wenn nicht schon anderweitig enthalten)

....

Primer (optional – ich würde nur welchen verwenden,
wenn kein Sonnenschutz mehr dazukommt)

....

Make-up (optional)

ABENDS

Augen-Make-up-Entferner (wenn gewünscht)

....

Reinigungsmilch/-balsam/-creme

....

Peeling (zwei- bis dreimal die Woche,
nicht in Verbindung mit Gesichtswasser)

....

Serum

....

Augencreme (optional)

....

Gesichtsöl/Nachtcreme/oder beides

....

Pickelbehandlung (optional)

EIN- BIS ZWEIMAL DIE WOCHE

Gesichtsmaske (optional)

AUF FOTOS GUT AUSSEHEN

»Shirley Temple wurde durch Gaze fotografiert.
Mich sollte man durch Linoleum fotografieren.«

Tallulah Bankhead

Als ich erfuhr, dass mein so gut wie unretuschiertes, extrem unperfektes und so gar nicht modelmäßiges Porträt jeden Samstag groß in der Zeitung erscheinen würde, hätte ich heulen können. Es ist ein seltsames Gefühl, sich selbst beim Altern zuzusehen – auch wenn ich seit 20 Jahren in der Branche arbeite und weiß, dass Porträtfotos nur sehr wenig Ähnlichkeit mit dem wahren Gesicht eines Menschen aufweisen. Ich sage das deshalb, weil es ein Fehler ist, das eigene Gesicht aus nächster Nähe zu betrachten und sich einzubilden, dass man tatsächlich so aussieht. In der Realität nehmen andere das Gesicht als Einheit wahr, als sich bewegendes, dreidimensionales Bild, das je nach Lichteinfall und Mimik immer wieder anders aussieht.

Nach drei Jahren kann ich dem Fotografen relativ gelassen gegenübertreten. Im Ernst: Ich habe mich von einer höchst kamerascheuen Person in ein ziemlich fotogenes Wesen verwandelt und kann nur sagen, dass sich das tatsächlich lernen lässt. Niemand muss auf Passfotos aussehen wie Miss Piggy, und man kann auch für ein Hochzeitsfoto so posieren, dass dieses nicht gleich für alle Zeiten unter Verschluss gehalten werden muss. Gründe, warum man seine Angst vor dem Fotografiertwerden überwinden sollte, gib es viele. Eine Freundin von mir hat sich fast immer geweigert, sich fotografieren zu lassen, weil sie mit ihrem Gewicht und ihrem Gesicht unzufrieden war. Das ist sehr verbreitet, aber auch sehr traurig. Geändert hat sich das erst, als ihr Mann einmal sagte, sollte ihr irgendetwas zustoßen, hätte ihr Sohn keinerlei Erinnerungsfotos von ihr. Das klingt vielleicht etwas makaber, gilt aber nicht nur für den Fall, dass man stirbt: Wer sich weigert, sich fotografieren zu lassen, bringt nicht nur andere, sondern auch sich selbst um schöne Erinnerungen.

Das heißt noch lange nicht, dass wir uns verrenken müssen wie Supermodels, sobald irgendwer eine Kamera zückt. Im Gegenteil! Wir sollten einfach akzeptieren, dass wir auf manchen Fotos scheiße aussehen, und uns deswegen nicht zu sehr aufregen: Sie dienen schließlich bloß dazu, gute Zeiten einzufangen, und nicht, uns in zarte Elfen zu verwandeln. Aber bestimmte Fotos sollten schon gelingen – nicht zuletzt, weil wir sie immer wieder zu Gesicht bekommen werden: Ausweisfotos zum Beispiel. Und Hochzeitfotos. Wer täglich mit einem wenig schmeichelhaften Bild von sich selbst konfrontiert wird, bekommt garantiert schlechte Laune. Aber mit ein paar simplen Tricks lässt sich das ganz leicht vermeiden.

Natürlich hilft es, sich vorher zu schminken. Manche Produkte lassen einen aussehen, als hätte man in der Tropensonne eine Skibrille getragen, sobald einen das Blitzlicht trifft. Andere dagegen tauchen einen magischerweise in schmeichelndes Pseudokerzenlicht. Manche Posen modellieren das Gesicht auf erstaunliche Weise, während andere garantiert für ein Neunfachkinn sorgen. Hier meine Tricks für das perfekte Foto, aber vorher sollten Sie sich die Bilder von sich anschauen, auf denen Sie sich gefallen, und sich fragen, warum das so ist. Was haben diese Aufnahmen miteinander gemeinsam? Sehen Sie im linken Profil besser aus als im rechten? Wirken Sie attraktiver, wenn Sie entspannt lachen oder wenn Sie ein nachdenkliches Gesicht aufsetzen? Mit hochgesteckten oder offenen Haaren? Ihre Lieblingsbilder haben bestimmt irgendeinen gemeinsamen Nenner. Finden Sie ihn heraus, denn das ist ein entscheidender Anhaltspunkt. Für alles andere gibt es einfache Lösungen.

HÄUFIGE PROBLEME BEIM FOTOGRAFIERTWERDEN – UND IHRE LÖSUNG

Problem
Gesicht und Hals passen farblich nicht zusammen. Egal, wie Ihr Teint in echt aussieht: Auf manchen Bildern ist Ihr Gesicht weiß, aber nicht der Hals. Er wirkt deutlich dunkler oder, schlimmer noch, gerötet. Das liegt daran, dass der Blitz von Ihrem Gesicht reflektiert und vom weiter zurückliegenden Hals- und Brustbereich aufgefangen wird. Ganz so, als hätten Sie eine völlig falsche Grundierung aufgetragen.

Lösung

Keinen dunkleren Teint vortäuschen, außer Sie verteilen die Grundierung gleichmäßig über Gesicht *und* Hals (mehr zu diesem Thema erfahren Sie im Kapitel »Foundation«). Geben Sie stattdessen etwas reflektierenden Puder auf Hals und Dekolleté, damit er das Licht auffängt und für einen gleichmäßigeren Teint sorgt.

Problem

Tristes, langweiliges Passfoto

Lösung

Wenn Sie ein Automatenfoto machen, dann nur mit einem digitalen Fotoautomaten. Er bietet Ihnen die Möglichkeit, das Foto vorher anzusehen und nur zu nehmen, wenn Sie damit zufrieden sind. Altmodische Automaten, die grauenerregende Verbrecherfotos ausspucken, sind ein teurer Albtraum. Die meisten Bahnhöfe verfügen über moderne Automaten. Oder aber Sie gehen zum Fotografen. Dort wird Ihr Passbild in der Regel vor einem passenden Hintergrund und mit Stativkamera aufgenommen. Das Ergebnis ist deutlich schmeichelhafter, außerdem bekommen Sie mehrere Motive zur Auswahl vorgelegt. (Meiner Erfahrung nach ist das auch die einzige Möglichkeit, an ein Foto für einen Kinderpass zu kommen.) Nehmen Sie auf jeden Fall ein weißes Blatt Papier im DIN-A4- oder DIN-A3-Format mit, und halten Sie es sich wenige Zentimeter unters Kinn. Das verhilft Ihnen zu einem deutlich strahlenderen Aussehen und reduziert Augenringe. Gefällt Ihnen ein bestimmtes Passfoto, sollten Sie es einscannen. Dann müssen Sie die verhasste Prozedur nicht ständig für Firmen- und Verkehrsausweise wiederholen.

Problem
Weiße Ringe um die Augen

Lösung
Ich sehe das so oft, dass ich heulen könnte. Wenn man nicht gerade aus einem zweiwöchigen Skiurlaub kommt, sind daran ausschließlich die allseits beliebten, lichtreflektierenden Highlighter schuld (»Touche Éclat« von YSL, »Airbrush Concealer« von Clinique usw.) Das sind tolle Produkte, die allerdings auch zum Teint passen sollten (die meisten Frauen tragen einen viel zu hellen oder rosastichigen Highlighter). Außerdem sollte man sie nur in Maßen verwenden. Frauen benutzen sie viel zu oft, um dunkle Augenringe abzudecken, dabei ist das eigentlich gar nicht ihre Aufgabe. Das erledigen Sie besser mit einem deutlich weniger reflektierenden Concealer (Clarins, Nars und Clinique bieten hervorragende Varianten für jeden nur erdenklichen Hautton an). Wer ein paar Lichtakzente möchte, tupft nur ganz wenig Highlighter auf.

Problem
Grellweißes (Mitteleuropäer), blaustichiges (Asiaten), fahles, krank wirkendes Gesicht (Asiaten, Afroeuropäer, Afrikaner)

Lösung
Das liegt meist am Sonnenschutz. Mineralische Sonnencremes enthalten Zinkoxid oder Titandioxid, was einfach kalkig wirkt und den Blitzeffekt verstärkt. Sonnenschutz ist wichtig, aber wenn es auf gute Fotos ankommt, sollte man chemischen Sonnenschutz verwenden. (Mehr zum Thema Sonnenschutz finden Sie im Kapitel »Anti-Aging«.)

Problem
Doppel- oder Dreifachkinn

Lösung
Jeder hat schon mal entsetzt nach Luft gerungen, nachdem er sein Mehrfachkinn auf Fotos gesehen hat. Übergewicht und ein Erschlaffen der Haut spielen selbstverständlich auch eine Rolle, aber niemand ist ganz davor gefeit. Ganz unabhängig von den Ursachen können bestimmte Posen und Blickwinkel einen Riesenunterschied machen. Zunächst einmal sollte Ihr Gesicht leicht von oben aufgenommen werden, während Sie es leicht nach unten neigen – niemals andersherum. Dann saugen Sie Ihre Zunge am Gaumen fest, machen also eine Art Schildkrötenhals. Das hebt die schlaffe Haut unterm Kinn. Models nutzen diesen Trick ständig, und er funktioniert bestens!

Problem
Duckface (Schnute)

Lösung
Es ist verständlich, dass Sie Ihre Lippen voller und erotischer aussehen lassen wollen. Aber wer eine Schnute zieht (und das nicht zu Spaßzwecken), sieht einfach nur albern aus. Etwas dezenter und deutlich effektiver sorgen Sie für Fülle, indem Sie die Zunge von hinten gegen die Schneidezähne drücken und lächeln oder auch nicht. Dadurch werden Kiefer und Mund nach außen gedrückt, und auch die Wangenknochen kommen besser zur Geltung. (Wer dagegen meint, die Wangen einsaugen zu müssen, sieht einfach nur gestört aus.) Probieren Sie es aus – das ist wirklich ein todsicherer Trick!

Problem
Blinzeln

Lösung
Aus irgendeinem Grund scheint das vor allem Leuten mit grünen oder blauen Augen zu passieren. Wird rasch hintereinander geblitzt, können sich die Augen nicht mehr ganz öffnen, und es kommt zum typischen Blinzeln. Bei erbarmungslosem Blitzlicht sollten Sie die Augen lieber ganz schließen und versuchen, sie zu entspannen. Bitten Sie den Fotografen, bis drei zu zählen und erst dann auf den Auslöser zu drücken. Sie öffnen die Augen erst, wenn er fotografiert. So bleibt Ihnen keine Zeit, sich durch Blinzeln vor dem Blitzlicht zu schützen. Ich wende diesen Trick häufig an.

Problem
Wegschauen

Lösung
Eigentlich weiß jeder, dass er in die Kamera schauen sollte. Trotzdem gucken fast alle instinktiv lieber zu Babys, Freunden, Tieren oder sonst wohin. Idealerweise sollten Sie in die Linse gucken, nie ins Blitzlicht, weil das zu roten Augen führt. Wie immer, wenn man sich ein schönes Foto wünscht, muss man zig Bilder machen. Nur das bietet eine gewisse Garantie... Je mehr Aufnahmen entstehen, desto größer ist die Chance, dass ein Knaller dabei ist. Außerdem tut es gut zu wissen, dass man heutzutage alles wieder löschen kann. Für jedes Porträt von mir, das im *Guardian* erschienen ist, musste ich ungefähr 30-mal posieren (und war anschließend immer noch nicht zufrieden!).

Problem
Unnatürliches Lächeln

Lösung
Sie warten eindeutig schon viel zu lange darauf, dass jemand auf den verdammten Auslöser drückt. Nach etwa 30 Sekunden sieht jedes Lächeln starr und künstlich aus. Also entspannen Sie Ihr Gesicht vollständig, bewegen Sie Ihren Kiefer, ja ziehen Sie Grimassen, wenn es sein muss, und versuchen Sie es dann noch mal.

Problem
Blasser Teint

Lösung
Das kann am Hintergrund liegen. Grün macht einen schrecklichen Teint, außer, Sie haben eher rötliche Haut, dann wirkt es ausgleichend. Ansonsten ist Rasen alles andere als schmeichelhaft. Eine Steinmauer, eine geweißelte Wand, sogar Asphalt machen einen viel schöneren Hautton. Weißer, schwarzer, cremefarbener oder grauer Hintergrund funktioniert immer – je schlichter, desto besser. Gelb kann sehr gut aussehen, und auch Gold ist wunderschön (deshalb halten Fotografen einen Goldkarton unter das Gesicht des Models).

Problem
Ausdrucksloses Gesicht

Lösung
Ich habe miterlebt, wie die begabtesten Schauspieler plötzlich aussahen wie tot, kaum dass sie vor einer Fotokamera standen. Dann wurden ihre ausdrucksvollen Gesichter auf einmal ganz leer. Um das zu verhindern, schauen Sie auf Ihre Füße und zählen bis drei. Bei drei schauen Sie nach oben in die Kamera (oder aber Sie bitten den Fotografen, Ih-

ren Namen zu rufen). Dann wirkt Ihr Gesicht automatisch ausdrucksvoller, interessanter, nachdenklicher. Und das sieht deutlich besser aus.

DAS BESTE FOTO-MAKE-UP

ROTER LIPPENSTIFT

Er macht die Zähne optisch weißer, die Haut reiner und ist außerdem ein toller Blickfang. Achten Sie darauf, ihn frisch und sauber aufzutragen. Auf Fotos rächt sich jeder Fehler fürchterlich.

CONCEALER

Mit Concealer sieht jeder besser aus, so viel steht fest. Decken Sie damit dunkle Augenringe, Pickel, Flecken und rote Äderchen ab. Wählen Sie einen eher gelblichen Ton. Nars, Bobbi Brown, Clinique, Clarins und Armani stellen fantastische Concealer her.

GESICHTSPUDER

Ich liebe Gesichtspuder, speziell bei Fotoshootings. Er sorgt für einen gleichmäßigen Teint und verhindert, dass die Haut glänzt. Mit seiner Hilfe sieht man auf Fotos besser und professioneller aus. Ich verwende Puder von Bobbi Brown, MAC, Chantecaille oder Nars.

WIMPERNZANGE

Nichts öffnet die Augen so sehr wie eine tolle Wimpernzange. Doch Qualität hat ihren Preis: Investieren Sie mindestens 15 Euro.

GRUNDAUSSTATTUNG:
WAS SIE WIRKLICH BRAUCHEN
(UND WAS NICHT!)

»Glück ist das beste Make-up.
Dicht gefolgt von etwas Lippenstift.«
Anne Lamott

Ich besitze Tausende von Beauty-Produkten. Ich liebe es, sie anzusehen, mit ihnen herumzuexperimentieren und mich diesbezüglich auf dem Laufenden zu halten. Aber manche von ihnen würde ich niemals durch etwas anderes ersetzen: die getönte Feuchtigkeitscreme, die sämtliche Spuren der fünf Wodkas am Vorabend verblassen lässt. Die Wimperntusche, die nie verschmiert. Das Rouge, das mich aussehen lässt, als hätte ich gerade eben fantastischen Sex gehabt. Das Pflegetuch, das schon im Vorfeld verhindert, dass wildes Herumknutschen Spuren hinterlässt. Auf diese Dinge will ich einfach nie mehr verzichten. Sollte mein Koffer einmal am Flughafen verloren gehen, würde ich sie sofort neu kaufen. Mir geht es dabei weniger um die Produkte an sich, denn Ihre Lieblingsmarke, Ihr Haut- und Farbtyp werden vermutlich anders sein als bei mir. Sondern eher um ihre einzigartige Funktion, mit der sie meinen Alltag bereichern. Sie sind mein festes Beauty-Arsenal und sorgen dafür, dass ich stets vorzeigbar bin.

ESSENTIALS

REINIGUNGSCREME ODER -BALSAM

Es ist so gut wie unmöglich, auf Dauer eine gute Haut zu haben, wenn man sie nicht gründlich reinigt. Es gibt Reinigungsmilch (toll), Reinigungslotions (weniger gut) und Reinigungsöle (gut, leider hinterlassen sie hässliche Flecken auf schöner Nachtwäsche). Reinigungscreme oder -balsam sind dagegen für jeden Hauttyp geeignet. Ein gutes Produkt entfernt auch noch den letzten Rest Make-up und bereitet das Gesicht auf ein Pflegeprodukt sowie auf eine gesunde Nachtruhe vor. Ich liebe die Reinigungscremes von Clarins, Aurelia, REN, Elemis, Weleda, Body Shop, Aromatherapy Associates, Liz Earle und Simple.

Reinigungsprodukte in die trockene Haut einmassieren, ohne die Augenpartie auszusparen, und dann mit einem warmen, ausgewrungenen Waschlappen entfernen. Sind Sie stark geschminkt, den Waschlappen ausspülen und die Prozedur wiederholen. Den Waschlappen jeden Morgen austauschen.

PEELING-LOTION

Nicht zu verwechseln mit einem klassischen Gesichtswasser, das im Grunde nichts anderes ist als wohlriechendes Wasser und deshalb vollkommen überflüssig. (Wenn Sie es gerne benutzen, bitte sehr! Aber bilden Sie sich nicht ein, es könnte Dinge, die Wasser nicht kann.) Im Gegensatz dazu ist eine Peeling-Lotion ein sehr nützliches Produkt, das entweder AHAs oder BHAs (Fruchtsäuren) enthält, die abgestorbene Hautzellen entfernen und die Poren verfeinern. Sollten Sie unter Akne leiden, kaufen Sie eine Peeling-Lotion mit BHA. Ist Ihr Teint eher fahl, und Sie möchten Falten und Poren kaschieren (was bei Frauen über 35 häufig der Fall ist), investieren Sie am besten in AHAs. Viele Peeling-Lotions enthalten beide Säuretypen, und das kann gut funktionieren. Ich mag zum Beispiel die Peeling-Lotions von Clarins, Alpha-H und REN.

Jeden zweiten (oder auch dritten Tag bei empfindlicher Haut) tränken Sie ein Wattepad nach dem Reinigen mit der Peeling-Lotion und verteilen sie damit über das ganze Gesicht. Die Lotion kurz trocknen lassen und anschließend Feuchtigkeitspflege auftragen. Am besten vor dem Schlafengehen, denn verwendet man die Lotion morgens, muss auf die Feuchtigkeitspflege noch ein Sonnenschutz folgen, um möglichen Hautschäden vorzubeugen.

SERUM

Mit Serum behandelt man bereits vorhandene Hautprobleme. Es hat eine sehr feine Textur und enthält normalerweise jede Menge Anti-Aging-Wirkstoffe. Die Auswahl ist groß, deshalb sollten Sie sich die

Angaben auf der Verpackung gründlich durchlesen, damit Sie ein Produkt erwischen, das wirklich zu Ihren Bedürfnissen passt. Also eines, das für trockene Haut, Altersflecken, Pigmentstörungen, Falten, Fettglanz usw. geeignet ist.

Es gibt einige fantastische Seren, die gleich mehrere Aufgaben erfüllen, zum Beispiel von Estée Lauder, Clinique, Olaz, Nivea, L'Oréal Paris, Vichy und Clarins. Vielleicht nehmen Sie eines für morgens und eines für abends?

Nach Reinigung und/oder Peeling massieren Sie ein paar Tropfen in die Haut ein, die Augenpartie dabei nicht aussparen. Sie dürfen währenddessen ruhig etwas Druck ausüben. Ein paar Sekunden warten und dann weitere Pflegecremes oder -öle auftragen.

FEUCHTIGKEITSPFLEGE – TAGES- UND NACHTCREMES

Feuchtigkeitspflege gibt es in Creme- oder Ölform. Sie soll die Haut pflegen und schützen und sie auf das Make-up vorbereiten. Eine gute Feuchtigkeitspflege sorgt dafür, dass sich die Haut gleich besser anfühlt … und auch besser aussieht. Auch wenn Sie fettige Haut haben, sollten Sie diesen Pflegeschritt nicht auslassen. Jeder Hauttyp profitiert von einer Feuchtigkeitspflege, und die Haut leidet, wenn Sie sie bewusst aushungern lassen. (Das ist in der Regel kontraproduktiv, weil fettige Haut dann oft noch mehr Talg produziert, um sich selbst zu pflegen.) Ich halte eine gute Feuchtigkeitspflege für unerlässlich, aber das heißt nicht, dass es unbedingt ein teures Produkt sein muss. Eine Creme sollte die Haut mit Feuchtigkeit versorgen und sie schützen. Das ist in der Regel alles, also seien Sie skeptisch gegenüber allzu großen Werbeversprechen.

Achten Sie beim Kauf von Feuchtigkeitspflege darauf, dass sie zu Ihrem Hauttyp passt. Es gibt Öle, Lotionen und Cremes für jede Haut. Ich mag unter anderem die Cremes und Lotionen von Neutrogena, Simple, Estée Lauder, Clarins, REN, RéVive, Olaz, Darphin, Carita, Murad und Sisley. Noch wichtiger ist allerdings, dass Sie sie auch benutzen! Ich würde auf der Verpackung nachschauen, ob die Pflege Mineralöl enthält, denn das kann Flecken im Gesicht verschlimmern. Ich persönlich habe kein Problem mit Mineralöl, es ist jedoch ein sehr billiger Inhaltsstoff, und es gibt bessere Alternativen. Die sollten Firmen, die schließlich gutes Geld von Ihnen nehmen, eigentlich häufiger verwenden.

Meine Lieblingsöle sind von Clarins, Trilogy, Pai, Sunday Riley, Balance Me und solche aus Naturkostläden.

Die Feuchtigkeitspflege nach dem Serum sanft einmassieren. Die Augenpartie muss nicht ausgespart werden (so kann man sich eine extra Augencreme sparen – vorausgesetzt, Ihre Augen werden nicht dadurch gereizt).

WUNDCREME

Manchmal spielt die Haut einfach verrückt. Dann sollte man der Ursache auf den Grund gehen (Allergien, Hormone, schlechte Ernährung, Rumknutschen mit einem stoppelbärtigen Mann), aber auch pflegetechnisch etwas unternehmen. Wundcreme ist keine langfristige Lösung, erledigt ihre Aufgabe aber schnell und effizient. Sie ist normalerweise sehr weiß und fettig, deshalb abends vor dem Schlafengehen auftragen oder wenn man unbeobachtet in der Wohnung herumgammelt.

Meine Lieblingssalbe ist von Kiehl's, aber offen gestanden dürften fast alle Wundcremes halten, was sie versprechen.

Nach dem Nachtserum großzügig auf Flecken und Rötungen auftragen.

SONNENSCHUTZ

Jeder weiß, dass er ihn verwenden sollte – also tun Sie es auch! Sonnenschutz ist ein Muss und vermutlich die wirksamste Waffe gegen Hautschäden und vorzeitiges Altern. Es gibt zwei Typen von Sonnenschutz: physikalischen (natürlich-mineralischen) und chemischen. Physikalischer ist ideal für Kinder und Erwachsene mit empfindlicher Haut. Aber er kann sich fettig anfühlen, kalkig aussehen und ist als Make-up-Unterlage weniger gut geeignet. Wenn Sie chemischen oder chemisch-physikalischen Sonnenschutz vertragen, sollten Sie lieber den nehmen. (Mehr zum Thema Sonnenschutz finden Sie im Kapitel »Anti-Aging«.)

Ich mag Sonnenschutz fürs Gesicht von Clinique, Ultrasun, Zelens, La Roche Posay, Estée Lauder und Shiseido, aber jeder Breitbandspektrum-Sonnenschutz (also einer, der sowohl vor UVA- als auch vor UVB-Strahlen schützt) ab einem Sonnenschutzfaktor 30 funktioniert genauso gut. (Der Unterschied zwischen Sonnenschutzfaktor 30 und Sonnenschutzfaktor 50 ist übrigens winzig.)

Im Sommer nach dem Reinigen und vor dem Schminken auftragen. Im Herbst und Winter genügt eine Tagescreme ab Sonnenschutzfaktor 15 oder aber eine Foundation oder getönte Tagescreme mit integriertem Sonnenschutz.

LIPPENBALSAM

Ich habe Lippenbalsam immer griffbereit – in jeder Hand- und Manteltasche, in jedem Zimmer, im Handschuhfach meines Autos. Man sollte ihn parat haben, wenn sich die Lippen spröde anfühlen, der Lippenstift fleckig wirkt oder man sich einfach nur ein bisschen frischer fühlen will.

Ich bin regelrecht süchtig nach Lippenbalsam. Ich benutze supergünstigen, extrem teuren und alles dazwischen. Ich bin diesbezüglich alles andere als markentreu, verliebe mich heute in ein Produkt, das ich schon morgen gegen ein anderes eintausche. Lip Balms, zu denen ich immer wieder greife, sind die von Maybelline, Clinique, Carmex, La Mer, Aerin, Kiehl's, MAC oder Korres.

Etwa zweimal täglich oder sobald sich die Lippen spröde anfühlen, mit dem Ringfinger oder direkt aus der Hülse auftragen.

GETÖNTE TAGESCREME

Getönte Tagescremes lassen jeden besser aussehen. Meiner Meinung nach sind sie deutlich besser als BB-Creams, da sie der Haut einen attraktiven, gesunden Schimmer verleihen. (Mehr über getönte Tagescremes erfahren Sie im Kapitel »Foundation«.)

Meine liebsten getönten Tagescremes sind die von Origins, Laura Mercier, Chantecaille, Nivea und Nars.

Die getönte Tagescreme nach dem Serum auf Nase, Wangen, Kinn und Stirn tupfen, dann einmassieren. Ist Ihre Haut extrem trocken wie bei mir, vorher noch eine Feuchtigkeitspflege verwenden.

CONCEALER

Egal, wie Sie aussehen – Sie brauchen unbedingt einen Concealer! Haben Sie ihn einmal ausprobiert, werden Sie nie mehr darauf verzichten wollen. Ein Concealer kaschiert dunkle Augenringe, Pickel und sorgt generell für ein 100-mal besseres Erscheinungsbild. Er muss allerdings dem natürlichen Hautton entsprechen oder einen Hauch heller sein, cremig und deckend, damit er seine Aufgabe zufriedenstellend erledigt. Er sollte lichtreflektierende Partikel enthalten, um dunklen Augenringen entgegenzuwirken, darf aber nicht mit Highlighter verwechselt werden, auch wenn der Irrtum weit verbreitet ist.

Die besten Allzweck-Concealer sind die von Nars, MAC, Laura Mercier, Amazing Cosmetics, Clarins und Bobbi Brown. Von Nars,

Laura Mercier und Bobbi Brown gibt es sie für hell- und dunkelhäutige Frauen.

Den Concealer unter den Augen, auf Pickel und andere gerötete Stellen auftupfen (die Region um die Nase ist eine beliebte Stelle). Mit dem Ringfinger sanft einklopfen und nach außen hin verblenden, dann mit Puder fixieren. Einen besonders hässlichen Pickel kaschieren Sie wie im Kapitel »Beauty für Bräute« beschrieben.

PUDER

Puder wird extrem unterschätzt, vermutlich, weil viele Frauen zu Unrecht glauben, dass er alt macht. Doch Puder tut nichts anderes, als das Make-up zu fixieren. Er hindert es daran, sich im Laufe des Tages zu verselbstständigen. Außerdem beugt er glänzender Haut vor – und die macht meiner Meinung nach wirklich alt! Ein taufrisches Strahlen? Her damit! Aber ein Glänzen? Nein, danke! Niemand will aussehen, als hätte er gerade eine Hitzewallung oder Panikattacke. Puder fixiert das Make-up und frischt es tagsüber schnell wieder auf. Er muss allerdings zum Hautton passen. Es gibt Transparentpuder für jeden Teint, aber ich bin kein großer Fan davon. Zu Hause benutze ich losen Puder und unterwegs Kompaktpuder zum Auffrischen. Aber da es in diesem Kapitel um die Grundausstattung geht, reicht auch ein Kompaktpuder. Damit sind Sie gegen alles gewappnet.

Die besten Puder sind die von Bobbi Brown, Chantecaille, Bourjois, Urban Decay, Charlotte Tilbury, Chanel, T. LeClerc, Max Factor und MAC.

Den Puder nach jeder beliebigen Grundierung – sei es nun Primer, Foundation, getönte Tagescreme, Concealer oder eine beliebige Kombination dieser Produkte – mit einem Puderkissen auftupfen (das mitgelieferte Kissen ist dafür völlig ausreichend). Überschüssigen Puder anschließend mit einem dicken Pinsel entfernen.

MATTER ELFENBEINFARBENER UND LEICHT SCHIMMERNDER BRAUNER LIDSCHATTEN

Brauner Lidschatten steht allen, und das ist sehr praktisch, weil er sich am einfachsten auftragen lässt. Braun passt zu allem und verleiht jedem Teint Wärme und Tiefe. Außerdem kann man ihn auch als Eyeliner verwenden. Elfenbein sollte auch Bestandteil jeder Palette sein, denn es sorgt für eine glatte, strahlende Grundierung, auf die man jede andere Farbe geben kann.

Marken spielen in diesem Fall nur eine untergeordnete Rolle. Ich persönlich mag Lidschatten von Bourjois, Bobbi Brown, MAC, Burberry Beauty, Dior, Chanel, Tom Ford, Charlotte Tilbury, Nars, Clarins und Sleek. Aber es kommt vor allem darauf an, Farbe und Finish gut hinzukriegen. Der elfenbeinfarbene Lidschatten sollte keine Glitzerpartikel enthalten, damit man alles darüber auftragen und damit vermischen kann. Der braune Lidschatten sollte dunkelbraun sein und leicht schimmern. So lässt er sich besser verwischen und wirkt weicher.

Den elfenbeinfarbenen Lidschatten mit einem großen Lidschattenpinsel auftragen – und zwar vom Wimpernkranz bis zu den Brauen, vor jedem anderen Lidschatten. Um das Braun hinzuzufügen, nehmen Sie einen Lidfaltenpinsel aus Naturborsten in der Form eines dicken Wattestäbchens und machen damit scheibenwischerartige Bewegungen direkt in der Lidfalte. Dann verteilen Sie die Farbe nach unten auf das Lid. Wollen Sie den Lidschatten als Eyeliner verwenden, nehmen Sie einen feinen Eyelinerpinsel und tragen die braune Farbe um den gesamten Wimpernkranz auf, also oben und unten.

SCHWARZE WIMPERNTUSCHE

Oder braune, wenn Ihnen das lieber ist, auch wenn ich das nicht ganz nachvollziehen kann. Wimperntusche sorgt bei jedem für tolle Effekte. Wenn sie bei Ihnen leicht verschmiert (so wie bei mir, weil ich eine sehr reichhaltige Feuchtigkeitspflege unter den Augen auftragen muss, aber auch alle, die gern im Gesicht rumfummeln oder nahe am Wasser gebaut haben, dürften das Problem kennen), brauchen Sie eine »Tubes Mascara« aus Polymeren, die jede einzelne Wimper mit einer Art Plastikröhrchen umhüllt. Ihr Effekt ist nicht ganz so dramatisch wie der von traditioneller Wimperntusche, aber sie bleibt zuverlässig, wo sie hingehört – außer sie kommt mit warmem Wasser in Berührung. Ist verschmierte Wimperntusche für Sie kein Problem, haben Sie die freie Wahl und können sich jede Mascara kaufen, die Ihnen gefällt.

Die besten Tubes Mascaras sind unter anderem die von Clinique, Kevyn Aucoin und L'Oréal Paris.

Die besten herkömmlichen Mascaras machen Lancôme, L'Oréal Paris, YSL, Maybelline, Dior, MAC und Charlotte Tilbury.

Egal, welche Wimperntusche Sie benutzen: Sie müssen das Bürstchen zuerst auf der Oberseite der oberen Wimpern von oben nach unten und dann auf der Unterseite wieder nach oben führen, und zwar in einer Zickzackbewegung, um sie gründlich zu trennen. Was noch an Farbe übrig ist, verwenden Sie für die unteren Wimpern, und zwar genau in derselben Technik. Kurz warten und dann eine zweite Schicht auftragen.

ROUGE IN ROSA ODER APRICOT

Beide Farben sind prima. Ich nehme jeweils die, die am besten zu meinem Lippenstift passt. Aber wer eher rosige Wangen hat, nimmt vielleicht besser Apricot. Je dunkler Ihr Teint ist, desto dunkler darf auch Ihr Rouge sein. Auch die Konsistenz hängt von Ihren persönlichen Vorlieben ab. Cremerouge sorgt für ein weiches, natürliches Finish, während Puderrouge ordentlicher aussieht und langlebiger ist. Aber Hauptsache, Sie sorgen überhaupt für ein bisschen Farbe im Gesicht! Rouge ist für mich wirklich unverzichtbar: Es verleiht jedem Hautton ein jugendliches Strahlen (nicht nur blassem Teint) und sorgt für einen frischeren, gesünderen Look.

Auch bei den Marken haben Sie freie Wahl. Ich persönlich mag Cremerouge von Aerin, Clarins, Bourjois, MAC, Max Factor und Bobbi Brown. Was Puderrouge angeht, greife ich auf Charlotte Tilbury, Bourjois, Bobbi Brown, Smashbox, Chanel und Tom Ford zurück.

Bei Cremerouge drei Farbtupfer auf den höchsten Punkt der Wange setzen und dann mit dem Mittelfinger kreisförmig verstreichen. Die Konturen des Kreises mit einer sauberen Fingerkuppe tropfenförmig verblenden.

Bei Puderrouge mit einem dicken, gerundeten Rougepinsel einmal über den Puder streichen und ihn rundum mit Farbpigmenten bedecken. Den Pinsel über ein sauberes Kosmetiktuch oder den Handrücken streichen, um überschüssigen Puder zu entfernen. Lächeln, das Rouge auf den höchsten Punkt der Wangen auftragen und die Konturen anschließend verwischen. Aber nicht zu weit bis zu den Ohren, sonst sehen Sie seltsam gestreift aus.

NUDEFARBENER LIPPENSTIFT

Wenn ich Nude sage, meine ich auf keinen Fall diesen schrecklichen, leider weit verbreiteten Beigeton. Sondern jede Farbe, die theoretisch eine natürliche Lippenfarbe sein könnte (oder Hautfarbe, falls es um Lidschatten und Rouge geht): angefangen von einem zarten Rosa bis hin zu Schokobraun. Ein nudefarbener Lippenstift passt zu jedem Lidschatten, zu jedem Outfit und zu jedem Anlass. Damit ist man weder under- noch overdressed. Sollten Sie extrem dünne Lippen haben oder absolut nicht mit Lippenstift umgehen können, tut es auch farbiger Lip Balm oder Gloss. Andererseits: Wir sterben noch früh genug. Warum vorher nicht noch Lippenstift auftragen, solange es geht? Einen besseren Schönmacher gibt es kaum!

Ich trage Lippenstifte von allen möglichen Marken. Nehmen Sie die Firma, die Ihnen gefällt, aber entscheiden Sie sich für ein Satin-Finish (zumindest im Alltag). Matt sieht cool aus, muss aber perfekt aufgetragen werden und kann auffälliger wirken, als einem lieb ist. Perlmutttöne sind garantiert schrecklich, denn sie lassen die Lippen schuppig aussehen und erwecken bei jeder Frau den Eindruck, sie wäre modisch in den Achtzigerjahren stehen geblieben.

NICE TO HAVE

Diese Produkte sind zwar nicht unverzichtbar, aber doch sehr hilfreich.

GESICHTSMASKE

Es tut gut, die Haut einmal die Woche so richtig zu verwöhnen. Dafür benutze ich eine Gesichtsmaske. Ich liebe es, wie die Haut sich anschließend anfühlt, aber da ich sie jeden Tag gut pflege, ist es nicht weiter schlimm, wenn ich dieses Ritual hin und wieder einmal ausfallen lasse. Kaufen Sie eine Maske, die auf Ihre speziellen Hautprobleme abgestimmt ist. Ich bevorzuge Masken mit viel Hyaluronsäure, da sie meiner Haut Feuchtigkeit schenken und sie schön prall aussehen lassen. Aber Sie können auch eine Maske gegen Pickel oder eine intensive Peeling-Maske verwenden.

Ich liebe Masken von Sisley, Origins, SK-II, Sarah Chapman, REN, Aveda, Estée Lauder, Zelens oder Soap & Glory – um nur ein paar aufzuzählen.

Wie die Maske aufgetragen werden muss, ist von Fall zu Fall unterschiedlich, also folgen Sie den Anweisungen auf der Packung. Ich kann nur empfehlen, sie unbedingt auf die gereinigte Haut aufzutragen. Muss die Maske abgenommen werden und darf nicht einziehen, macht man das am besten mit einem nassen, warmen Waschlappen.

LIPLINER

Ein Lipliner oder Lippenkonturenstift sorgt dafür, dass der Lippenstift nicht ausfranst. Außerdem sieht Lippenstift damit generell ordentlicher aus. Aber der Liner muss farblich unbedingt zum Lippenstift oder zur natürlichen Lippenfarbe passen. Ansonsten nehmen
Sie bitte einen transparenten Lipliner (Body Shop und Cargo stellen
beispielweise welche her). Niemals auf Kontrastfarben setzen, niemals! MAC, Estée Lauder, Rimmel und Bobbi Brown haben die besten farbigen Lipliner.

AUGENBRAUENPUDER ODER AUGENBRAUENSTIFT

Wenn Sie Augenbrauen haben, die dünner oder blasser sind als gewünscht, möchten Sie sie vielleicht mit etwas brauner Farbe verdich-
ten. Wenn ich einen gemütlichen Tag einlege, mache ich mir nicht
die Mühe. Aber wenn ich Make-up und Lidschatten benutze, male
ich stets die Brauen nach. Ich mag Brauenpuder bzw. -stifte von
Anastasia Beverly Hills, Tom Ford, Lancôme, Sleek und Bourjois.

DUNKELBRAUNER KAJAL

Wenn es Ihnen zu umständlich ist, mit einem Eyeliner-Pinsel und
Lidschatten zu hantieren, kaufen Sie sich einen schokoladenbraunen
Kajal. Die Farbe steht jedem, passt zu jedem Look und ist eine kluge,
aber dezente Wahl. Damit definieren Sie Ihre Augen und lassen sie
größer und strahlender wirken. Den Kajal rund um den Wimpernkranz auftragen und am unteren Wimpernkranz leicht mit dem
kleinen Finger verwischen, bevor Sie Mascara auftragen. Zu meinen Lieblingskajalstiften zählen die von Clinique, Elizabeth Arden,
Givenchy, Charlotte Tilbury und Bourjois.

BRONZEPUDER

Keine Angst vor Bronzepuder! Der richtige ist ein höchst zuverlässiger Begleiter. Wenn die Farbe nur wenige Nuancen dunkler ist als Ihre natürliche Hautfarbe, ohne ins Orangene oder Schlammfarbene zu spielen, haben Sie es schon beinahe geschafft. Seine Aufgabe besteht darin, jedem Hautton einen gesunden Schimmer zu verleihen. (Das funktioniert bei dunkler Hautfarbe genauso wie bei heller.) Außerdem bekommt der Teint so mehr Kontur und Tiefe. Ich für meinen Teil gehe morgens nie aus dem Haus, ohne Bronzepuder aufgetragen zu haben, auch wenn es zusätzlichen Aufwand bedeutet.

Auf weißer Haut gefallen mir Bronzepuder von Bourjois, Burberry Beauty, Sisley, Guerlain, YSL, L'Oréal Paris und Rimmel.

Den Bronzepuder nach der Grundierung, aber vor dem Rouge, in Form einer »3« auftragen: also an den Schläfen beginnen, dann die Wangen mit einbeziehen, als würden Sie die Ziffer »3« schreiben. Die Farbe dann zum Kinn hin verblenden. Vorgang auf der anderen Seite spiegelbildlich wiederholen. Dann das Rouge auftragen. Sieht super aus!

WAS SIE NICHT BRAUCHEN

Folgende Produkte halte ich für kompletten Unsinn oder aber für übertriebenen Luxus. Sie sollten Ihr Geld lieber für Dinge ausgeben, die wirklich etwas bringen.

ANTI-CELLULITE-CREMES, -GELS ODER -SEREN

Meiner Meinung nach ist das bloße Bauernfängerei – besser, Sie lassen die Finger davon. Das Zeug ist teuer und umständlich aufzutragen, außerdem verstehe ich beim besten Willen nicht, wie es funktionieren soll, auch wenn zig Studien das Gegenteil beweisen. Investieren Sie lieber in ein gutes Peeling und in eine abwaschbare getönte Lotion. Beides lässt Cellulite optisch besser verschwinden als alles andere. Kein Produkt der Welt kann Sie von Ihrer Cellulite befreien!

BRUSTGELS

Gels, die angeblich den Busen vergrößern, bringen mich erst recht in Rage. Ich halte sie für kompletten Unsinn. Kein Produkt kann die Haut dazu anregen, Fettzellen zu bilden (die Brust besteht nämlich aus Fettgewebe). Kaufen Sie herausnehmbare Silikonkissen in der Form von Hühnerbrustfilets, versuchen Sie es mit einem Push-up-BH oder lernen Sie, Ihren Busen zu lieben. Gels oder Cremes werden Ihnen ganz bestimmt nicht weiterhelfen.

ALLES MIT DER AUFSCHRIFT »DETOX«

Was für ein Schwachsinn! Wenn ich könnte, würde ich dieses Wort verbieten lassen. Beauty-Produkte können antibakteriell sein, den pH-Wert beeinflussen, beruhigen, verwöhnen, reinigen – und das ist alles wunderbar. Aber »detoxen« oder wirklich entgiften können sie nicht. Keines dieser Produkte wird Ihre Hautstruktur verändern und schon gar nicht das Tiefengewebe. Das ist Pseudowissenschaft, die nur dazu dient, überflüssige Produkte zu verkaufen. Einfach ignorieren!

AUGENCREME

Ich habe eine etwas zwiespältige Beziehung zu Augencremes, und ich will Ihnen auch gern erklären, warum. Sie brauchen eine Feuchtigkeitspflege für die Augenpartie, und Augencreme ist dafür wunderbar geeignet, ohne diesen empfindlichen Bereich zu reizen. Trotzdem ist auch sie nichts anderes als eine ganz normale Anti-Aging-Creme, die in winzigen Tiegeln verkauft wird. Wunder bewirken kann sie nicht, auch wenn die Beauty-Industrie etwas ganz anderes behauptet. Wenn Sie also im Augenbereich nicht allergisch auf Ihre ganz normale Anti-Aging-Tagescreme reagieren und keine Schwellungen auftreten, können Sie sie problemlos fürs ganze Gesicht verwenden und auf Augencreme verzichten. Sind Sie dagegen der Meinung, dass Ihre Tagescreme zu reichhaltig für die Augenpartie ist, dann kaufen Sie von mir aus ein extra Produkt dafür. Ich mag Augencremes von Estée Lauder, Olaz, L'Oréal Paris und Clinique.

HALSCREME

Aus oben genannten Gründen bin ich auch nicht davon überzeugt, dass man wirklich eine zusätzliche Creme für den Hals benötigt. Eine straffende Feuchtigkeitspflege ist genauso gut, mal ganz abgesehen davon, dass keine Creme der Welt einen schlaffen Hals wegzaubern kann. Damit das gar nicht erst passiert, sollten Sie den Hals in Ihr tägliches Pflegeritual einbeziehen. (Wenn man sich erst anzieht, nachdem die Hautpflege aufgetragen wurde, hilft das enorm!) Tragen Sie außerdem einen guten Breitbandspektrum-Sonnenschutz auf, wenn Hals und Dekolleté der Sonne ausgesetzt sind, und rauchen Sie nicht. Ist bereits Schaden entstanden, können Sie versuchen, die Tiefenmuskulatur zu trainieren, damit sie die darüber liegende Haut stützt (mehr zu diesem Thema finden Sie im Kapitel »Anti-Aging«). Das kann auch schon vorher nicht schaden. Bei drastischen Schäden haben Sie genau drei Möglichkeiten: plastische

Chirurgie, sich so zu akzeptieren, wie Sie sind, oder hübsche Kaschmirpullis mit Rollkragen zu tragen. Letzteres finde ich persönlich am attraktivsten.

SALON-ETIKETTE

»Ich finde, abgesehen von Talent,
ist das Wichtigste für eine Frau ihr Friseur.«
Joan Crawford

Ich liebe es, zum Friseur oder zur Kosmetikerin zu gehen. Nicht zuletzt deshalb, weil ich in den ersten sieben Jahren meines Lebens genau wie meine Brüder immer denselben Topfschnitt beim örtlichen Herrenfriseur verpasst bekam. Zwischen diesen wirklich furchtbaren Haarschnitten hob mein Vater mich auf einen Küchenstuhl und versuchte, mir Zöpfe zu machen. Dabei verschliss er mehrere Haargummis, die er im 20er-Pack im Drogeriemarkt kaufte. Als wir endlich mit meiner Mutter zusammenzogen und sie mich zu ihrem Friseur mitnahm, war ich auf Anhieb hin und weg.

Noch heute sind Salons für mich so etwas wie ein sicherer Hafen, in dem einem der Alltag nichts anhaben kann und in dem man eine wundersame Verwandlung durchmacht. Menschen spielen mit meinem Haar, während ich an einer Tasse Tee oder einem Glas Champagner nippe und in Zeitschriften blättere. Oder aber eine nette Dame gönnt meinem Gesicht eine Tiefenreinigung samt Massage, während ich zu Walgesängen eindöse. Für mich ist es völlig unverständlich, dass es Leute gibt, die keine solchen Termine ausmachen. Doch inzwischen weiß ich, dass sich viele vor einem Salonbesuch fürchten. Anscheinend haben dort manche Frauen und Männer das Gefühl, vermintes Gelände zu betreten, da sie nie gelernt haben, wie man sich an solchen Orten benimmt. Ich kenne mehr Haar- und Kosmetiksalons als U-Bahnhöfe und bin zugegebenermaßen aus manchen auch schon furchtbar zugerichtet wieder herausgekommen (ein dauergewellter Vokuhila mit Lady-Di-Föhnwelle war eines von diesen traumatischen Erlebnissen). Ich verstehe diese weit verbreiteten Ängste – und ich kenne die Benimmregeln.

Erlauben Sie also, dass ich das Geheimnis lüfte und Ihnen ein wenig Salon-Etikette beibringe – damit auch Sie den Salonbesuch genießen können und danach genau den Look haben, den Sie wollten.

DIE WICHTIGSTEN REGELN DER SALON-ETIKETTE

Problem
Sie wollen in Ruhe Ihr Buch lesen, das Personal will reden.

Lösung
Dreimal dürfen Sie raten! Das Personal will mit Sicherheit auch nicht reden, sondern einfach seine Arbeit machen. Es versucht bloß, nett zu sein, weil das vom Kunden so erwartet wird. Wechseln Sie ein paar freundliche Worte, und sagen Sie dann höflich, dass Sie die seltene Auszeit nutzen wollen, um etwas zu lesen, oder dass Sie an Ihrem Laptop arbeiten müssen. Damit beleidigen Sie garantiert niemanden. Wenn Sie sich einer Massage, einer Gesichts- oder irgendeiner anderen entspannenden Kosmetikbehandlung unterziehen, ist Geplapper ohnehin nicht angesagt. Machen Sie höflich, aber bestimmt deutlich, dass Sie sich auf die Auszeit freuen und deshalb nicht in Plauderstimmung sind. Hört der Behandler trotzdem nicht auf zu reden, beschweren Sie sich beim Geschäftsführer und geben Sie kein Trinkgeld: Sie beim Massieren zuzutexten ist wirklich völlig unangebracht.

Problem
Der Behandler, der gerade frei ist, steht in der Salonhierarchie so weit oben, dass Sie ihn sich kaum leisten können. Sind Top-Stylisten wirklich so viel besser, dass sich die Ausgabe lohnt?

Lösung
Der Rang eines Stylisten lässt auf die Erfahrung schließen, die jemand mitbringt. Als Faustregel gilt: je höher der Rang, desto mehr Kunden wurden bereits bedient und desto mehr Techniken werden beherrscht. Trotzdem kann ein Junior-Stylist genauso gut sein, unter Umständen sogar besser. Wenn das Geld knapp ist, sollten Sie es für ein radikales Neustyling oder für Spezialbehandlungen aufheben.

Geht es einfach nur ums Nachschneiden, Föhnen oder eine Maniküre, tut es auch ein preiswerterer Behandler. Ist der Junior-Stylist gleichbleibend gut, können Sie ganz zu ihm wechseln.

Problem
Sie fühlen sich unwohl.

Lösung
Das Leben ist zu kurz, um Zeit in einem Salon zu verbringen, den Sie nicht mögen, oder mit Leuten, mit denen Sie nichts zu tun haben wollen. Ich habe mich bereits von zig Salons verabschiedet (einige davon waren ziemlich teuer) – manchmal sogar mit noch nassem Haar oder einem gerade erst geschlossenen Hosenknopf. Sieht ein Salon schmuddelig aus? Gehen Sie! Ist das Personal unverschämt? Gehen Sie! Haben Sie das Gefühl, nicht ernst genommen zu werden? Gehen Sie! (Ist dagegen nur die Beleuchtung wenig schmeichelhaft, sollten Sie sich damit abfinden, denn das ist in jedem Salon der Fall.) Es gibt fantastische Salons, die Sie liebend gern als Kundin begrüßen würden – also gehen Sie, und suchen Sie sich einen von dieser Sorte. Eine persönliche Empfehlung von jemandem mit einer tollen Frisur, toller Haut oder tollen Nägeln ist immer das Beste.

Problem
Bei Ihnen darf man gerne etwas fester zugreifen, doch der Behandler ist zögerlich.

Lösung
Es gibt nichts Schlimmeres als eine zu zaghafte Massage oder Gesichtsbehandlung – vorausgesetzt, Sie werden wie ich gern etwas fester angefasst. Ich möchte spüren, dass mein Körper oder meine Gesichtsmuskeln behandelt werden, dass der Schmutz tatsächlich aus meiner Haut geholt wird. Reine Streicheleinheiten führen

bei mir dazu, dass ich den Salon mit extrem unentspannten Mordgelüsten wieder verlasse. (Ich hatte schon mal eine Kosmetikerin, die ihre Hände eine geschlagene Dreiviertelstunde lang über meinem Gesicht schweben ließ, um meine Aura zu reinigen!) Andererseits müssen Sie Ihrer Behandlerin schon sagen, was Sie wollen, schließlich kann sie nicht hellsehen. Machen Sie von Anfang an klar, dass Sie gerne fester oder aber sehr vorsichtig angefasst werden wollen, dass Sie eine hohe oder niedrige Schmerzschwelle haben. Und geben Sie auch während der Behandlung Bescheid, wann in der einen oder anderen Richtung übertrieben wurde. Es empfiehlt sich auch, die persönlichen Vorlieben schon bei der Terminvereinbarung zu erwähnen. Die meisten Salons haben Behandler, die fester oder weniger fest zupacken, und können dann den passenden zuteilen.

Problem
Sie wollen Ihren Friseur oder Behandler verlassen.

Lösung
Irgendwann kommt der Moment, und die Beziehung zwischen Schönheitsprofi und Kunde hat sich überlebt – selbst wenn sie in der Vergangenheit noch so gut war. Die Frisuren sehen immer gleich aus und fangen an zu langweilen, die Massage wird nur noch schlampig durchgeführt. Manchmal wird der Behandler auch befördert und dadurch unerschwinglich. Dann wird es Zeit, sich anderweitig umzusehen. Es kann unangenehm sein, im selben Salon zu einer anderen Angestellten zu wechseln und mit ihr an der verschmähten Stylistin vorbeizuspazieren. In diesem Fall würde ich lieber den Salon wechseln. Sollten Sie dennoch unbedingt innerhalb desselben Etablissements wechseln wollen, tun Sie es mit Würde. Begrüßen Sie Ihren vorherigen Profi freundlich, fragen Sie, wie es ihm geht. Tun Sie auf keinen Fall so, als würden Sie ihn nicht bemerken. Will er wissen, von wem Sie sich heute behandeln lassen, sagen Sie es ihm, lächeln ihn freundlich an und erklären, dass Sie mal was Neues ausprobieren wollen. Niemals beim neuen

Stylisten oder Behandler über den alten herziehen! Das gehört sich einfach nicht.

Problem
Sie wissen nie, wie herum Sie in den Kittel schlüpfen müssen.

Lösung
Wie in einen Mantel. Sie verwechseln den Schönheitssalon mit dem OP: Seit 1982 benutzt kein Mensch mehr Kittel, die sich hinten schließen lassen.

Problem
Ist es unhöflich, Fotos mitzubringen?

Lösung
Um Himmels willen, nein! Fast jeder Friseur oder Visagist freut sich, wenn er eine Vorlage bekommt. Das spart viel Zeit, da man den Look sonst ellenlang beschreiben müsste, außerdem kommt es so seltener zu Missverständnissen. Fotos sind geradezu unverzichtbar, und die meisten Stylisten sind innerlich frustriert, wenn der Kunde keine Vorlage mitbringt. Recherchieren Sie im Internet, und drucken Sie die Fotos anschließend aus. Reißen Sie Seiten aus Zeitschriften, oder bringen Sie Fotos von sich mit, auf denen Sie einen Look tragen, den Sie sich zurückwünschen.

Problem

Muss man für die Kopfmassage extra bezahlen, und muss die überhaupt sein?

Lösung

Beide Fragen lassen sich eindeutig mit Nein beantworten. Diejenige, die Ihnen die Haare wäscht, freut sich nach der Kopfmassage bestimmt über ein Trinkgeld, aber verpflichtet sind Sie dazu nicht. (Ich würde allerdings Trinkgeld geben, und zwar unabhängig von der Massage. Mehr zum Thema Trinkgeld erfahren Sie später in diesem Kapitel.) Auf keinen Fall müssen Sie eine Massage über sich ergehen lassen, die Sie nicht wollen. Derjenige, der Ihnen die Haare wäscht, sollte stets im Vorfeld danach fragen. Ein simples »Ja, bitte« oder »Nein, danke« reicht vollauf, weitere Erklärungen sind nicht notwendig.

Problem

Darf man während einer Behandlung das Handy benutzen?

Lösung

Ich für meinen Teil finde es unhöflich, mit einem Dritten zu plaudern, wenn gerade jemand versucht, sich auf Ihre Nägel, Füße, Haare oder Schamregion zu konzentrieren. Ist es wirklich unverzichtbar zu telefonieren, während sich eine Wildfremde um Ihre Schamlippen kümmert? Wenn Sie einen wichtigen Anruf erwarten, dürfen Sie das selbstverständlich sagen. Aber in diesem Fall weisen Sie den Anrufer bitte darauf hin, dass Sie sich gerade in einer Behandlung befinden und er sich später noch mal melden soll. So gehört sich das!

Problem

Darf man annehmen, wenn einem ein Glas Sekt oder Wein angeboten wird?

Lösung

Es ist gratis. Sie bekommen es angeboten, und wenn Sie Lust darauf haben, sagen Sie »Ja, danke« und genießen es. Wäre es unangebracht anzunehmen, wäre es auch unangebracht, Ihnen etwas Derartiges anzubieten. Ich habe jedoch oft festgestellt, dass einen Alkohol benebelt und die Gesichtsbehandlung oder Massage weniger erholsam macht. Und die Kombination aus Wein und energischem Föhnen kann Kopfschmerzen verursachen. Trotzdem, jedem das Seine! Aus Erfahrung weiß ich, dass ein prickelndes, alkoholisches Getränk gegen Ende des Tages meine Laune deutlich hebt und für den darauf folgenden Ausgehabend in Stimmung bringt.

Problem

Ihr Friseur oder Behandler hat den Salon gewechselt.

Lösung

Wechselt ein Behandler zu einem anderen Salon, ist es Usus, dass er seinen Weggang nicht ankündigt und Ihnen auch nicht sagt, wo er anschließend arbeiten wird. Das ist extrem frustrierend, wenn man einen neuen Termin vereinbaren will, die Rezeptionistin die neue Adresse aber partout nicht rausrücken möchte. Deshalb lasse ich mir stets den vollständigen Namen meiner Lieblingsstylistin oder Kosmetikerin geben. So kann man auf Facebook und Instagram recherchieren und selbst Kontakt aufnehmen. Solange Sie sich melden und nicht umgekehrt, ist das völlig in Ordnung.

Problem
Sie hassen Ihre Frisur.

Lösung
Sagen Sie von Anfang an klar, was Sie wollen, und nehmen Sie immer eine Vorlage mit – ein Bild, das Sie aus dem Internet ausgedruckt oder aus einer Zeitschrift gerissen haben (siehe oben). Das erhöht nicht nur die Chancen auf ein zufriedenstellendes Ergebnis, sondern hilft Ihnen im Ernstfall auch beim Argumentieren. Hat der Stylist zehn Zentimeter abgeschnitten, obwohl Sie sich auf drei geeinigt hatten, sagen Sie ihm das! Hat Ihr Blond einen Rotstich, obwohl Goldblond vereinbart war, bestehen Sie darauf, dass man die Sache wieder in Ordnung bringt. Verpasst man Ihnen eine dieser seltsamen Fransenschnitte, die so viele Stylisten Frauen über 40 andrehen wollen, bitten Sie darum, die Stufen stumpf zu schneiden. Je genauer Sie anmelden, was Sie wollen, desto besser!

Problem
Nein, im Ernst: Sie hassen Ihre Frisur wirklich!

Lösung
Hat der Stylist oder Farbexperte Ihre Wünsche ignoriert oder Haare bzw. Haut unnötig geschädigt, ohne das Problem beheben zu können, wird es höchste Zeit, ein ernstes Wort mit ihm zu reden. Schreiben Sie einen sachlichen Brief, in dem Sie ankündigen, die Sache vor Gericht zu bringen. Geben Sie dem Salon 14 Tage Zeit, eine Lösung anzubieten. Werden Sie dabei auf keinen Fall beleidigend. Wenn Sie daraufhin nichts mehr hören, machen Sie Ihre Ankündigung wahr und überlassen Sie alles Weitere dem Gericht.

TRINKGELD

Amerikaner beherrschen das mit dem Trinkgeld aus dem Effeff, aber wir Europäer tun uns damit nach wie vor schwer. So funktioniert's: Wenn Sie mit Frisur/Gesichtsbehandlung/Massage/Waxing und dem Service generell zufrieden sind, wäre es nett, Trinkgeld zu geben. Ich gebe normalerweise 10 bis 15 Prozent der Gesamtsumme. Beim Friseur ziehe ich davon sofort sieben Euro ab und gebe sie derjenigen, die mir die Haare gewaschen hat. (Diese Leute leiden an wunden, gereizten Händen, waschen Handtücher, wischen Böden, massieren Köpfe – sprich, sie schuften für extrem wenig Geld.) Den Rest bekommt die Behandlerin oder Stylistin. Gibt es außerdem einen Farbexperten, mache ich fifty-fifty. Ich gebe das Trinkgeld am Empfang ab und sage, was für wen ist. Das Ganze dauert nur wenige Sekunden. Die Rezeptionistin wird das Trinkgeld dann auf verschiedene Umschläge verteilen. (Davon, das Trinkgeld persönlich zu überreichen, rate ich ab, ganz einfach, weil ich es etwas stillos finde, mit einem Fünfer wedelnd zum Waschbecken zu gehen.) Wer sich an diese Prozentangaben hält, muss sich keine Gedanken darüber machen, wie er den Rang eines Stylisten beim Trinkgeld berücksichtigen soll. Bei dieser Rechnung bekommen alle dasselbe – vom Junior-Stylisten bis hin zum Chef-Stylisten. Das ist deutlich einfacher. Die einzige Ausnahme von der Regel liegt dann vor, wenn Ihr Stylist oder Behandler gleichzeitig Saloninhaber ist. In diesem Fall würde ich überhaupt kein Trinkgeld geben, außer der Salon ist sehr klein.

WAS, WANN, WIE AUSZIEHEN?

Die Leute geraten regelrecht in Panik bei der Frage, welche Kleidungsstücke im Salon abgelegt werden und welche nicht. Ein guter Behandler gibt klare Anweisungen, aber im Folgenden habe ich einen kleinen Spickzettel für Sie vorbereitet:

Klassisches Bikini-Waxing
Strumpfhose und Hose werden ausgezogen,
aber die Unterhose bleibt an
(außer man gibt Ihnen einen Einwegslip).

....

Hollywood oder Brazilian Waxing
Strumpfhose, Hose und Unterhose werden ausgezogen
(außer man gibt Ihnen einen Einwegslip). Es kann auch
nicht schaden, sich kurz vor der Behandlung mit einem
Feuchttuch abzuwischen.

....

Ganzkörpermassage
Die gesamte Kleidung wird abgelegt, einschließlich Schmuck
und BH. Nur die Unterhose bleibt an.

....

Sprühbräune oder Selbstbräuner
Die gesamte Kleidung wird abgelegt, einschließlich Schmuck
und BH. Einwegslip anziehen – ein guter Salon setzt nicht voraus,
dass Sie Ihr Höschen ruinieren.

....

Reflexologie
Strumpfhose, Socken und Jeans werden ausgezogen.
Oberteil und Unterwäsche bleiben an.

....

Gesichtsbehandlung
Oberteil und Schmuck werden abgelegt, der BH bleibt an
(auch wenn die Kosmetikerin die Träger vermutlich während der
Behandlung über die Schultern streifen wird).

....

Waxing der Beine
Alle Kleidungsstücke von der Taille an abwärts werden abgelegt,
die Unterwäsche bleibt an.

....

Maniküre
Die Ärmel werden hochgeschoben/aufgerollt.
Die Bezahlung im Vorfeld erledigen.

....

Pediküre
Die Socken werden ausgezogen,
die Hose wird hochgekrempelt. Flipflops mitnehmen!

....

Kopfmassage
Beim Friseur ist kein Umziehen erforderlich.
Bei einer Massage im Salon mit Ölen Schmuck und Kleidung
von der Taille an aufwärts ablegen, aber den BH anlassen.

....

Sauna und Dampfbad
Die jeweilige Bäderordnung beachten. Bei manchen ist
die Bikinihose erwünscht, aber meist darf man ganz nackt sein.

....

Solarium
Nicht mehr hingehen!

DAS WEISS DER SALON AM BESTEN!

Ja, es ist Ihr Geld, aber Sie zahlen für Kompetenz. Da kann es sich schon mal lohnen, den Mund zu halten und zuzuhören. In folgenden Fällen sollte der Friseur wirklich das letzte Wort haben:

»Wir müssen erst einen Allergietest machen, bevor wir Ihre Haare färben.«
Allergien auf Haarfärbemittel können stark gesundheitsgefährdend, im Extremfall sogar tödlich sein. Protestieren Sie also nicht, wenn der Friseur im Vorfeld einen Allergietest verlangt. Das beweist nur, dass Sie es mit einem verantwortungsvollen Profi zu tun haben. Außerdem sieht man so, wie Ihr Haar voraussichtlich auf die Farbe reagieren wird. (Dass Sie noch letztes Jahr nicht allergisch waren, sagt nicht viel. Selbst nach jahrelangem Färben können Sie noch Allergien entwickeln.)

»Es wird nicht genauso aussehen wie auf der Vorlage, weil…«
Nicht jeder kann dieselbe Frisur tragen. Sie muss Ihrem Typ angepasst werden, und man sollte keine falschen Erwartungen hegen. Wer dickes, lockiges Haar hat, bekommt ohne einen Mordsaufwand einfach keinen glatten Pagenkopf hin. Und wer so feines, glattes Haar hat wie ich, wird nie genauso aussehen wie Beyoncé auf dem Foto. Ersparen Sie sich spätere Enttäuschungen, indem Sie von Anfang an auf Ihren Stylisten hören. Er weiß genau, was sich mit Ihrem Haar anstellen lässt und was nicht.

»Ihr Haar braucht eine Auszeit vom Färben.«
Friseure tun nichts anderes, als fremdes Haar zu beurteilen. Sie können gesunde Locken von splissigem oder von Ausfall bedrohtem Haar unterscheiden. Wenn der Farbexperte sagt, dass erst mal Schluss ist mit der Chemie, sollten Sie ihm dankbar sein, dass er Sie gewarnt hat, und eine Pause einlegen.

»Beine nicht übereinanderschlagen!«
Ein Stylist, der Sie bittet, gerade zu sitzen und die Beine nicht über-
einanderzuschlagen, meint es nur gut: Eine schiefe Haltung führt
rasch zu einem schiefen Haarschnitt.

»Das passt nicht zu Ihrer Gesichtsform!«
Wer tagein, tagaus Gesichter im Spiegel betrachtet, zusieht, wie sie
beispielsweise dank ein paar kinnlanger Stufen von rund zu herzför-
mig werden, kann ziemlich gut beurteilen, welcher Schnitt zu wem
passt. Wenn der Stylist sagt, dass ein superkurzer, stumpfer Pony Ihr
Gesicht feist wirken lässt, hat er vermutlich recht damit. Gestatten
Sie ihm, Ihnen einen weniger strengen Pony zu schneiden.

FOLGENDES MÜSSEN SIE KEINESFALLS AKZEPTIEREN

Der Kunde ist König, und einiges dürfen Sie mit Recht erwarten. In
folgenden Fällen brauchen Sie keinerlei Nachgiebigkeit an den Tag
zu legen:

»Der Conditioner kostet extra.«
Wir sind nicht mehr in der Nachkriegszeit. Conditioner ist kein
seltenes, schwer erhältliches Elixier mehr. Wer dafür Geld verlangt,
reicht auch O-Saft als Aperitif.

*»Ich ziehe Ihnen nur schnell den Kittel an und wasche Ihr Haar, an-
schließend kommt Kate und macht sich ein Bild von Ihnen.«*
Kein Stylist, der mich in einem weiten Kittel und mit tropfnas-
sen Haaren sieht, ist ein vertrauenswürdiger Ratgeber in Bezug auf
meine Frisur. Ein guter Friseur achtet auch auf Ihre Kleidung, darauf, wie Sie Ihr Haar stylen, wie es in trockenem Zustand fällt, ja auf
Ihre gesamte Erscheinung. Es geht schließlich um Ihre Frisur! Sie
muss *an Ihnen* gut aussehen – nicht nur vor der Salontapete!

»Tee oder Kaffee kostet extra.«
Nein! Wenn Sie Sonderwünsche haben, Champagner trinken, ein Panino oder ein Stück Kuchen essen wollen, darf man Ihnen das in Rechnung stellen. Aber ein ganz normales Erfrischungsgetränk wie Tee, Kaffee oder Mineralwasser sollte stets gratis und grenzenlos verfügbar sein.

»Wir arbeiten nur mit natürlicher Haartextur.«
Ich bin jedes Mal alarmiert, wenn ich das in europäischen Salons zu hören bekomme – leider immer öfter! (Bei afrokaribischen Friseuren wird man das niemals erleben.) Wer sich weigert, glattes Haar lockig zu machen oder lockiges Haar glatt zu föhnen, sollte sich ehrlich gesagt nach einem anderen Job umsehen. Meiner Meinung nach sollte ein Frisur das tun, was ich zu Hause allein nicht hinkriege: unter anderem, mein Haar etwas in Form zu bringen. Wollte ich vollkommen natürlich aussehen, würde ich mir die 100 Euro sparen und zu Hause bleiben.

»Wir machen keine Typberatung.«
Ach ja? Bei Ihnen bekommt also jeder Kunde denselben Fassonschnitt? Eine Typberatung muss nicht länger als wenige Minuten dauern, sollte aber stets gratis verfügbar sein. Dabei besprechen Sie mit Ihrem Stylisten, welche Frisur Sie sich wünschen, sehen sich Fotos an, überlegen, wie sich die Vorlage an Ihren Typ anpassen lässt, ob Sie die Frisur später auch alleine zu Hause hinkriegen usw. Geht es um ein komplettes Neu-Styling, ist eine Beratung unerlässlich. Nur wenn Sie stets zum selben Friseur gehen und sich die Haare bloß nachschneiden lassen wollen, lässt sich darauf verzichten.

Tuscheln, Kichern und Augenverdrehen
Ich staune, wie viele Freundinnen sich genau darüber beschweren. Das muss zwar jeder für sich entscheiden, aber ich mag es gar nicht, wenn das Personal über andere Kunden oder Mitarbeiter lästert.

Warum? Weil ich Angst habe, die Nächste zu sein! Wenn schon geklatscht werden muss, dann bitte nur über Promis, und auch das auf eine intelligente, originelle Weise!

»MODELLE GESUCHT«: WAS KÖNNEN SIE ERWARTEN?

Viele Salons hängen Schilder ins Fenster, auf denen steht: »Modelle gesucht«. Das ist keine Gelegenheit, Model zu werden, sondern nur die Möglichkeit, eine kostenlose oder extrem günstige Frisur beziehungsweise Beauty-Behandlung zu bekommen. Modelle sind dafür da, dass junge Stylisten (manchmal auch erfahrenere) an ihnen üben können. Sie können auf ausreichend Erfahrung mit Perücken und Puppen zurückblicken. Auszubildende zur Kosmetikerin haben in der Regel an Freunden und Verwandten geübt. Wenn Sie einwilligen, als Modell herzuhalten, sollten Sie sicherstellen, dass der für Sie zuständige Auszubildende von einem erfahrenen Kollegen beaufsichtigt wird und die Techniken (zum Beispiel Haarefärben oder Waxen) nicht zum allerersten Mal ausprobiert. Rechnen Sie damit, nichts oder nur 20 bis 50 Prozent des regulären Preises zahlen zu müssen. Wenn Sie sich eine völlig neue Frisur wünschen, sollten Sie sich lieber nicht als Modell zur Verfügung stellen. Kleinere Veränderungen sind weniger riskant. Am sichersten ist es, wenn Sie das Haar nur nachschneiden lassen, zur Maniküre beziehungsweise Pediküre gehen oder sich eine Gesichts- oder Massagebehandlung geben lassen. Friseur- und Visagistenschulen arbeiten häufig mit Modellen, erkundigen Sie sich dort!

Warnhinweis
Wenn Sie sich als Modell zur Verfügung stellen, sollten Sie damit rechnen, dass die Behandlung mindestens doppelt so lange dauert wie normal. Auszubildende sind verständlicherweise langsamer, sie

nehmen Anweisungen entgegen und werden kontrolliert, also bringen Sie bitte die nötige Geduld mit. Lassen Sie sich bereits im Vorfeld sagen, wie lange es etwa dauern wird … und nehmen Sie ein
gutes Buch mit!

FOUNDATION

»Das Beste ist, natürlich auszusehen.
Aber dafür braucht man Make-up.«
Calvin Klein

Immer wieder heißt es, Mascara sei am unverzichtbarsten für eine Frau, aber das sehe ich anders! Ein guter Teint ist das A und O, wenn man schön sein will – und das nicht nur, weil er am meisten auffällt: Eine ordentliche Basis macht viel aus, wenn es ums äußere Erscheinungsbild geht, und ich finde, dafür sollte jede Frau sorgen – und sei es nur zu besonderen Anlässen! Doch obwohl eine gute Foundation so viel bewirken kann, greifen hier die meisten Frauen daneben. Entweder wegen der grellen Kaufhausbeleuchtung oder wegen aufdringlichen Verkäufern, die darauf bestehen, einen »wärmer« aussehen zu lassen. (Wenn Sie so etwas hören, sollten Sie sofort die Flucht ergreifen!) Manche Frauen sind noch Jahre später traumatisiert, wenn sie einmal mit diesem entsetzlichen orangefarbenen Kleister von anno dazumal zugekleistert worden sind.

Ich habe in der elften und zwölften Klasse eine Foundation von Mary Quant in der Farbe von Fensterkitt benutzt. Aufgetragen wurde sie mit einem stinkenden Keilschwamm, und zwar auf meine damals noch völlig makellose Haut. (Ich habe mir damit auch die Lippen zugekleistert, und zwar so, dass man sie hinterher kaum noch erkennen konnte.) Mit der Zeit zog sie sich auf meine vielen trockenen Stellen im Gesicht zurück und verblasste. Wenn ich Fotos von damals sehe, könnte ich mich ohrfeigen. (Die Foundation hätte die blauen Flecken locker übertüncht und nicht nur die!) Ich kann bloß staunen, dass sich dieser Look bei einigen erwachsenen Frauen bis heute gehalten hat.

Und wenn ich Teenager sehe, die ihre pralle, ja pfirsichfarbene Haut mit dickem Make-up zugekleistert haben, werde ich ganz traurig. Aber das ist ehrlich gesagt die einzige Ausnahme – ansonsten kann ich Foundation generell nur empfehlen. Sie ist ein unverzichtbarer Begleiter, schafft einen ebenmäßigen Teint, kaschiert Altersflecken und Sonnenschäden. Ihre Aufgabe besteht darin, die Haut so gut wie möglich aussehen zu lassen, aber nicht unnatürlich. Sie soll für einen klareren, strahlenderen, frischeren Teint sorgen, ohne dass Sie aussehen, als wären Sie in einen Topf mit Farbe gefallen. Sprich, sie sollte wie Haut aussehen, nicht wie Make-up. Im Grunde muss Foundation die Umwelt geschickt täuschen.

Warum genießt sie dann bloß einen so schlechten Ruf? Ich begegne immer wieder Frauen, die sich regelrecht davor fürchten und Foundation mit farblosem, mattem, teigigem Teint in seltsamen Beigetönen assoziieren. (Ich kenne mindestens fünf Frauen mit der berüchtigten »Medium«-Nuance, die Firmen fälschlicherweise für weit verbreitet halten.) Viele Frauen wurden wiederholt zu so einer unmöglichen Foundation überredet, die maximal einem Tontopf stehen würde. Und wie es dunkelhäutige Frauen schaffen, Kaufhäuser zu verlassen, ohne der Kosmetikberaterin ihre Handtasche um die Ohren zu hauen, ist mir wirklich ein Rätsel – so stiefmütterlich, wie sie von vielen Markenfirmen behandelt, wenn nicht gar ignoriert werden. (Das gilt vor allem für japanische Kosmetikhersteller, deren Nuancen kaum dunkler sind als ein heller Olivton. Schande über sie!)

Und die Frauen, die in der Foundation-Lotterie gewonnen haben und mit der richtigen Farbe nach Hause kommen, scheinen spätestens an der zweiten Hürde zu scheitern, nämlich am richtigen Auftragen. Das Ergebnis sieht aus wie Orangenhaut statt wie eine glatte Eierschale. Die Foundation setzt sich in den Fältchen ab, statt sie zu überdecken. Sie wirkt teigig, fleckig, maskenhaft oder aber verblasst schon eine Stunde nach dem Auftragen. Manchmal sieht das Gesicht okay aus, aber der Übergang zum Hals ist eine Katastrophe. Angesichts der vielen verschenkten Chancen, so gut auszusehen wie noch nie, kann ich nur verzweifeln. Glauben Sie mir, Foundation kann fantastisch sein – vorausgesetzt man weiß, wie es geht!

SO FINDEN SIE DIE RICHTIGE FOUNDATION

Bevor wir uns auf das verminte Gelände der richtigen Farbwahl begeben, sollten wir uns dringend über die richtige Zusammensetzung unterhalten. Es bringt nichts, eine Foundation zu kaufen, ohne sich darüber im Klaren zu sein, was sie eigentlich leisten soll. Um das herauszufinden, müssen Sie als Erstes Ihren Hauttyp bestimmen (siehe Kapitel »Welcher Hauttyp sind Sie?«) und dann entscheiden, welches Produkt zu Ihren Bedürfnissen passt.

BB-CREAM

(BB ist eine Abkürzung für *Blemish Balm*, englisch für »Abdeckcreme«.)

Geeignet für…
…junge, fettige und Mischhaut. Außerdem für alle, die es unkompliziert mögen und keine Zeit für ein aufwendiges Make-up haben.

Ungeeignet für…
…trockene, feuchtigkeitsarme oder reife Haut.
Ich bin kein großer Fan von BB-Cream, aber mit dieser Abneigung scheine ich ziemlich allein dazustehen. Also erlauben Sie, dass ich das kurz erkläre: Die eigentliche Idee hinter BB-Creams ist, dass sie Sonnenschutz, Feuchtigkeitspflege und leichte Foundation in einem sind. Junge Frauen beziehungsweise alle, die morgens nicht viel Zeit haben, finden das ziemlich verführerisch. Meiner Meinung nach bieten diese Cremes zwar einen anständigen Sonnenschutz, eignen sich aber nicht besonders als Feuchtigkeitspflege und Foundation. Sie sind nicht ansatzweise reichhaltig genug für trockene oder extrem trockene Haut wie meine. Wenn ich ausschließlich BB-Cream auftrage, wird meine Haut schuppig. Außerdem sorgt diese Creme bisher noch für ein eher stumpfes, mattes, fast lehmartiges Finish, was besonders bei reifer Haut alles andere als schmeichelhaft ist, weil es ihr ohnehin an Strahlkraft fehlt. Außerdem gibt es nur wenige Marken, die Produkte für Nichteuropäer anbieten, was ich gar nicht leiden kann. BB-Creams passen weder zu schwarzer noch zu asiatischer Haut – und wenn, wirken sie so kalkig, dass dunkler Teint plötzlich aschfahl aussieht. Bestimmt wird sich das in Zukunft verbessern, aber noch weist nicht viel darauf hin. Fest steht nur, dass

diese Creme viele leidenschaftliche Fans hat. Wie gesagt – ich weiß, dass ich mit meiner Meinung in der Minderheit bin.

Wenn ich denn eine Empfehlung abgeben muss, würde ich noch am ehesten zu BB-Creams von Bobbi Brown oder Estée Lauder raten.

CC-CREAM

(CC steht für englisch *Colour Correcting*, also »farbkorrigierend«.)

Geeignet für...
... die meisten Hauttypen und Altersstufen.

Ungeeignet für...
... sehr trockene oder feuchtigkeitsarme Haut.

CC-Cream ist etwas Ähnliches wie BB-Cream, also ein Produkt, das gleich mehrere Aufgaben auf einmal erfüllen soll, nämlich vor Sonne schützen, pflegen und als leichte Foundation dienen. Die Creme soll den Hautton so korrigieren, dass Sonnen- und Pigmentflecken kaschiert werden. Ich kenne allerdings nur wenige CC-Creams, die das gut können (Foundations sind da deutlich besser geeignet). Insgesamt lässt sich sagen, dass sie etwas mehr Feuchtigkeit spenden als BB-Creams. Deshalb sind sie für trockene oder feuchtigkeitsarme Haut besser geeignet, für sehr trockene oder feuchtigkeitsarme Haut jedoch nicht ausreichend. CC-Creams können fleckige Haut gut kaschieren und haben ein etwas strahlenderes Finish als BB-Creams. Ich verwende sie hin und wieder – aus reiner Neugier. Eine BB-Cream würde ich allerdings niemals freiwillig auftragen – auch nicht, wenn sie das letzte Kosmetikprodukt in meinem Bad wäre.

Die besten CC-Creams stellen meiner Meinung nach Clinique, Darphin, Origins, Smashbox und Bobbi Brown her (alles Firmen, die zu Estée Lauder gehören, was sicherlich kein Zufall ist).

GETÖNTE TAGESCREME

Geeignet für...
... alle (bei fettiger Haut nur ölfreie Varianten verwenden, sonst hält sie nicht besonders), für den Sommer – immer dann, wenn man keinen großen Aufwand betreiben will.

Ungeeignet für...
... extrem unreine oder fleckige Haut.

Eine getönte Tagescreme leistet genau das, was meiner Meinung nach eine BB-Cream können sollte: Sie bildet eine leichte, strahlende, gesund wirkende Basis für einen frischen, natürlichen Look. Getönte Tagescremes sind dann ideal, wenn Sie sich nicht geschminkt fühlen, aber trotzdem besser aussehen wollen. Gute Produkte decken kleinere Hautunreinheiten ab, bieten Sonnenschutz und enthalten lichtreflektierende Partikel für mehr Strahlkraft. Aber verlassen Sie sich bitte nicht blind auf Ihre Lieblingsmarke! Wenn Sie trockene Haut haben, können getönte Tagescremes nur selten eine regelmäßige Feuchtigkeitspflege ersetzen. Die meisten können nur dann für sich stehen, wenn Ihre Haut über genügend Fett verfügt, um nicht zu spannen. (Haben Sie sehr fettige Haut, nehmen Sie bitte ein ölfreies Produkt, das hält besser.) Bei trockener Haut tragen Sie vorher eine normale Tagescreme auf. Warten Sie ein paar Sekunden, und arbeiten Sie dann getönte Tagescreme und Concealer ein, falls erforderlich. Laura Mercier macht die besten getönten Tagescremes, aber ich finde auch die von Chantecaille und Nivea gut.

LEICHTE FOUNDATION

Geeignet für…
…reine Haut, für alle, die sich einen natürlichen Look wünschen, und für Frauen mit Sommersprossen.

Ungeeignet für…
…extrem unreine Haut.

Eine leichte Foundation hat normalerweise eine eher flüssige Konsistenz und wirkt so, als würde man sich eine Seidenstrumpfhose in 5 den vors Gesicht halten. Die Deckkraft ist sehr leicht und natürlich. Leichte Foundation sorgt für einen ebenmäßigen Teint, deckt aber keine roten Flecken oder Akne ab. Am besten trägt man sie mit den Fingerspitzen oder einem Foundation-Pinsel auf. (Leichte Foundations haben meist eine dermaßen dünnflüssige Konsistenz, dass Schwämme sie einfach aufsaugen, was eine ziemliche Verschwendung bedeutet.) Wer mehr Deckkraft will, kann sie in mehreren Schichten auftragen. Dazwischen kurz warten. Armani und Dior stellen fantastische leichte Foundations her.

FLÜSSIGE FOUNDATION

Geeignet für…
…alle (Frauen mit fettiger Haut sollten ein ölfreies Produkt verwenden, das hält länger).

Die Foundation schlechthin, wenn man sich eine mittlere Deckkraft wünscht. Das bedeutet, dass sie Unebenheiten und leichte Unreinheiten kaschiert, in der richtigen Farbe aber immer noch natürlich wirkt. Flüssige Foundation ist extrem vielseitig, und es gibt sie für jeden Hauttyp. Wenn Sie trockene Haut haben, halten Sie nach einer feuchtigkeitspflegenden Variante Ausschau (die von Bobbi Brown ist fantastisch!). Ist der Teint matt, greifen Sie zu einer mit lichtreflektierenden Partikeln (Stila, Charlotte Tilbury und YSL sind dafür ideal). Armani, Bobbi Brown und MAC decken in der Regel viele Hauttöne ab. Alle flüssigen Foundations lassen sich mit einem Pinsel, mit den Fingern oder einem Schwamm auftragen. Ich persönlich bevorzuge einen Pinsel. Wenn Sie das erste Mal Foundation kaufen, würde ich eine flüssige empfehlen.

MINERAL-FOUNDATION IN PUDERFORM

Geeignet für…
… empfindliche Haut, für alle, die unter Rosacea oder Akne leiden bzw. für alle Frauen, die weder Zeit noch Lust haben, sich vor dem Schlafengehen gründlich abzuschminken.

Ungeeignet für…
… fahle Haut.

Mineral-Foundation ist in den letzten zehn Jahren immer beliebter geworden. Sie besteht aus pulverisierten Mineralien und anderen kosmetischen Inhaltsstoffen und wird mit einem großen Pinsel in die vorher gründlich mit Feuchtigkeit versorgte Haut eingearbeitet. Mineral-Foundation schließt eine lange vernachlässigte Marktlücke und richtet sich an Frauen, deren Haut extrem empfindlich auf Make-up reagiert. Außerdem bietet sie eine natürliche Deckkraft, die sich durch mehrmaliges Auftragen problemlos steigern lässt. Mein einziger Kritikpunkt ist, dass sie die Haut manchmal etwas stumpf und fahl wirken lassen kann. Wer einen eher blassgelben Teint hat, sollte eher zu einem anderen Produkt greifen. Meine Lieblings-Mineral-Foundations sind von Laura Mercier, Jane Iredale und Bare Minerals.

CREME-FOUNDATION

Geeignet für…
… trockene, normale, Mischhaut bzw. sehr unreine Haut.

Ungeeignet für…
… fettige und junge Haut.

Ich liebe Creme-Foundation! Sie ist perfekt für Ausgehabende oder wenn die Haut einfach makellos aussehen soll. Außerdem fühlt sie sich auf trockener oder reifer Haut einfach fantastisch an. Wird sie korrekt (sprich sparsam) aufgetragen, sorgt sie für einen leichten, schmeichelhaften Glanz – und das bei mittlerer bis hoher Deckkraft! Helle Flecken und leichte Hautunreinheiten lassen sich damit problemlos zum Verschwinden bringen. Meine Lieblings-Creme-Foundations sind von RMK, Armani, Chanel und Bobbi Brown, auch wenn ärgerlicherweise nur die beiden letzten Firmen Produkte für dunkelhäutige Frauen anbieten. Ich trage Creme-Foundation mit einem flachen Kunsthaarpinsel auf und benutze meinen Handrücken als Palette. Creme-Foundation gibt es im Tiegel, als Stick oder als Kompakt-Foundation. Erstere ist mir die liebste.

PUDER-FOUNDATION

Geeignet für…
… fettige, normale oder Mischhaut.

Ungeeignet für…
… reife, trockene, feuchtigkeitsarme oder fahle Haut.

In den Nullerjahren hat sie an Bedeutung verloren, aber es gibt sie immer noch. Eine Puder-Foundation sieht aus wie normaler Kompaktpuder, aber das enthaltene Produkt hat eine cremigere, wachsartigere Textur und wird mit einem Schwämmchen statt mit einer Puderquaste aufgetragen. Puder-Foundations können unheimlich praktisch sein, wenn man übers Wochenende wegfährt oder sich nach dem Sport beziehungsweise abends kurz auffrischen will. Sie haben allerdings keine wirklich gute Deckkraft. Hat man den falschen Hauttyp, wirkt der Teint schnell fleckig. Wird sie korrekt aufgetragen, kann Puder-Foundation allerdings leicht abdecken und dem Gesicht einen gepflegten, ebenmäßigen Teint verleihen. Meine Lieblingsprodukte sind von Stila, Clinique, Guerlain und MAC.

SO FINDEN SIE DEN RICHTIGEN FOUNDATION-FARBTON

Wenn Sie wissen, welches Produkt für Sie das richtige ist, wird es Zeit, den idealen Farbton zu ermitteln. Manche Kosmetikberater können das gut, andere weniger. Man braucht also durchaus etwas Glück. Egal, ob Ihr Teint weiß wie Porzellan oder schwarz wie Ebenholz ist – so finden Sie den richtigen Farbton.

Den meisten Frauen steht ein eher gelblicher Farbton besser als ein rosafarbener, und zwar unabhängig vom Teint. Sie wissen doch, wie hübsch Sie in einem Restaurant bei Kerzenschein aussehen? Das liegt an dem goldgelben Licht. Rosa lässt einen dagegen schnell wie einbalsamiert oder schwindsüchtig wirken. Höchstens fünf Prozent aller Frauen sind so blass, dass sie eine rosafarbene Foundation brauchen. Für alle anderen gilt: Sobald Sie einen Rosastich wahrnehmen oder das Wort »Rosa« im Namen der Foundation entdecken: Finger weg! Ich persönlich würde noch lieber rosa Haare haben, als eine rosafarbene Foundation zu benutzen. Beschränken Sie die Farbe Rosa lieber auf Lippen, Wangen und Nägel – denn genau dort gehört sie hin.

Um den richtigen Farbton zu ermitteln, schauen Sie sich das Farbspektrum der Marke an und entscheiden sich für die Nuance, die Ihrem Teint entspricht. Rosatöne wie gesagt meiden, außer Sie haben wirklich alabasterfarbene Haut. Drei oder vier Tester nehmen und die Foundations nebeneinander in kleinen, aber sichtbaren Strichen auf der unteren Wange auftragen. Nicht verwischen.

....

Dasselbe auf der Stirn wiederholen. Vor allem dunkelhäutige Frauen brauchen hierfür häufig einen anderen Farbton.

....

Anschließend ins Freie gehen. Sie werden dämlich aussehen, aber das ist längst nicht so schlimm, wie später mit der falschen Foundation rumlaufen. Die Kaufhausbeleuchtung ist im besten Fall unvorteilhaft, im schlimmsten Fall jämmerlich. Wenn Sie Ihr Gesicht bei Tageslicht betrachten, können Sie viel besser beurteilen, wie der Farbton im wirklichen Leben rüberkommt.

....

Halten Sie einen Handspiegel auf Armeslänge vor sich, und mustern Sie Ihr Gesicht. Einer der Striche dürfte kaum zu sehen sein – gut möglich, dass Sie die Augen zusammenkneifen müssen, um ihn zu erkennen. Genau das ist der richtige Farbton.

....

Versuchen Sie nicht zu »korrigieren«, was Ihnen an Ihrem Teint nicht gefällt, indem Sie eine dunklere oder hellere Nuance wählen. Die richtige Foundation hat denselben Farbton wie Ihr Teint. Sie dient nicht dazu, ihn wärmer wirken zu lassen (dafür gibt es Bronzepuder) oder kühler (dafür gibt es Highlighter). Er sollte perfekt zu Ihrem natürlichen Hautton passen.

....

Gut möglich, dass Sie je nach Jahreszeit unterschiedliche Foundations benötigen. Viele Frauen bräunen im Sommer sehr rasch.

....

Lassen Sie sich von diesem Aufwand nicht entmutigen! Ich musste das schon seit Jahren nicht mehr tun, denn heute erkenne ich meinen Farbton auf den ersten Blick – manchmal genügt sogar eine Abbildung im Internet. Mit der Zeit werden Ihnen Papiermuster genügen, um den richtigen Farbton ermitteln zu können.

Verlassen Sie sich nicht auf Smartphone-Apps, die behaupten, Ihnen sofort die richtige Foundation zuordnen zu können. Da Sie in diesem Fall bereits benutzte Foundations nennen müssen, funktioniert das nur, wenn Sie bereits im Vorfeld den perfekten Farbton hatten. Man will Ihnen jetzt bloß eine andere Marke verkaufen!

PRIMER: JA ODER NEIN?

Die meisten Frauen wissen nicht wirklich, was ein Primer ist, aber das wundert mich nicht. Er wird so seltsam beworben, als sollte jeder, der Fragen zu diesem Produkt hat, lieber davon Abstand nehmen. Dabei ist Primer etwas wirklich Fantastisches, das man nicht ausschließlich den Profis überlassen sollte!

Haben Sie Hautunebenheiten aufgrund von Aknenarben? Leiden Sie an Rosacea oder Pickeln? Sind Sie gerade in den Wechseljahren und müssen feststellen, dass sich Ihr Make-up aufgrund der Hitzewallungen im Nu verabschiedet? Oder ist Ihre Haut so fettig, dass jede Schminke schon gegen elf Uhr vormittags verschwunden ist? Wirkt Ihre Foundation fleckig und sammelt sich an den unmöglichsten Stellen in Ihrem Gesicht? Dringt sie in die Poren ein und bleibt dort bis zum Schlafengehen? In all diesen Fällen ist Primer genau das Richtige für Sie! Ich benutze stets welchen, wenn ich Foundation benutze – manchmal auch, wenn ich anschließend nur ein wenig Concealer und Puder auftrage. Ich bin Ende 30 und habe einen eher fahlen Teint, deshalb benutze ich einen Primer, der das Licht reflektiert, um ein natürliches Strahlen zu imitieren. Aber es gibt Primer für jedes Hautproblem: Primer, die fleckigen Teint korrigieren, oder Mineral-Primer für empfindliche Haut. Ein guter Primer hat die Aufgabe, Ihre Haut zu »laminieren«, und zwar mit unbedenklichen Silikonen, die einen ebenmäßigeren Teint vortäuschen. Danach lässt sich die Foundation gleichmäßiger auftragen und hält länger. Dasselbe gilt für Concealer und Rouge, die anschließend kinderleicht aufzutragen sind. Nach der

Feuchtigkeitspflege eine erbsengroße Menge auf den Handrücken geben, mit dem Mittelfinger im Gesicht verteilen, auch auf den Lidern. Niemals einreiben oder einmassieren, denn dann löst sich das Silikon auf und bildet Kügelchen. Kurz warten und dann ganz normal weiterschminken.

Die besten Primer sind von Laura Mercier, Smashbox, Dior, Revlon, Illamasqua, Clinique und Estée Lauder.

SO TRAGEN SIE DIE FOUNDATION AUF

Sie können die Foundation mit einem Schwämmchen, einem Pinsel oder einfach nur mit den Fingerspitzen auftragen. Ich persönlich bevorzuge einen flachen Kunsthaarpinsel. Egal, wofür Sie sich entscheiden – geben Sie etwas Foundation auf Ihren Handrücken, und tupfen oder verteilen Sie sie in Ihrem Gesicht. Auf der Stirn, den oberen Wangen, der Kieferpartie, der Nase, den Lidern, auf dem Kinn. Hinterlässt das Schwämmchen Spuren, haben Sie zu viel aufgetragen. Den Hals aussparen – sonst ruinieren Sie sich bloß die Klamotten. Die Foundation aber vom Kinn in Richtung Hals sorgfältig verblenden. Dann mit Hilfe eines Concealers sämtliche immer noch sichtbaren Hautunreinheiten abdecken und das Gesicht abpudern, um alles zu fixieren.

SOMMERSPROSSEN

Sommersprossen sind allerliebst und sollten niemals abgedeckt werden (schwere Foundations lassen sie nur grau wirken). Sind Sie mit Sommersprossen gesegnet, nehmen Sie bitte eine leichte Foundation und zeigen, was Sie haben! Kommen fleckiger Teint oder Pickel hinzu, nur diese mit einem Concealer abdecken (mehr erfahren Sie im Kapitel »Grundausstattung«), aber nicht mit Foundation!

ANTI-AGING

»Das Gesicht, das wir mit zwanzig haben,
ist ein Geschenk der Natur.
Aber das Gesicht, das wir mit fünfzig haben,
müssen wir uns selbst verdienen.«

Coco Chanel

Mit 39 werde ich gerade Zeuge, wie *der* Goldesel für die Beauty-Industrie, sprich Anti-Aging, deutlich komplizierter dargestellt wird, als es eigentlich ist. Millionen von eingeschüchterten Frauen lassen sich die abstrusesten Technologien und Quacksalberprodukte aufschwatzen – zu völlig übertriebenen Preisen. Es gibt so viele unterschiedliche Produkte und Behauptungen, dass ich mit meinen paar Grundsatzbemerkungen zu diesem Thema bestimmt so einige in der Beauty-Industrie gegen mich aufbringen werde.

Aber wie dem auch sei – hier eine kurze Zusammenfassung dessen, was mit der Haut passiert, wenn wir altern. Unsere Haut besteht aus drei Schichten. Die oberste heißt Epidermis oder Oberhaut, die darunter Dermis oder Lederhaut und die unterste Hypodermis oder Unterhaut. Die Epidermis ist der sichtbare Teil der Haut. An ihr lässt sich der Zustand der darunter liegenden Dermis ablesen, und zwar anhand von Sonnenflecken, Falten, ungesundem Teint usw. Die Dermis ist die eigentlich entscheidende Schicht in Sachen Schönheit – nicht nur, weil ihr Zustand bestimmt, wie die unterste Hautschicht aussieht, sondern auch, weil sie Sebum (Talg) produzierende Drüsen enthält, die die Hautoberfläche feucht halten, und zu einem Großteil aus Kollagen (das die Haut prall macht) und Elastin (das sie dehnbar, geschmeidig und elastisch macht) besteht. Diese Proteine kommen in junger Haut reichlich vor und sorgen für ihr fantastisches Aussehen. Doch leider werden sie mit zunehmendem Alter weniger – und wenn wir rauchen oder uns starker Sonneneinstrahlung aussetzen, beschleunigen wir diesen Prozess noch. Die Hypodermis dagegen enthält lauter funktionale Sachen – also Adern, Nerven, Blutgefäße usw. Sie können sich die Haut wie einen Fernseher vorstellen: Die Epidermis ist der Bildschirm, die Dermis die Technik dahinter, die die Bildqualität bestimmt, und die Hypodermis Kabel und Stecker, die das ganze Ding überhaupt erst zum Funktionieren bringen.

Können wir den Proteinverlust mit Anti-Aging-Wirkstoffen verlangsamen? Bevor ich diese Frage beantworte, muss ich definieren, was genau ich unter Anti-Aging verstehe. Es gibt sehr viele Wirkstoffe – natürliche ebenso wie chemische –, die die Haut meiner Überzeugung nach deutlich besser aussehen lassen. Aber das heißt noch lange nicht, dass sie den natürlichen Alterungsprozess verlangsamen. Bei jeder Form von Hautpflege kommt es vor allem darauf an, was man als »wirksam« definiert. Es gibt viel Empfehlenswertes, zum Beispiel eine Gesichtscreme, die gut riecht, eine gute Make-up-Unterlage ist, ein gutes Hautgefühl hinterlässt, Feuchtigkeit und Elastizität spendet, einen frisch und rosig und unabhängig vom Alter fit aussehen lässt. Das ist aber kein Anti-Aging-Produkt, sondern eine tolle Feuchtigkeitspflege, die jeder von uns zu Hause haben sollte. Eine Anti-Aging-Creme dagegen hat ehrgeizigere Pläne: Sie verspricht, den Alterungsprozess zu verlangsamen, Falten, Fahlheit, den Verlust von Volumen zu verhindern – alles Dinge, die zum normalen Alterungsprozess gehören. Anti-Aging-Pflege ist ein umstrittenes Thema, weil der Begriff einerseits unterstellt, es wäre falsch, so alt auszusehen, wie man ist, und andererseits eine Wirkung verspricht, die höchst unwahrscheinlich ist.

Unwahrscheinlich deshalb, weil Beauty-Firmen (und offen gestanden auch wir!) regelrecht besessen von der obersten Hautschicht sind, obwohl wir wissen, dass die besten Mittel gegen den Alterungsprozess viel tiefer ansetzen müssten. Das Problem ist nur, dass die Haut eine Barriere bildet und die Aufgabe hat, nichts Fremdes durchzulassen, um es mal salopp auszudrücken. Sie ist dazu da, uns zu schützen. Mit anderen Worten: Die Hightech-Anti-Aging-Wirkstoffe kommen gar nicht dort an, wo sie eigentlich hinsollen, nämlich in die Dermis.

Und was heißt das jetzt für Sie? Nun, die Firmen behaupten ständig, dass ihre neue Creme oder ihr neues Serum nachweisliche Anti-Aging-Wirkstoffe enthält, was auch meist stimmt. Was sie allerdings bislang kaum nachweisen konnten (zumindest nicht aus meiner Sicht), ist, dass die Wirkstoffe auch eine Chance haben zu wirken. Es ist ja gut und schön, wenn man Wirkstoffe in Zellen aus tieferen Hautschichten injiziert, die sich in einer Petrischale befinden, um anschließend ihre tollen Reaktionen darauf zu bestaunen. Aber in der Praxis werden die Verbraucher sie immer nur äußerlich im Bad auftragen. Glauben Sie mir: Die Beauty-Industrie tut alles, um dieses entscheidende Problem zu überwinden (was noch unmöglich scheint, aber das galt für die meisten medizinischen Fortschritte, bevor sie ihren Durchbruch feierten). Sie gibt Milliarden für herausragende, wissenschaftliche Forschung aus – wohl wissend, dass wir das Produkt sofort kaufen werden, das endlich Erfolge erzielt. (Denn die »böse Beauty-Industrie«, über die so gerne hergezogen wird, finanziert zufällig auch unzählige, potenziell lebensrettende medizinische Forschungsprojekte auf der ganzen Welt – alles in der Hoffnung, dass sie irgendwann einmal den Durchbruch für die Anti-Aging-Pflege bringen werden. Natürlich würde das den Firmen zu einem Wahnsinnsprofit verhelfen, ist aber auch für die Allgemeinheit wichtig. Wir sollten diese positiven Nebeneffekte also nicht einfach ignorieren.)

So, das sind also die Fakten, die Sie entweder deprimieren oder Ihr bereits bestehendes Misstrauen bestätigen werden – wenn nicht sogar beides. Die Feuchtigkeitspflege, für die Sie 150 Euro ausgegeben haben, mag sich toll anfühlen und gut aussehen. Ihre Hängebäckchen kann sie nicht zum Verschwinden bringen und Ihre Lider auch nicht wieder dorthin befördern, wo sie einmal waren. Trotzdem ist nicht alles zum Scheitern verurteilt. Es gibt ein paar wenige Entscheidungen in puncto Lebensstil, aber durchaus auch Hautpflegewirkstoffe, die nachweislich zu sichtbaren Verbesserungen bei reifer Haut führen oder die Altersanzeichen zumindest verlangsamen können. Und durchaus einige, von denen man sich noch viel verspricht (im Internet können Sie mehr dazu finden, wenn Sie das wirklich interessiert, aber machen Sie sich auf widersprüchliche Angaben gefasst). Im Folgenden grenze ich beide klar voneinander ab.

DINGE, DIE NACHWEISLICH FUNKTIONIEREN

NICHT RAUCHEN

Raucher sehen letztlich älter aus als Nichtraucher. Das ist eine unbestreitbare Tatsache. Sollten Sie davon immer noch nicht überzeugt sein, gehen Sie einmal durch die Stadt und mustern jeden, der vor einer Bar oder einem Lokal steht. Stellen Sie sich vor, er hätte keine Zigarette in der Hand, und fragen Sie sich dann, ob Sie auch so merken könnten, dass es ein Raucher ist. In neun von zehn Fällen wird Ihre Antwort Ja lauten. Der Rauch, der Sie umgibt – seien Sie nun draußen an der frischen Luft oder in einem geschlossenen Innenraum –, greift das Kollagen sowie die Elastinfasern in Ihrer Haut mit seinen Giften an. Er macht die Haut weniger geschmeidig, weniger strahlend, anfälliger für Trockenheit, Feuchtigkeitsmangel und Falten. Vom ständigen Lippenspitzen werden sich feine Fältchen um Ihren Mund bilden, und er wird an Volumen verlieren. Gut möglich, dass Sie immer noch rauchen und das nicht erkennen können (ich kenne das Problem). Aber ich kann Ihnen versprechen, dass Sie die Schäden später sehr wohl wahrnehmen und es bedauern werden, so lange weitergeraucht zu haben. Lassen Sie sich von Ihrem Hausarzt helfen, und hören Sie auf! Ihr Gesicht wird es Ihnen danken.

HYALURONSÄURE

»Hyaluronsäure« klingt erst mal ziemlich furchterregend, ist aber eine Substanz, die ganz natürlich im Körper vorkommt. Das Tolle an ihr ist, dass sie das Tausendfache ihres Gewichts an Wasser binden kann. Der kosmetische Effekt ist der, als würde man eine Rosine in einem Glas Wasser einweichen: Die Hautoberfläche wirkt praller, dicker, glatter und jünger. Hyaluronsäure hat nachweislich eine lang anhaltende Wirkung, wenn es in die Haut injiziert wird. Aber auch wenn sie unter normalen Bedingungen rein äußerlich aufgetragen wird, verbessert sie das Erscheinungsbild der Haut deutlich. Hinzu kommt, dass Hyaluronsäure ziemlich günstig ist und häufig in Seren, Cremes, Foundations, Lippenbalsamen und Bodylotions enthalten ist. Sie kann von jedem Hauttyp benutzt werden, von Menschen jeden Alters, mit fettiger oder empfindlicher Haut. Ich kann sie gar nicht genug empfehlen – sie zeigt eine sofortige, sichtbare Wirkung. Durchforsten Sie die Liste der Inhaltsstoffe nach Natriumhyaluronat (englisch *Sodium hyaluronate*). Es sollte sich unter den ersten sieben Wirkstoffen befinden, damit die Konzentration stark genug ist. (Der erst- oder zweitgenannte wird es allerdings nie sein, also hören Sie auf, danach zu suchen.)

RETINOL

Retinoide – entweder in Form von Retin-A, das vom Arzt verschrieben wird, oder in käuflichen Beauty-Produkten vorkommend – sind eine Form von Vitamin A. Sie sind der beste und tatsächlich einzige äußerlich anwendbare Wirkstoff, der Falten und andere Sonnenschäden auf lange Sicht lindert. (Retinoide werden auch bei Akne, Psoriasis, ja sogar bei Hautkrebs verschrieben.) Retinolcremes verfeinern in der Regel auch die Poren. Eine Studie aus dem Jahr 2008 an der Michigan University fand heraus, dass die äußerliche Anwendung von Retinol eine von drei nachweislich wirksamen Behandlungsformen gegen Hautalterung ist (die anderen beiden waren CO_2-Laser-Behandlungen und Injektionen mit Hyaluronsäure, die beide von einer Kosmetikerin verabreicht wurden (Quelle: Singer)). Retinol ist nicht billig (eine anständige Retinolcreme werden Sie kaum für unter 25 Euro bekommen, und sanft ist sie auch nicht gerade zur Haut. Sie kann zu schuppiger Haut und Rötungen führen (vor allem wenn sie in höherer Konzentration ärztlich verschrieben wird), aber meist gibt sich das nach einer Woche wieder. Mit der Zeit kann Retinol (normalerweise in Cremeform) Altersflecken verblassen lassen, Falten und andere Sonnenschäden reduzieren. Retinolprodukte müssen stets in Kombination mit einem Breitbandsonnenschutz verwendet werden, da der Wirkstoff die Haut empfindlicher für Sonnenschäden macht. Mehr über Retinol erfahren Sie im Kapitel »Akne«.

SPORT

Es spricht tatsächlich so einiges dafür, regelmäßig Sport zu treiben. Wer das tut, lebt in der Regel länger und altert langsamer. Er hat mehr Muskelmasse, stabilere Knochen und erfreut sich generell einer besseren Gesundheit. Da das Aussehen der Haut ein sichtbarer Hinweis auf den Gesundheitszustand der tieferen Hautschichten ist, ist es nur logisch, von einem gesunden Körper auf eine gut aussehende Haut zu schließen. Aus demselben Grund halte ich auch viel von Gesichtsmassage. Wenn die Gesichtsstruktur von Muskeln geformt wird, die auch die Haut halten, finde ich es nur einleuchtend, auch die Gesichtsmuskulatur zu trainieren. Wenn Sie sich für eine Gesichtsmassage im Kosmetiksalon entscheiden, sollten Sie deshalb weniger auf eine bestimmte Marke oder ein Produkt Wert legen, sondern nach einem Salon Ausschau halten, der sich auf die Massage konzentriert. Das sind in der Regel die besten Behandlungen mit der längsten Wirkung (meine Haut sieht anschließend mindestens eine Woche lang straffer und strahlender aus). Gesichtsgymnastik ist auch nicht ganz unwichtig. Fünf Minuten vor dem Fernseher oder beim morgendlichen Pflegeritual zeigt meiner Erfahrung nach durchaus sichtbare Wirkung. Es gibt viele gute Anleitungen auf YouTube, und in Drogeriemärkten findet man nützliches Zubehör wie Massageroller fürs Gesicht.

AHAS (FRUCHTSÄUREN)

Alpha hydroxy acids beziehungsweise Alphahydroxysäuren können die Hautoberfläche beeindruckend pflegen und verleihen ihr häufig ein jüngeres, strahlenderes Aussehen. Diese Säuren entfernen im Grunde abgestorbene Hautzellen, die reifer Haut viel von ihrer Strahlkraft nehmen. Sie helfen auch gegen Altersflecken, vergrößerte, verstopfte Poren und lösen die dort angesammelten Zellen. Außerdem mildern sie feine Fältchen. AHAs sind sehr hilfreich, aber anders als Hyaluronsäure (siehe oben) sollte man sie nicht zu verschwenderisch und nicht zu sorglos verwenden. Bitte höchstens ein- bis viermal die Woche benutzen – je nachdem, wie stark die Konzentration Ihres AHA-Produkts ist (Lotions sind in der Regel höher dosiert als Cremes). Bei empfindlicher Haut ist eher eine niedrige Konzentration von etwa drei Prozent zu empfehlen, während »dickfelligere Typen« auch eine fünfprozentige Konzentration zweimal die Woche vertragen. Halten Sie sich genau an die Angaben des Herstellers, und verwenden Sie AHAs nie, ohne anschließend einen Sonnenschutz aufzutragen, bevor Sie das Haus verlassen. Das ist Pflicht, da die mit AHA behandelte Haut empfindlicher auf Reizungen und Schäden reagiert.

SONNENSCHUTZ

Setzt man sich länger UVA- und UVB-Strahlen aus (oder immer wieder in hoher Konzentration), werden das Kollagen und die Elastinfasern angegriffen. Das wiederum lässt die Haut altern. Außerdem bekommt man dadurch einen fleckigen Teint – all das unabhängig vom Hautton. Mit das Wichtigste, das Sie für Ihre Haut tun können, ist, sie mit einem Breitbandsonnenschutz zu versehen. Der schützt gegen UVB-Strahlen, die zu Sonnenbrand und Hautkrebs führen, und gegen UVA-Strahlen, die eher für vorzeitige Hautalterung verantwortlich sind. Er sollte mindestens Lichtschutzfaktor 15 haben, sobald Sie vorhaben, Ihre Haut länger der Sonne auszusetzen. Länger deshalb, weil ein bisschen Sonne durchaus wichtig für die Gesundheit ist, denn nur so kann der Körper Vitamin D bilden. Wenn ich nur kurz die Zeitung holen gehe oder meine Kinder zur Schule bringe, trage ich vorher keinen Sonnenschutz auf. Allerdings würde ich ohne niemals im Freien zu Mittag essen oder den Hund ausführen. Benutzen Sie einfach Ihren gesunden Menschenverstand! Bei starker Sonneneinstrahlung (also im Frühling und Sommer oder auf Reisen in sonnigere Klimazonen) empfehle ich einen Lichtschutzfaktor von mindestens 30, wenn Sie sich im Freien aufhalten. Außerdem sollten Sie einen Sonnenhut aufsetzen. Die Kinder besonders sorgfältig schützen! Erschreckend viele gravierende Sonnenschäden werden in der Kindheit verursacht – die Folgen zeigen sich erst Jahrzehnte später.

DINGE, DIE VIELLEICHT FUNKTIONIEREN

ANTIOXIDANTIEN

Antioxidantien sind Substanzen, die unsere Zellen vor Schäden durch freie Radikale schützen sollen (Aggressoren, die Kollagen und Elastin zerstören, wie Zigarettenrauch, Abgase usw.). Wir nehmen Antioxidantien über die Nahrung auf und wissen, dass sie hilfreich sind. Was wir nicht wissen, ist, ob sie auch helfen, wenn sie äußerlich aufgetragen werden. Die meisten kosmetischen Dermatologen, die ich kenne, schwören auf Antioxidantien und verschreiben sie häufig. Vom Hörensagen her glauben viele Frauen (darunter fast alle Beauty-Redakteurinnen), dass sie das Erscheinungsbild der Haut und das Hautgefühl verbessern. Manche klinischen Studien kommen zu demselben Ergebnis, andere nicht. Die Hautarztgemeinde scheint gespalten zu sein. Ich benutze Seren und Cremes mit Antioxidantien so wie Atheisten Gebete: Sie schaden mir nicht, außerdem kann man nie wissen…

VITAMIN C

Vitamin C ist ein Antioxidans (siehe oben), aber als Anti-Aging-Wirkstoff inzwischen so anerkannt, dass es eine gewisse Sonderstellung genießt – vor allem, wenn es über die Nahrung aufgenommen wird. Viele kosmetische Dermatologen lieben es, weil es mit einer gesunden Kollagenproduktion verbunden wird. Es soll der Haut sichtbar mehr Strahlkraft verleihen und gegen Sonnenbrand helfen. Aber es gibt auch renommierte Wissenschaftler, die seine klinische Relevanz anzweifeln. Vitamin C steckt in vielen Anti-Aging-Seren und -Cremes sowie in Nahrungsergänzungsmitteln für die Schönheit. Seine größte Wirkung entfaltet es jedoch, wenn man es über die Nahrung aufnimmt.

GESUNDE ERNÄHRUNG

Über wenige Dinge sind sich Hautexperten so uneins wie über die Rolle der Ernährung. Viele kosmetische Dermatologen (sei es nun als Privatleute oder in ihrer Funktion als Markenberater) sagen, es gebe keine wirklichen Beweise dafür, dass sich eine gesunde, nährstoffreiche, ausgewogene Ernährung positiv auf die Hautalterung auswirke. Doch meiner Erfahrung nach raten sie gleichzeitig von zu hohem Zuckerkonsum ab, da sie glauben, er würde den Alterungsprozess der Haut beschleunigen. Und sie predigen fast alle, dass man ausreichend Omega-3-Fettsäuren, wie sie in Fisch vorkommen, zu sich nehmen soll (und niemand kann mir erzählen, dass sie die Haut nicht verbessern). Als Laie finde ich das reichlich verwirrend und widersprüchlich: Wenn eine zu zuckerhaltige Ernährung den Alterungsprozess negativ beeinflusst, gehe ich einfach mal davon aus, dass eine gesunde Ernährung ihn positiv beeinflusst. Ich persönlich bin fest davon überzeugt, dass meine Haut negativ auf zu viel Zucker reagiert (sie wird beispielsweise nur an Weihnachten picklig, wenn mein Zuckerkonsum seinen Höchststand erreicht, und sieht gut aus, wenn ich viele frische Nahrungsmittel gegessen habe). Wenn man bedenkt, wie viele Experten sich inzwischen positiv über Vitamin C äußern (siehe oben), wenn es um Anti-Aging-Wirkstoffe bei der Hautpflege geht, dann muss eine Vitamin-C-reiche Ernährung doch eigentlich auch wirksam sein, oder?

SCHNELLE LÖSUNGEN

Wenn sich Hautpflege mit Anti-Aging-Wirkstoffen zu vage, zu teuer oder zu anstrengend für Sie anhört, machen Sie folgende Tricks auf Anhieb ein paar Jahre jünger.

SICH EINEN PONY SCHNEIDEN LASSEN

Ponys machen jung, sehen niedlich aus und sind eine gute und günstige Alternative zu Botox, wenn man Stirnfalten zum Verschwinden bringen will. Zehn Minuten beim Friseur, und schon sind sie nicht mehr zu sehen! (Allerdings niemals versuchen, sich den Pony selbst zu schneiden!)

SICH IN DIE WANGEN KNEIFEN

Ein uralter Trick, der funktioniert: Wenn Sie sich leicht in die Wangen kneifen, erhöht das die Durchblutung und verleiht dem Gesicht Strahlkraft und eine jugendliche Röte.

EINE PEELINGMASKE VERWENDEN

Gute Peelingmasken wirken in der Regel schon nach einigen Minuten und befreien die Haut von abgestorbenen Zellen, die sie älter und müder wirken lassen.

Ein glattes Cremepeeling (ohne Schleifpartikel) auf das trockene Gesicht auftragen, einwirken lassen, wie auf der Packung angegeben (normalerweise zwischen einer und fünf Minuten), und die Maske anschließend mit Wasser abnehmen. Letzte Reste mit einem ausgewrungenen, warmen Waschlappen entfernen und danach eine reichhaltige Feuchtigkeitspflege in Form eines Öls oder einer Creme auftragen.

ROSAFARBENES ROUGE AUFTRAGEN

Jeder wirkt etwas jünger, wenn er rosige Wangen hat. Rosafarbenes Rouge steht jedem, unabhängig vom Alter oder Teint, es gibt auch welches für jeden Hauttyp. Wollen Sie es ganz einfach mit dem Finger auftragen, nehmen Sie eine Creme- oder Gelformel. Sind Sie etwas geschulter im Schminken, verwenden Sie Puderrouge. Geben Sie in jedem Fall nur ein bisschen auf den höchsten Punkt der Wangen – das sorgt für einen natürlichen, jugendlichen Look.

WIMPERN FORMEN

Wenn Sie Ihre Wimpern formen, wirkt der Blick gleich frischer und wacher. Kaufen Sie sich eine anständige Wimperzange – ab 15 Euro aufwärts, dafür kriegen Sie wirklich eine anständige Qualität. Schauen Sie nach unten in den Spiegel, legen Sie die Wimpernzange an, und achten Sie darauf, dass Sie die Haut nicht mit einklemmen, wenn Sie zudrücken. Wimperntusche auftragen. Das Wimpernformen nach dem Trocknen für einen stärkeren, länger anhaltenden Effekt wiederholen.

EINEN KURZEN SPAZIERGANG MACHEN

Ein kurzer Spaziergang an der frischen Luft fördert die Durchblutung und lässt selbst fahle Haut frischer und strahlender wirken. Ich bin der festen Überzeugung, dass jeder nach etwas Bewegung an der frischen Luft besser aussieht.

KÖRPER-MAKE-UP AUFTRAGEN

Sie brauchen sich nicht mit den sichtbaren Äderchen, der Cellulite und den Flecken reifer Haut abzufinden. Body-Make-up und Sprühbräune lassen sich inzwischen superleicht und streifenfrei auftragen und färben auch nicht auf die Kleidung ab. Noch einfacher zu benutzen sind Körperlotions mit Selbstbräuner, die man einfach nach dem Duschen aufträgt, um zig kleine Schönheitsfehler zu vertuschen.

MEINE TÄGLICHE PFLEGEROUTINE

Die Marken ändern sich, doch die Hauptinhaltsstoffe und Verfahren bleiben dieselben. Das sind die Produkte, die ich täglich benutze:

Reinigungscreme oder Reinigungsbalsam mit Pflanzenölen, aber ohne spezielle »Anti-Aging«-Wirkstoffe

....

AHA-Peeling (zwei- bis dreimal die Woche)

....

Anti-Aging-Serum mit Hyaluronsäure und Antioxidantien sowie Vitamin C

....

Anti-Aging-Tagescreme mit Hyaluronsäure, Antioxidantien und Lichtschutzfaktor 20 (im Frühling und Sommer mindestens Lichtschutzfaktor 30)

....

pflanzliches Gesichtsöl und anschließend eine Anti-Aging-Nachtcreme mit Hyaluronsäure und Retinol

....

Lippenbalsam mit Hyaluronsäure

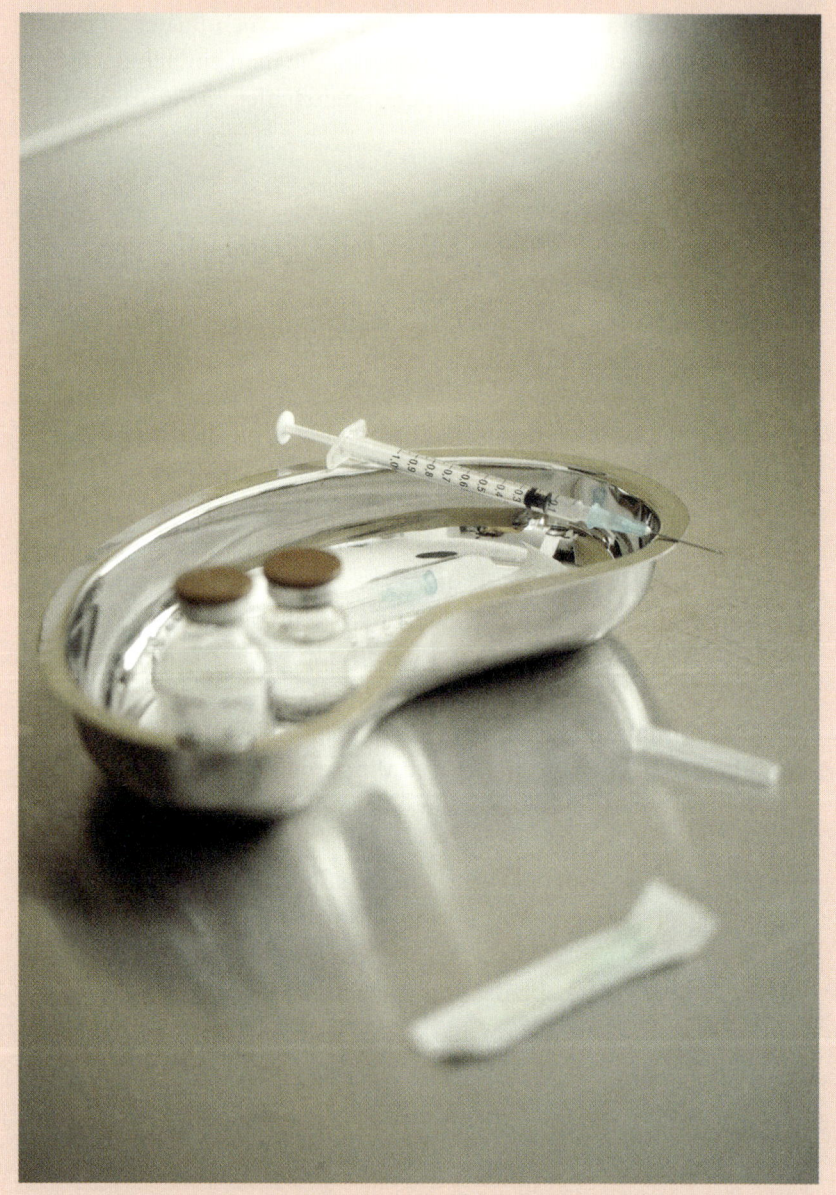

SO GEHT BOTOX
(UND SO NICHT!)

»Schönheit ohne Ausdruck
ist langweilig.«

Ralph Waldo Emerson

Bei wenigen Schönheitsthemen scheiden sich die Geister so sehr wie bei Botox – jenen Anti-Aging-Spritzen in Gesicht, Hände und Hals, um die winzigen Muskeln im wahrsten Sinne des Wortes zu lähmen, die Falten verschlimmern.

Ich habe überhaupt nichts dagegen, wenn es jemand strikt ablehnt, sich Botox ins Gesicht injizieren zu lassen. Ich verstehe und teile die durchaus berechtigte Sorge, dass das den Druck auf die Frauen, jünger auszusehen, weiter erhöht – und das für teures Geld. Ich persönlich bewundere die Frauen, die sich wehren und Nein sagen – respektiere aber auch diejenigen, die sich freiwillig dafür entscheiden.

Gleichzeitig bin ich fest davon überzeugt, dass es ganz natürlich ist, so jung aussehen zu wollen, wie wir uns fühlen. Heutige Seniorinnen haben einfach nichts mehr mit den Pudelfrisur-Rentnerinnen von früher gemeinsam. Warum soll man erschöpft und müde aussehen, wenn man noch voller Energie steckt? Ich habe kein Problem damit, wenn jemand die natürliche Strahlkraft der Haut, die man als 20- oder 30-Jährige hatte, wiederherstellen will – auch wenn man dabei etwas schummeln muss. Es ist doch ganz normal, sich zu wünschen, dass die Brauen bleiben, wo sie sind, statt die Lider zu erdrücken. Oder die tiefen Steilfalten über der Nase nervig zu finden, wenn sie sich zum Preis eines neuen Mantels entfernen lassen. Dabei können Botox und Filler durchaus hilfreich sein.

Während ich aus politischer Sicht verstehen kann, was gegen Botox spricht, können mich andere weit verbreitete Vorbehalte dagegen regelrecht auf die Palme bringen: Jeder scheint eine Meinung zu Botox zu haben, was ich schon hochinteressant finde, da anscheinend nur wenige wissen, wie man damit wirklich aussieht. Als abschreckende Beispiele werden gern irgendwelche Reality-TV-Stars genannt, deren Gesichter aussehen wie aufgeblasene Luftballons. Nur dass diejenigen, die behaupten, Frauen mit Botox sähen total schräg aus, nur von den Behandlungen sprechen, deren Misslingen man schon aus zehn Kilometern Entfernung erkennen kann. Niemand macht sich über gute Behandlungen lustig, denn wenn Botox richtig und in geringer Dosis verabreicht wird, ist es selbst für mein geschultes Auge unsichtbar, und das Ergebnis kann fantastisch aussehen. Botox kann eine tiefe Stirnfalte unmerklich zum Verschwinden bringen und einen aussehen lassen, als hätte man gerade sechs Wochen Erholungsurlaub hinter sich. Es kann Augenfältchen glätten und die Lider daran hindern, auf Halbmast zu hängen, sodass man aussieht, als hätte man seit Jahren mal wieder gut geschlafen. Gutes und sparsam dosiertes Botox kann dazu führen, dass man sich endlich wieder wie sich selbst fühlt – ohne dass die anderen auch nur das Geringste davon mitbekommen müssen.

Trotzdem begegne ich genügend Frauen, die offen gestanden sofort die Finger von solchen Spritzen lassen sollten. Es gibt drei Looks: »alt«, »jung« und »gemacht«. Viele Frauen aus meinem Umfeld fallen eindeutig in letztere Kategorie. Ihre Gesichter sind starr und ausdruckslos, viel zu prall und aufgedunsen, irgendwie angespannt und konstant überrascht. Bei ihrem Anblick drängt sich der Gedanke auf, dass jemand in seinen 40ern, der eigentlich völlig gesund ist, sich krankhaft für sein Alter schämt. In diesem Fall liegt das meist daran, dass entweder ein schlechter Schönheitschirurg aufgesucht wurde oder er nicht gewartet hat, bis die Wirkung der letzten Botoxbehandlung nachgelassen hat. Beides ist leider weit verbreitet.

Ein erfahrener Arzt ist unverzichtbar für ein gutes und vor allem ungefährliches Ergebnis. Ihr Hausarzt kennt bestimmt gute Schönheitschirurgen. Es lohnt sich auch, sich in Beauty-Foren mit anderen auszutauschen. Ich für meinen Teil würde niemanden aufsuchen, der vorher nicht länger als kassenärztlich zugelassener Arzt gearbeitet hat. Außerdem würde ich zahlreiche Fotos ehemaliger Patienten sehen wollen – sei es auf der Webseite oder in Fotoalben, die man mir in der Schönheitsklinik zeigt. Ich würde jede Behandlung verweigern, vor der mich jemand anders berät als der mich spritzende Arzt.

Ein erfahrener Botoxarzt, sei er nun ursprünglich Hautarzt oder plastischer Chirurg, wird sich Ihr Gesicht ganz genau ansehen und die Sache behutsam angehen. Er wird das Botox stark verdünnen und in äußerst geringen Mengen an mehreren kleinen Stellen injizieren, statt größere Bereiche mit einer hohen Dosis zu behandeln. (Letzteres sorgt für den gefürchteten Rächerblick.) Das ist nur ein bisschen unangenehm und wird rasch abheilen. Der Arzt oder die Ärztin wird Ihnen nicht auflisten, was noch alles »gerichtet« werden muss, und Ihnen auch nicht raten, vor Ablauf von mindestens drei Monaten wiederzukommen. Niemand sollte Botox »nachspritzen«, bevor dessen Wirkung nicht völlig verflogen und alles wieder in den ursprünglichen Zustand zurückgekehrt ist. Vereinbaren Sie rechtzeitig einen Termin, aber betreten Sie keine Klinik, wenn Ihre Behandlung noch wirkt. Auch wenn Ihnen das so niemand sagt – glauben Sie mir: Leute, die diese Regel nicht beachten, sehen seltsam aus. Ich habe genug davon gesehen. Die schaffen es nicht, auch nur einen Tag ohne Botox zu sein, und können die nächste Behandlung kaum erwarten, was ihr Gesicht völlig ruiniert. Alle drei oder noch besser sechs Monate ist vollkommen ausreichend.

Ich staune, wie lässig Frauen inzwischen mit Botox umgehen. Sie lassen sich beim Friseur nachbehandeln oder gehen sogar auf »Botox-Partys«, um an Käseigeln zu knabbern, während sie drauf warten, sich Botulin in die Stirn spritzen zu lassen. Ich würde mir niemals eine Botox- oder andere medizinische Schönheitsbehandlung bei einem Friseur, Fußpfleger oder Optiker verpassen lassen (oh ja, auch das gibt es inzwischen). Ebenso wenig in Kosmetiksalons, Hautkliniken oder Einkaufszentren (mir kommen regelrecht die Tränen, während ich das schreibe!). Nicht auf Partys und schon gar nicht im Urlaub in Übersee. Ich bin es leid, dass unser Gesundheitssystem dafür aufkommen muss, Schäden an Leuten zu beheben, nur weil diese zu geizig waren, als es um ihr Gesicht ging. Man lässt sich schließlich auch nicht von Wildfremden ein Ohrloch stechen, geschweige denn Gift ins Gesicht injizieren!

Nur weil solche Leute eine sogenannte Klinik eröffnen oder einen kurzen Einführungskurs besucht haben, verstehen sie noch lange nichts von ihrem Fach. Es geht schließlich um Ihr Gesicht, verdammt noch mal! Und Sie haben nur eines. Behandeln Sie es mit Respekt!

SPIEGLEIN, SPIEGLEIN AN DER WAND ...

Bevor Sie einen Arzt aufsuchen, sollten Sie mit einer Freundin reden, die die Rolle des Spiegels übernimmt. Also mit einer guten Freundin, die Ihnen die ungeschminkte Wahrheit über Botox, Filler oder Schönheitschirurgie sagen darf, ohne Angst haben zu müssen, Sie zu beleidigen. Mit jemandem, auf dessen Meinung Sie Wert legen und den Sie einweihen. Die Freundin muss den Mut haben zu sagen: »Du fängst langsam an, seltsam auszusehen, es reicht jetzt, Süße, hör auf damit! Es sind schließlich nur Falten, lass uns stattdessen lieber einen Gin Tonic trinken gehen!« Sie übernimmt gewissermaßen die Rolle des Spiegels und verhindert, dass Sie irgendwann nicht mehr erkennen, wie Sie aussehen (denn das ist schnell passiert). Sie schreit »Stopp!«, wenn Sie süchtig werden und nur noch dieses und jenes richten lassen wollen. Wenn es bei mir so weit ist, werde ich meine Freundin India bitten, denn die wird mir schonungslos die Wahrheit sagen. Und weil ich das weiß, werde ich auch auf sie hören. Fangen Sie nicht an, Botox, Filler oder sonst was zu machen, wofür man eine Spritze braucht, ohne eine solche Freundin zu haben. Sie ist einfach unverzichtbar.

WAS IST BOTOX GENAU, UND WIE WIRKT ES?

Botulinumtoxin ist ein Protein und Nervengift, das vom Bakterium Clostridium botulinum hergestellt wird – die giftigste Substanz überhaupt! Bei Beauty-Behandlungen wird es in winzigen Mengen in überaktive Muskeln gespritzt, um diese zu lähmen und die Bewegung zu reduzieren. Das wiederum mildert Fältchen um die Augen, an der Stirn und um den Mund. Die Wirkung tritt in der Regel nach 48 Stunden ein und hält drei bis sechs Monate an.

....

Bei tiefen Falten aufgrund von erschlaffter Haut kann Botox wenig ausrichten. Diese Falten werden in der Regel mit Fillern behandelt. Dabei werden meist harmlose Substanzen wie Hyaluron-säure injiziert, die für Volumen sorgen und die Haut im wahrsten Sinne des Wortes aufpolstern sollen. Meiner Meinung nach sind sie deutlich auffälliger als Botox und stechen dementsprechend schneller ins Auge.

....

Für etwa 250 bis 350 Euro pro Behandlungsregion (zum Beispiel die Stirn) bekommen Sie eine ordentliche Botoxbehandlung. Aber ein solcher Preis ist noch keine Garantie für einen guten Arzt, Ihre Hausaufgaben müssen Sie schon selber machen. Alles unter 150 Euro ist zu billig. Sparen Sie auf eine anständige Behandlung, oder lassen Sie sie ganz bleiben!

AUGENBRAUEN

»Du darfst die Macht der Augenbraue
nie unterschätzen.«

Jack Black

Wohlgeformte Augenbrauen verändern Ihr Gesicht stärker, als irgendein Produkt es jemals könnte. Sie sind einfach da und insgeheim das wichtigste Gesichtsmerkmal überhaupt, während alle Welt sich nur mit Augen und Lippen beschäftigt, weil die sich ständig in den Vordergrund drängen. Sind Augenbrauen schön in Form gezupft, können sie die Augen optisch öffnen und wacher, ja das ganze Gesicht strahlender und frischer wirken lassen – auch wenn es völlig ungeschminkt ist. Geschwungene Augenbrauen führen dazu, dass Sie chic, elegant, erwachsen und generell gepflegt aussehen. Außerdem sind sie äußerst hilfreich, wenn Sie unangenehmen Zeitgenossen einen richtig vernichtenden Blick zuwerfen wollen. Sogar Lidschatten lässt sich dann besser auftragen, weil er mehr Platz hat und das gesamte Lid mehr Struktur erhält – vor allem bei Schlupflidern. Und Brillenträger wirken dadurch noch interessanter. Augenbrauen rahmen das ganze Gesicht. Wer sich sorgfältig schminkt, aber sie ignoriert, könnte genauso gut ein Helmut-Newton-Foto in einen IKEA-Bilderrahmen stecken. Wer seine Brauen vernachlässigt, verpasst einfach was. Denken Sie an schöne Frauen von früher – seien sie nun alt oder jung, blond oder brünett, dunkel- oder hellhäutig, echte Vamps oder eher der knabenhafte Typ – sie alle haben fantastische Augenbrauen. Aus meiner Sicht sind sie für ein gepflegtes Äußeres unverzichtbar.

Auf meine Augenbrauen bin ich ganz besonders stolz, trotzdem war ich als Teenager in den Neunzigern so blöd, sie mir fast völlig auszuzupfen – als eine Art Hommage an Linda Evangelista auf dem damaligen Titelbild der *Vogue*. Ich glaube, ein Käppi und Fischernetze waren darauf auch irgendwo zu sehen. Bevor ich abends in den Pub ging, begab ich mich vor den Ganzkörperspiegel (statt vor den Vergrößerungsspiegel!) und machte Jagd auf Brauenhaare wie ein ausgehungerter Vogel auf Würmer im Schlick. Zu meiner Verteidigung kann ich nur vorbringen, dass ich nichts von der Oberkante weggenommen, sondern nur die Unterkante gezupft habe. So blieb der natürliche Brauenbogen erhalten, und das hat mich gerettet. Trotzdem waren die Brauen so dünn, dass mein Gesicht in den nächsten fünf Jahren ziemlich massiv wirkte.

Heute sind meine Brauen perfekt gezupft – und zwar mit der Fadenmethode. Ich bin ein großer Fan der traditionellen Fadenmethode, wenn es ums Augenbrauenzupfen geht: Dabei wickelt die Behandlerin einen Faden um ihre Finger, spannt ihn so, dass eine Schlaufe entsteht, und entfernt damit alle überflüssigen Haare (einschließlich der dünnen, blonden). Und das rasch und präzise, Reihe für Reihe, während Sie die Augen geschlossen haben. Manche finden das schmerzhaft, zumindest am Anfang, doch nach mehreren Behandlungen wird es deutlich besser. Ich persönlich finde es einfach nur prima! Ich muss davon allerdings niesen und kann mich in den zwei Stunden danach kaum in die Öffentlichkeit wagen, da ich ziemlich rote Flecken davon bekomme.

Trotzdem – mit der Fadenmethode erhält man die beste Brauenform: elegant geschwungen, präzise und sauber. Aber wie immer muss man sich auch hierfür in die richtigen Hände begeben. Man blättert bis zu 50 Euro dafür hin, aber der Preis allein ist noch kein Hinweis auf Qualität. Ich habe Brauen gesehen, die für ganze sechs Euro perfekt in Form gebracht wurden, und grässliche Resultate für stolze 40 Euro. Dasselbe gibt es natürlich auch umgekehrt. Am besten, Sie lassen sich jemanden empfehlen. Ein guter Anhaltspunkt für die Qualität ist die Herkunft der Behandlerin. Im Idealfall stammt sie aus einer Kultur, in der die Fadenmethode von der Mutter an die Tochter weitergegeben wurde. Viertel, in denen viele Asiaten leben, verfügen meist über Beauty-Salons mit entsprechend geschultem Personal. Denn eines steht fest: Die Fadenmethode lässt sich nicht mal eben schnell an einem Wochenende erlernen. Augenbrauen sind einfach zu wichtig, um sie jemandem zu überlassen, dem ihre Bedeutung nicht klar ist. Außerdem würde ich eher sterben, als mir mit der Fadenmethode in irgendeinem, von außen einsehbarem Shoppingcenter-Salon die Brauen in Form bringen zu lassen. (Das gilt übrigens für alle dort angesiedelten Schönheitsbehandlungen.) Ein bisschen Diskretion kann wirklich nicht schaden!

Sollten Sie sich aus irgendeinem Grund gegen die Fadenmethode entscheiden, zupfen Sie! Gehen Sie in regelmäßigen Abständen zur

Kosmetikerin, damit sie die ursprüngliche Brauenform wiederherstellen kann, und investieren Sie anschließend knapp 40 Euro in eine gute Pinzette (Rubis macht die besten). Sie müssen die überzähligen Härchen regelmäßig auszupfen, damit die Form erhalten bleibt. Zupft man direkt nach dem Duschen, wenn die Poren geöffnet sind, tut es weniger weh. Immer an der Unterkante zupfen, nie an der Oberkante – mit einer Ausnahme, nämlich wenn die Brauen bis zu den Schläfen wuchern oder über der Nase zusammenwachsen. Brauen-Waxing? Vergessen Sie's! Es tut wahnsinnig weh, und das Ergebnis ist schwer vorhersehbar und ungenau. Außerdem wachsen die Härchen anschließend gerne ein.

AUGENBRAUEN, DIE SICH FÜR IMMER VERABSCHIEDET HABEN

Es ist furchtbar, wenn man die Brauen so lange gezupft hat, dass sie sich für immer verabschiedet haben. Die meisten Jugendsüden geraten irgendwann in Vergessenheit, aber fehlende Brauen erinnern grausam daran. Mein ganzes Gesicht hat sich verändert, als ich meine völlig überzupften Brauen wieder wachsen ließ. Es hat gedauert, aber das war es wert! Waren Sie in der Vergangenheit zu eifrig, hier ein paar Tipps, wie Sie den Schaden begrenzen können:

Kaufen Sie Wachstumsserum für Augenbrauen, zum Beispiel »RapidBrow« oder eines von Talika. Es ist teuer und nervig (denn es muss ausnahmslos jeden Abend vor dem Schlafengehen aufgetragen werden). Dafür ist es in vielen Fällen durchaus hilfreich. Nach etwa sechs Wochen sollten Sie ein verstärktes Haarwachstum bemerken.

....

Lassen Sie die Brauen wachsen. Das klingt erst mal selbstverständlich, aber es ist erschreckend, wie viele Frauen weiterhin an Brauen

herumzupfen, mit denen sie bereits unglücklich sind. Natürlich ist
die Übergangszeit alles andere als schön, aber da muss man
eben durch! Nach einem Monat ist das Schlimmste vorbei
(wer diese Phase in den Urlaub verlegt, tut sich deutlich leichter).
Transparentes Brauengel bringt sie in dieser Zeit trotzdem in Form.
Wer das hinter sich bringt, hat anschließend die ideale Basis für
ein Leben mit perfekten Augenbrauen.

....

Wenn die Brauen nachgewachsen sind (vermutlich etwas
unregelmäßig), gehen Sie zu einem Fadenmethoden-Profi, und
lassen Sie sie in Form bringen. Bitte regelmäßig, und zwar auch
wenn Ihnen eigentlich die Zeit, das Geld oder die Lust dazu fehlt.
Eine professionelle Form kann man mit einer Pinzette zu Hause
leicht wieder auffrischen. Überlegen Sie auch, sich die Brauen
färben zu lassen, denn mickrige Brauen sehen einfach dichter aus,
wenn sie dunkler sind.

....

Hilft das alles nichts, und die Brauen wollen einfach nicht mehr
wachsen, ziehen Sie ein Permanent-Make-up in Erwägung
(siehe »Brauentätowierung«).

....

Brauenlücken mithilfe von Brauenpuder oder Brauenstiften
auffüllen (siehe die folgenden Seiten).

BRAUENTÄTOWIERUNG

Eine Brauentätowierung kann für Frauen, die ihre Brauen aufgrund
von übertriebenem Zupfen, Haarausfall oder Chemotherapie dauerhaft verloren haben, eine prima Lösung sein. Sie sollten allerdings
genug Zeit und Geld für eine professionelle Behandlerin mitbringen
und das wirklich nur vornehmen lassen, wenn Sie vorher alles versucht haben, um Ihre Brauen wieder zum Wachsen zu bringen. Ein

geübter Brauentätowierer verfügt über ein Album mit seinen bisherigen Arbeiten und kann in der Regel auch positive Bewertungen von früheren Kundinnen vorweisen. Manche Krankenhäuser, die Chemotherapien durchführen, geben ebenfalls entsprechende Empfehlungen.

Statt eine Brauenform einzutätowieren, wird in guten Studios jedes Haar einzeln tätowiert – mit einem erstaunlich natürlich wirkenden Ergebnis. Diese Methode lässt sich bei fehlenden oder lückenhaften Brauen jeder Farbe anwenden, und die Farbe muss alle paar Jahre aufgefrischt werden. Sie ist das Geld und die Mühe wert – denn auf diese Brauen fällt so gut wie jeder rein!

EINE KURZE BEMERKUNG IN SACHEN FARBE

Brauen sind nicht »warm«, und ich wünschte, Kosmetikfirmen würden das endlich auch begreifen. Egal, wie warm Ihr Haar- und Hautton sind, Ihre Brauen haben mit Sicherheit eine kalte, matte Farbe – irgendwas zwischen »schmutziges Spülwasser« und »Ölpfütze« –, was ziemlich gut aussieht. Ein warmer Brauenstift oder Brauenpuder wirkt so, als hätten Sie die Brauen übertrieben gefärbt. Ich persönlich finde, dass dunkle Brauen jedem stehen – Hellblonden (wie Hitchcocks Heldinnen) ebenso wie Grauhaarigen. (Es kostet so gut wie nichts, sich die Brauen färben zu lassen, vor allem zu grauem Haar sieht das todschick aus!) Wie dem auch sei – Hauptsache, der von Ihnen gewählte Farbton ist kühl genug! Blondinen und Grauhaarigen steht ein Grau- oder Taupeton, Rothaarigen ein mattes Schlammgrau und Brünetten alles, angefangen von Schlammbraun bis Kohlschwarz. Alle Brauen können auch mit einem normalen Bleistift ausgemalt werden. Das sieht natürlich aus und lässt sich leicht mit Reinigungsmilch entfernen. (Und keine Sorge: Blei enthalten Bleistifte schon lange nicht mehr!)

SO MALEN SIE DIE BRAUEN AUS

Ich mache das nicht jeden Tag, aber wenn ich mich richtig schminke, möchte ich nicht darauf verzichten. Ein bisschen Farbe sorgt dafür, dass die Brauen nicht untergehen, außerdem wirkt es sehr elegant. Im Alltag genügt mir transparentes Brauengel oder Vaseline (wenn überhaupt). Aber sobald ich in meine High Heels schlüpfe, würde ich niemals ohne meine schicken Augenbrauen das Haus verlassen. Und so geht's:

Nachdem Sie die Make-up-Basis (Foundation, Concealer und Puder) aufgetragen haben, kämmen Sie die Brauen mit einem alten, ausgetrockneten Wimperntuschebürstchen in Form. Nach oben kämmen, bis der natürliche Brauenbogen erreicht ist, anschließend nach unten kämmen.

....

Mit einem festen, angeschrägten Kunsthaarpinsel – er sollte kurz und stabil sein, auf keinen Fall biegsam! – matten Brauenpuder in einem kühlen Farbton aufnehmen. Sie brauchen nur sehr wenig davon – nacharbeiten lässt sich immer noch!

....

Den kleinen Finger an der Wange abstützen und die Hand drehen (nicht den Arm!) Der Wuchsrichtung der Brauen folgen und leichte, fedrige Striche ziehen.

....

Am höchsten Punkt des natürlichen Brauenbogens innehalten und dann längere, feste Striche nach unten zeichnen.
Auf Symmetrie achten.

....

Ein paar Sekunden warten und dann alles mit Brauengel oder transparenter Mascara fixieren. Das darf die preiswerteste sein, die es gibt – sie ist schließlich nichts anderes als Haargel in einer Wimperntuschenhülse. Alles, was mehr kostet als sechs Euro, ist reine Geldverschwendung. Sämtliche Brauengels sehen nach sechs Wochen eklig aus und gehören in die Mülltonne.

SCHMINKEN IN DER ÖFFENTLICHKEIT

»Wir werden nie wirklich erwachsen.
Wir lernen nur, wie wir uns in der Öffentlichkeit
zu verhalten haben.«

Bryan White

Ich schreibe diesen Text in einem Pendlerzug von Brighton nach London. Bevor ich meinen Laptop aufgeklappt habe, habe ich mir zehn Minuten Zeit genommen, um mich für meine Mittagsverabredung in der Stadt etwas zu schminken. Concealer, Puder, Mascara, Rouge und Lippenstift – all das habe ich auf meinem Platz sitzend aufgetragen, während meine Mitreisenden sich um ihre eigenen Angelegenheiten gekümmert und nicht mit der Wimper gezuckt haben: Die Frau neben mir hackt auf ihre Computertastatur ein. Der Mann vor mir spielt etwas auf seinem iPhone. Und der Herr neben ihm schaut mit Kopfhörern YouTube-Clips. Niemand stört seine Mitreisenden – auch ich nicht.

Ich schminke mich oft im Zug. Auf diese Weise vergeht die Zeit schneller, außerdem muss ich dann nicht so früh aufstehen und sehe auch noch frisch aus, wenn ich ankomme. Unsozial verhalte ich mich nie, ganz einfach, weil ich in puncto Schönheitspflege in der Öffentlichkeit ein paar strenge Regeln beachte. Alles, was Spuren hinterlässt, wie Haarebürsten, Nägelfeilen, Brauenzupfen und Gesichtpudern, ist tabu – ich musste sogar einmal mit Entsetzen miterleben, wie eine Frau sich im Zug die Fingernägel geschnitten hat! Ebenso alles, was riecht, wie Nagellackentferner oder Parfüm. Ich finde es genauso wenig in Ordnung, Mitreisende meinen Duftwolken auszusetzen, wie sie einzuräuchern oder mit dem Geruch von einem Döner oder Thunfischsandwich zu belästigen. Manieren sind wichtig! Ich verletze niemandes Privatsphäre, und ich schminke mich auch nicht, wenn mir jemand direkt gegenübersitzt oder -steht, denn das macht mich nervös und vermutlich auch meine Mitreisenden. Aber warum sich nicht einfach nur diskret schminken? Ich wüsste nicht, was dagegen spricht. Es stört niemanden, und außerdem geht es niemanden etwas an.

Mal ganz abgesehen davon, dass ich mir die Lippen lieber am Restauranttisch nachziehe oder mir im Pub die Nase pudere, als dafür eine eklige Toilette aufzusuchen. Dasselbe mache ich im Wartezimmer des Arztes, noch häufiger aber in Zug und Bus. Ich finde öffentliches (Nach)Schminken kein bisschen schlimmer, als wenn

146

andere mit ihrer Scrabble-App spielen oder sich unterhalten. Es ist mit Sicherheit längst nicht so nervig, wie Leuten beim Umblättern der Zeitung durchs Gesicht zu wischen oder sie zu zwingen, überflüssige Telefonate mitanzuhören. (Für mich gibt es nichts Schlimmeres. Leise zu sagen, dass man später zurückruft, ist eine der Tugenden, die sich jeder zu Herzen nehmen sollte!) Aber Frauen, die versuchen, ihren Eyeliner in den 30 Sekunden aufzutragen, in denen der Zug in einem Bahnhof hält, oder Lippenstift in einem wackeligen, überfüllten Bus, gehören einfach zu den vielen kleinen Pendlerritualen. Ich genieße es sehr, anderen dabei zuzuschauen, muss mich allerdings manchmal schwer beherrschen, mich nicht einzumischen und zu sagen, dass der Rougepinsel auch mal wieder dringend gewaschen werden müsste oder dass ihnen Rosa deutlich besser stehen würde als Fuchsia. Sollten Sie dagegen zu denjenigen gehören, die sich durch öffentliches Schminken unerklärlicherweise gestört fühlen, schauen Sie einfach nicht hin! Das ist ganz leicht. Sie können sich ja auf den Idioten konzentrieren, aus dessen Kopfhörern viel zu laute Bässe wummern. Denn das gehört sich wirklich nicht!

SO SCHMINKEN SIE SICH IN BUS ODER ZUG

Bevor Sie das Haus verlassen, lohnt es sich, getönte Tagescreme oder eine Foundation aufzutragen. Das kostet nicht viel Zeit, deckt aber schon mal einiges ab, das nicht ganz so öffentlichkeitskompatibel ist, nämlich das Hantieren mit Flüssigkeiten und Pinseln oder das Ausfahren von Ellenbogen. Was anschließend kommt, lässt sich alles leicht und diskret unterwegs erledigen. Statten Sie sich einfach mit solchen Produkten aus, die man ohne Massen von Pinseln und Applikatoren benutzen kann, wie Stifte oder Cremes. Sie brauchen außerdem einen kleinen Vergrößerungsspiegel – am besten einen, der sich flach statt rechtwinkly ausklappen lässt. So können Sie ihn nah ans Gesicht halten.

Concealer unter den Augen, um die Nase herum und auf etwaige Rötungen auftupfen, mit dem Ringfinger einblenden.
(45 Sekunden)

....

Mit einer Puderquaste über den Kompaktpuder gehen und diesen im Gesicht verteilen, auch auf Lidern und Lippen.
(20 Sekunden)

....

Mit dem Ringfinger etwas Cremelidschatten aufnehmen. Die Farben Braun, Elfenbein oder Taupe sind ideal, da sie sich leicht auftragen lassen. Mit dem Finger beide Lider betupfen, unten anfangen und kurz nach der Lidfalte aufhören. Während der Lidschatten einzieht, mit den Wangen weitermachen.
(2 Minuten)

....

Mit dem Mittelfinger etwas Cremerouge aufnehmen. Drei Farbtupfer auf beide Wangen geben, diese dann mithilfe von kreisförmigen Bewegungen miteinander verbinden. Den äußersten Rand anschließend mit einem sauberen Finger tropfenförmig auslaufen lassen.
(60 Sekunden)

....

Den Wimpernkranz oben und unten mit einem dicken Kajalstift umrahmen. (Die besten sind die von Charlotte Tilbury und Smashbox.) Bei einem dicken Stift verzittert die Linie in einem wackeligen Bus oder Zug nicht so leicht. Mit dem kleinen Finger vorsichtig verblenden.
(2 Minuten)

....

Während eines kurzen Halts die Mascara auftragen. Haben Sie nur wenige Sekunden Zeit, die Tusche zuerst am unteren Wimpernkranz auftragen, denn das ist der heikelste Part.
(30 bis 60 Sekunden)

Die Brauen mit einem getönten Brauengel einfärben
(Benefit, MAC, Nars und By Terry stellen welche her),
nach oben kämmen und so fixieren.
(30 Sekunden)
....

Die Lippen erst nachziehen, wenn Sie Ihren Kaffee ausgetrunken
und Ihr Ziel fast erreicht haben. Direkt mit dem Lippenstift.
Den Mund anschließend mit einem Kosmetiktuch oder einer
Serviette abtupfen, dann erneut schminken. Die Zähne
kontrollieren.
(30 Sekunden)
....

Kein Parfüm versprühen – erst wenn Sie wieder an der frischen
Luft sind! Dort können Sie sich auch die Haare bürsten.

WAXING:
JA ODER NEIN?

»Ich verstehe nicht, wie eine Frau sich
kochend heißes Wachs über die Schenkel schütten,
sich die Haare mitsamt den Wurzeln herausreißen
und immer noch Angst vor Spinnen haben kann.«
Jerry Seinfeld

Nur wenige Schönheitsthemen entzweien Feministinnen mehr als das der Haarentfernung, und ich kann das sehr gut verstehen. Auch ich finde die zunehmende »Unten ohne«-Mode ziemlich befremdlich und sehe die reale Gefahr, dass eine ganze Generation nach Jahren entsprechender Porno- und Musikvideos Schamhaar für eklig, anormal und unerwünscht hält, ja darin mangelnde Körperpflege sieht. Denn das stimmt so nicht.

Doch obwohl ich auf keinen Fall finde, dass Frauen sich epilieren müssen, um den gesellschaftlichen Anforderungen zu genügen, weiß ich doch, dass es nun mal zig praktische Gründe gibt, die dafür sprechen – angefangen von religiösen Überzeugungen über gesteigerte sexuelle Lust bis hin zu sportlichen Erfordernissen. Es kann sich auch einfach nur um eine persönliche Vorliebe handeln. Manchmal waxe ich, manchmal nicht – für mich ist das nur ein weiteres Gebiet, auf dem ich experimentieren und mich verändern kann, wenn mir langweilig ist. Egal, welche Gründe Sie haben – und es sollten ausschließlich Ihre sein! –, ich möchte mir kein Urteil darüber erlauben. Gleichzeitig muss ich gestehen, dass ich einen Mann, der auf »unten ohne« steht, durchaus verurteilen würde (und liebe Damen, die ihr auf nackte Eier steht: Auch ihr macht mich ein wenig nervös!). Für mich hat der zum Glück doch eher untypische Mann, der ganz genaue Vorstellungen davon hat, wie der Schambereich einer Frau auszusehen hat, schon etwas Gruseliges. (Eine ermutigende, wenn auch nicht besonders überraschende Studie aus dem Jahr 2013 hat ergeben, dass das 60 Prozent der Männer völlig schnurz ist.) Wie bei allen Schönheitsfragen sollte die Frau die freie Wahl haben und zu nichts gezwungen sein. Ich bekomme Beklemmungen bei jedem Mann, der findet, meine Scham müsste erst mal irgendwie gepimpt werden. Ehrlich gesagt sollte es für ihn Belohnung genug sein, überhaupt Zugang zu bekommen, und zwar ohne dass man vorher gezwungen ist, »Rasen zu mähen«. Man darf sich schon mal fragen, was das Ganze soll: Ich kann wirklich nichts mit Männern anfangen, die auf Klein-Mädchen-Genitalien stehen. Das ist beunruhigend und sollte genügen, dass ich mir ein Taxi rufe und auf jeden weiteren Kontakt verzichte.

Obwohl der Feminismus das Recht hat, das Thema Waxing endlos zu intellektualisieren, ja vielleicht sogar die Pflicht, wird es immer Frauen geben, denen es nur aufs Äußere ankommt. Ich habe keine großen Probleme damit, fühle mich aber gezwungen, ihnen zu sagen, dass ein kompletter Hollywood Cut Hüften und Schenkel generell dicker aussehen lässt. Wenn sie sich von nichts sonst überzeugen lassen, dann vielleicht davon?

DIE BIKINIZONE WAXEN? SO GEHT'S!

Überlegen Sie gut, was Sie wollen. Wenn Sie nur ein klassisches Waxing wollen, bei dem seitlich Haare weggenommen werden, damit nichts unter der Bikinihose hervorschaut, wenn also ein Haardreieck stehen bleiben soll, dürfte es ziemlich egal sein, welchen Schönheitssalon Sie aufsuchen. Wünschen Sie dagegen einen Brazilian Cut (einen schmalen Haarstreifen oder Landing Strip) oder Hollywood Cut (komplette Haarentfernung einschließlich Pofalte), sollten Sie sorgfältiger auswählen. Ich hatte mal einen furchtbaren Brazilian Cut, nach dem ich aussah wie ein räudiges Karnickel. Denn wie sich später herausstellte, hatte die Behandlerin so etwas noch nie zuvor gemacht. In diesem Fall sollten Sie sich für ein reines Waxing-Studio entscheiden. Der Behandlungsraum sollte makellos sauber sein und die Behandlerin ohne falsche Scham. (Ich persönlich bevorzuge einen freundlichen, aber doch beruhigend abgebrühten Gesichtsausdruck.)

Ihre Würde müssen Sie an der Garderobe mit abgeben, denn jetzt heißt es, Unterwäsche ablegen und Beine spreizen. (Ich habe stets Babyfeuchttücher dabei, um mich in letzter Sekunde noch mal frisch zu machen). Es wird wehtun, wenn auch mit jedem Mal weniger. Ein klassischer Bikiniwax dauert fünf Minuten, ein Brazilian Cut etwa eine Viertelstunde und ein Hollywood Cut circa 20 Minuten. Die Behandlerin wird anschließend ein Aloe-vera-Gel oder etwas ähnlich

Beruhigendes auftragen und Ihnen sagen, dass Sie bis zum nächsten Tag nicht baden dürfen. Jegliche Reizung sollte rasch nachlassen. Ein solches Waxing hält etwa zwei Wochen – im besten Fall vier Wochen. Zwischendurch bitte nicht rasieren – die Stoppel jucken sonst wie verrückt. Außerdem bin ich generell gegen den Einsatz von Rasiermessern unweit meiner Klitoris!

EPILIEREN

Ob man sich die Beine, die Achseln oder das Gesicht enthaart, ist ebenfalls eine rein private Entscheidung – wenn auch eine, die für mich längst nicht so mit Genderfragen belastet ist. Meiner Meinung nach ist die Erwartungshaltung bei Männern und Frauen da ziemlich entspannt. Meine Beine sind meist rasiert (das lohnt sich allein schon wegen des herrlichen Gefühls sauberer Bettwäsche auf frisch rasierten Beinen). Sind sie es nicht, ziehe ich einfach blickdichte Strumpfhosen an – fertig! Dasselbe gilt für meine Achseln. Viel tut sich da ohnehin nicht, außerdem gehöre ich sowieso nicht zu den Frauen, denen ärmellose Oberteile stehen. Oberlippe und Kinn lasse ich mit der Fadenmethode enthaaren, bevor extreme Nahaufnahmen von mir gemacht werden (denn die verwandeln wirklich jede Frau in Frida Kahlo!). Ansonsten lasse ich der Natur freien Lauf. Egal, wofür Sie sich entscheiden und warum – es gibt für alles eine perfekte Methode.

Die Fadentechnik für Oberlippe und Kinn wende ich alle zwei Monate an (weil dann Nahaufnahmen anstehen). Dabei hält die Behandlerin einen straff gespannten Faden zwischen Hand und Zähnen und lässt ihn rasch über die Haare gleiten. Viele Frauen (darunter auch ich) müssen davon furchtbar niesen. Schmerzfrei ist es auch nicht, wird aber von Mal zu Mal erträglicher. Anschließend ist die Haut mehrere Stunden lang gerötet. Das Tolle an der Fadenmethode ist, dass sie schnell, sauber und extrem gründlich ist, außerdem wachsen anschließend so gut wie nie Haare ein. Sie ist deutlich hautschonender als Waxing, eine Enthaarungscreme oder Rasieren (Letzteres sollten Sie wirklich auf keinen Fall tun: Was sich anhört wie eine praktische Sofortmaßnahme wird sonst bald zur täglichen Pflicht!). Die Fadenmethode kommt ohne Chemikalien aus und ist somit ideal für Allergiker.

Mit der Fadenmethode erzielt man lang anhaltende Ergebnisse – bis die Haare nachwachsen, dauert es zwischen drei und acht Wochen, je nach Gesichtsbehaarung der Klientin. Wenn Sie zu Herpes neigen, kann die Fadenmethode die Bläschenbildung allerdings begünstigen. Bitten Sie die Behandlerin, heikle Stellen auszusparen. Außerdem sollte man nach der Haarentfernung keine reichhaltige Creme oder Schminke auftragen. (Ich habe die Erfahrung gemacht, dass es hilft, den Bereich mit Aloe-vera-Gel oder einem ähnlichen Produkt zu »versiegeln«.) Bekomme ich keinen Fadenmethode-Termin, lasse ich mir den Bereich waxen. (Allerdings nie die Brauen! Das ist definitiv nicht zu empfehlen.) Waxing ist nur die zweitbeste Lösung, aber man kann damit leben.

BEINE

WAXING UND SUGARING

Sollen große Bereiche wie die Beine enthaart werden, hat Waxing oder Sugaring viele Vorteile. Damit meine ich jene Methode, die in Kosmetik- oder Waxingstudios mit Heißwachs und Papierstreifen oder aber mit einer Zuckerpaste durchgeführt wird. Kaltwachsstreifen aus der Drogerie sind dagegen die Hölle! Ich habe mal zwei Stunden lang den Tränen nahe in der Wanne gelegen, in dem Versuch, so ein Ding wieder von meiner Muschi zu entfernen.

Heißwachs wird in Wuchsrichtung der Haare aufgetragen und dann mit einem Papierstreifen gegen die Wuchsrichtung abrupt entfernt – so lange, bis sämtliche Haare ausgezupft sind. Beim Sugaring wird die erkaltete Zuckerpaste häufig direkt entfernt, ohne Papierstreifen oder Baumwolltuch, und zwar in Haarwuchsrichtung.

Waxing und Sugaring tun beide nicht sonderlich weh – die Schmerzen werden von Mal zu Mal weniger –, wobei Sugaring etwas sanfter ist als Waxing, da die Zuckerpaste nicht so stark an der Haut kleben bleibt. Aber manche Frauen berichten, dass es um den Eisprung herum schmerzhafter ist. Das Ergebnis hält zwei bis sechs Wochen lang an. Die Haare wachsen mit einem feinen Ende nach, sind also nicht so stachelig und stoppelig wie nach dem Rasieren. Ich persönlich bin kein Fan von Waxing, weil es mich nervt, dass man warten muss, bis die Haare nachgewachsen sind, um sie erneut waxen zu können. Es kommt auch häufig zu eingewachsenen Härchen, deshalb rasiere ich lieber.

SO RASIEREN SIE RICHTIG!

Es klingt seltsam, so etwas Einfaches erklären zu müssen, aber ich weiß, dass viele Frauen den Rasurvorgang völlig grundlos für eine äußerst blutrünstige Angelegenheit halten – vermutlich, weil sie ihn damals in der Schule von einer ähnlich ahnungslosen Freundin gelernt haben. Wer falsch rasiert, bekommt pickelige, wunde, trockene Beine mit blutigen Schrammen. Dabei lässt sich das ganz leicht vermeiden.

Zunächst einmal benötigen Sie einen scharfen Rasierer, keines dieser Einwegteile! Gute Rasierer sind unverschämt teuer, aber unverzichtbar! Ihre Klingen überstehen fünf Beinrasuren. Sollten Sie auch die Bikinizone rasieren wollen, nehmen Sie dafür bitte einen Extrarasierer. Schamhaar ist dicker, das Rasiermesser wird also schneller stumpf.

Außerdem benötigen Sie eine Rasiercreme, damit die Klinge leichter über die Haut gleitet. Ich benutze aber auch oft nur ein feuchtigkeitsspendendes Duschgel, zum Beispiel von Dove. Zur Not tut es auch Hair Conditioner, doch der lässt sich nicht so leicht abspülen.

Schon beim Betreten von Dusche oder Wanne erwärmen Sie den Rasierer unter dem heißen Wasserstrahl. In der Zwischenzeit können Sie sich die Haare waschen. Das klingt vielleicht seltsam, aber ein königlicher Barbier hat mir vor Jahren mal erzählt, dass die Klingen so besser rasieren, und er hatte absolut recht damit! Verteilen Sie die Creme nach oben und unten. Mit weit ausholenden Bewegungen gegen die Wuchsrichtung rasieren, die Knie beugen, damit Sie gut »um die Kurve kommen«. Die Klinge ausspülen, allerdings nicht mit zu heißem Wasser, denn das sorgt für Unebenheiten. Wenn Sie ein Peeling verwenden, dann bitte vor dem Rasieren, nie hinterher! Die Achseln genauso rasieren. Manche Leute bevorzugen hier ein Waxing, aber ich wüsste nicht, warum. Das Rasieren dauert schließlich nur Sekunden! Die Beine dick mit Bodylotion eincremen, bevor Sie sich anziehen.

ANDERE METHODEN

IPL

IPL oder *Intense Pulsed Light* ist eine mehr oder weniger dauerhafte Haarentfernungsmethode für jede Form von Körperbehaarung. Wird sie in einem Salon oder mithilfe eines hochwertigen Geräts von Philips oder Braun angewandt (teuer, aber gut!), kann sie extrem effektiv sein. Die Methode ist unbequem, aber nicht schmerzhaft. Unterm Strich gehört sie zu den hautschonendsten Haarentfernungsmethoden überhaupt. Das Problem ist nur, dass diese Technik mithilfe von Farbkontrasten arbeitet. Dunkle Haare auf schwarzer Haut oder helle Haare auf weißer Haut sprechen also nicht auf diese Behandlung an. Und obwohl IPL von vielen Salons als dauerhafte Lösung beworben wird, stimmt das für viele einfach nicht. Ich kenne einige Fälle, bei denen die Frauen völlig begeistert davon waren, was IPL in der Bikinizone bewirken kann ... nur um dann ein Jahr später festzustellen, dass alles wieder beim Alten war. Deshalb sollten Sie sich fragen, ob Sie sich die notwendigen Folgebehandlungen auch noch leisten können. Wenn nicht, wäre es vernünftiger, sich ein Gerät für zu Hause anzuschaffen. Auf eines sollten Sie sich allerdings gefasst machen: IPL erfordert, dass Sie die betreffende Partie vorher rasieren. Verständlich, dass das erst mal verunsichert. Aber fest steht, dass den Stoppeln schon bei der ersten Behandlung der Garaus gemacht wird. Das Rasieren wird also kein Dauerzustand. Nur – aber wirklich nur! – unter diesen Umständen dürfen Sie sich im Gesicht rasieren!!!

Haarentfernungscremes

Veet ist so viel besser, als es einmal war! Während es einst nach Dauerwellenlotion stank und brannte wie die Hölle, erledigt es heute zuverlässig seinen Job, ohne zu nerven. Sie verstreichen die Creme (Schaum für die Dusche lässt sich meiner Meinung nach nur ungleichmäßig auftragen), lassen sie wie in der Packungsbeilage beschrieben etwa zehn Minuten lang einwirken und nehmen sie mit dem beiliegenden stumpfen, rasiererähnlichen Ding wieder ab, das so ähnlich funktioniert wie ein Fensterabzieher. Der Nachteil von Enthaarungscremes ist der, dass das Ergebnis nur von kurzer Dauer ist. Die Wirkung hält wenige Tage länger als beim Rasieren, aber nicht ansatzweise so lange wie beim Waxen oder bei der Fadentechnik. Obwohl ich weiß, dass diese Cremes inzwischen ziemlich gut sind, ist mir der Aufwand unterm Strich einfach zu groß.

Zupfen

Zupfen ist gut, wenn es um Augenbrauen oder jene vereinzelten Haare geht, die das Kinn oft ab 35 heimsuchen. Also um alle Haare, die nichts Dauniges haben wie die restliche Gesichtsbehaarung, sondern ebenso auffällig sind wie Pfeifenreiniger. Benutzen Sie superscharfe Qualitätspinzetten von Rubis oder Tweezerman, und entfernen Sie diese verirrten Haare alle ein bis zwei Tage.

Epiliergeräte

Ich hatte noch nie solche Schmerzen wie 1989, als ich das Epiliergerät einer Freundin etwa eine halbe Sekunde lang an der Innenseite meines Unterschenkels ausprobiert habe. Damals waren das mittelalterliche Folterinstrumente, keine Ahnung, wie die Leute das ausgehalten haben. Heute sind sie deutlich besser, wenn auch noch lange nicht schmerzfrei. Bei diesen Geräten gleitet eine vibrierende Metallspirale gegen die Wuchsrichtung über die Haut und rupft die Haare dabei aus. Das Ergebnis ist genauso dauerhaft wie beim Waxen (das Risiko für eingewachsene Härchen allerdings genauso groß). Epiliergeräte haben jedoch den Vorteil, dass man den Bereich behandeln kann, ohne warten zu müssen, bis erneut Stoppeln sichtbar sind. (Gute Epiliergeräte wie die von Braun und Philips können sogar Härchen entfernen, die so klein sind wie Sandkörner.) Ähnlich wie beim Waxen haben Sie nur das Problem, dass man sich selbst Schmerzen zufügen muss. Es fällt einem einfach instinktiv schwer, sich etwas, das wehtut, in die Haut zu drücken. Im Vergleich dazu ist das Waxen bei einer Waxingspezialistin der reinste Sonntagsspaziergang.

BEAUTY FÜR JUNGE MÄDCHEN

»Ich bin egoistisch, ungeduldig und ein bisschen unsicher.
Ich mache Fehler, bin unbeherrscht und manchmal
schwer zu ertragen. Aber wenn du mich nicht ertragen kannst,
wenn ich mich von meiner schlechtesten Seite zeige, hast du
meine besten Seiten ganz bestimmt nicht verdient!«

Marilyn Monroe

Kurz nach meinem 15. Geburtstag war ich schwer unglücklich und zog mit einer Reisetasche voller Klamotten und einem 20-Pfund-Schein von zu Hause aus. Mein Ticket von Hengoed nach London hat 12 Pfund noch was gekostet. Ich schaffte es, bei meinem damaligen Freund und seiner Mitbewohnerin einzuziehen. Aber weil ich noch so jung war, hatte ich weder einen Job noch Geld. Ich war immer gut in der Schule, doch mein Schulabschluss wäre erst ein Jahr später gewesen. Ich wollte nie etwas anderes als Modejournalistin werden und wusste nicht, was ich sonst tun sollte. Außer es hätte irgendwas mit Beauty zu tun.

Meine langjährige Sucht nach Frauenzeitschriften, meine Kindheit voll engmaschiger Kontrollen durch einen Hautarzt und meine Begeisterung für Beauty-Produkte und Gesichter gaben mir die Chance, ein bisschen dringend benötigtes Geld zu verdienen. In Fred's Bar in Soho wurde ich der damals sehr bekannten Londoner Visagistin Lynne Easton vorgestellt (die alle nur unter dem Spitznamen »Pearl« kannten und die 2005 auf tragische Weise ums Leben kam). Sie bot mir an, ihre Assistentin zu werden. Mein erster Job bestand darin, an einem Werbespot für Lindt-Schokolade mitzuarbeiten. Ich musste Pearl helfen, etwa 40 berühmte Filmstar-Doubles zu kreieren – Marilyn Monroe, James Dean usw. Mein zweiter Einsatz war ein Musikvideo von den Pet Shop Boys, für das ich Neil Tennants Nase mit Gesichtspuder von Shiseido mattierte, bevor er in einem Pseudogerichtssaal sang. Eine ziemliche Feuertaufe!

Obwohl ich jede Menge von Pearl lernte, frage ich mich bis heute, wie es mir ohne jede Erfahrung gelang, diese Jobs zu überleben. Vermutlich habe ich das alles meiner Jugend zu verdanken, in der ich eine Schmink-Katastrophe nach der anderen verursachte. Meine Mutter, die ebenfalls sehr gepflegt und geschickt auf diesem Gebiet ist, hat mir nie befohlen, mein dickes Horror-Make-up wieder abzunehmen. Nicht einmal, als ich dicken blauen Lidschatten und Metallic-Lippenstift zur schlimmsten Dauerwelle in ganz Großbritannien getragen habe. Sie sagte auch nie: »So gehst du mir nicht vor die Tür …« Also ging ich so vor die Tür.

Diese Form von Freiheit ist wichtig im Leben, wenn man gerade schier explodiert vor Kreativität. Ich kann nur hoffen, dass Eltern das wissen. Übertriebenes, schlechtes Make-up gehört zum Erwachsenwerden einfach dazu, und in meiner Vergangenheit gab es weiß Gott genug davon. Angefangen damit, dass ich mir mit Drogeriemarktschminke Blitze auf die Wangen malte, über meine Besessenheit bezüglich kupferfarbenem Lippenstift, der mich aussehen ließ wie einbalsamiert, bis hin zu widerlich-süßem Gloss, der Insekten dazu brachte, sich darauf niederzulassen, um aufzutanken. Wenn man sich dann noch einen Vokuhila mit grässlich gelben Strähnen dazudenkt, weiß man, dass auch ich als Teenie denkbar schlimm ausgesehen habe. Trotzdem habe ich in dieser Zeit gelernt, das Thema Beauty zu lieben. Nämlich, als ich entdeckte, wie ich meine Augen größer wirken lassen konnte, meine Secondhand-Outfits edler und den Schönheitsfleck auf meiner linken Wange cool. Ich merkte, dass sich mein dünnes Haar toupieren, locken und rosa einfärben ließ und nach einem Wannenbad wieder ganz normal aussah.

Als junges Mädchen sollte man sich beautymäßig so richtig austoben, denn Fehler sind nicht nur verzeihlich, sondern auch unverzichtbar: Noch wird man von keinem Personalchef gemustert. Noch muss niemand entscheiden, ob er einem eine Versicherungspolice abkaufen oder einen heiraten soll. Noch hat man weder Fältchen noch Falten, keine sichtbaren Sonnenschäden und meist keine schlechten Angewohnheiten wie Rauchen oder Trinken. Dafür bringen einen die Ängste, die man als Jugendlicher so mit sich herumschleppt – wie Identitätsprobleme, extreme Schüchternheit, ja sogar Problemhaut – dazu, immer wieder etwas Neues auszuprobieren. Das sind alles großartige, wenn auch nicht ganz einfache Grundvoraussetzungen, um etwas dazuzulernen.

Und deshalb zögere ich, Teenagern zu raten, dass sie sich so oder so schminken sollen. Denn angenommen sie hörten auf mich, würde mir das eigentlich gar nicht so sehr gefallen. Dieses Buch enthält haufenweise allgemeine Schmink- und Hautpflegetipps (sowie ein ganzes Kapitel zum Thema »Akne«), die bei jeder Frau funktionieren – sei sie nun alt oder jung, hell- oder dunkelhäutig. Lest darin, probiert sie aus, und passt sie euren Bedürfnissen an – Hauptsache, ihr habt Spaß dabei! Es ist schließlich euer Gesicht, und ich kann euch nur dazu auffordern, es zu erkunden.

SCHNELLES MAKE-UP FÜR JUNGE MÄDCHEN

Wie gesagt, ich kann Teenies nur wärmstens empfehlen, sich mit Make-up auszutoben, statt aussehen zu wollen wie eine geschmackvolle, reiche Karrierefrau. Aber wenn ihr ein schnelles, einfaches, erwachsenenkompatibles Make-up für Abschlussbälle, Schulabschlussfeiern, erste Bewerbungsgespräche, Dates, Kennenlerntreffs mit seinen Eltern oder so was braucht – bitte sehr!

GETÖNTE TAGESCREME

Jede ohne Mineralöl ist prima. Wählt einen Farbton, der dem eurer Haut entspricht. Wenn, darf er höchstens ein winziges bisschen dunkler sein. (Im Gegensatz zu Foundation ist getönte Tagescreme nicht deckend und sieht so natürlich aus, dass man notfalls eine etwas dunklere wählen darf.) Nase, Wangen, Kinn und Stirn damit betupfen und alles mit den Fingern einblenden. Bitte keine Foundation stattdessen benutzen! Concealer ist viel besser geeignet, um Pickel abzudecken, und eure natürliche Schönheit wird nicht zugekleistert.

CONCEALER

Einen Concealer in der Farbe eures Hauttons verwenden, er darf maximal eine Idee heller sein. Ein dicker Concealer mit Partikeln, die das Licht reflektieren, ist perfekt. Den Concealer unter den Augen sowie auf Pickel auftupfen und mit dem Ringfinger einblenden. Nicht verreiben.

KAJAL

Entscheidet euch für einen dicken Kajalstift in Goldbraun. Das ist dezent, steht jedem – und Patzer sind so gut wie ausgeschlossen! Mit diesem Kajal den oberen Wimpernkranz nachfahren. Wird die Linie etwas zittrig oder zu dick, spielt das keine Rolle. Das Tolle an Kajals ist, dass sie sich mit dem kleinen Finger oder einem Wattestäbchen verwischen lassen. Kleinere Patzer sind so im Nu verschwunden. Mit dem »verschmierten« Finger den unteren Wimpernkranz entlangfahren, um dort auch etwas Farbe aufzutragen.

BRAUEN

Eine günstige, transparente Mascara nehmen und mit dem Bürstchen die Brauen erst nach oben und hinter dem natürlichen Brauenbogen wieder nach unten kämmen.

WANGEN

Cremerouge sieht auf junger Haut sehr hübsch aus. Nehmt ihr eines in Stiftform, ist das Auftragen ein Kinderspiel. Rosa oder Apricot passt zu jedem Hautton, Beerentöne stehen vor allem Asiatinnen und Dunkelhäutigen. Ich stehe eher weniger auf Schimmer – solche Rouges sehen immer aus, als wären sie ein billiges Gratisgeschenk gewesen. Das Cremerouge in Stiftform herausdrehen und damit beide Wangen so betupfen, dass ein kleiner Rougeklecks daran haften bleibt. Die Konturen mit dem Mittelfinger sanft einklopfen, um einen nahtlosen Übergang zu schaffen.

LIPPEN

Benutzt einen getönten Lippenbalsam, der ungefähr dieselbe Farbe hat wie euer Rouge. (Ihr könnt ihn auch als Rouge benutzen, wenn ihr es eilig habt oder knapp bei Kasse seid – vorausgesetzt ihr leidet nicht an Akne, denn Lippenbalsam enthält oft Sheabutter oder Paraffin). Wollt ihr es knalliger, nehmt Gloss – aber auch der sieht besser aus, wenn der Farbton einigermaßen zu euren Wangen passt.

WIMPERN

Benutzt braune oder schwarze Mascara. Das Bürstchen erst an einem Kosmetiktuch abstreifen, damit die Wimpern nicht klumpig werden. Schaut nach unten in den Spiegel, drückt das Bürstchen in die oberen Wimpern und macht damit Zickzackbewegungen. Zieht nicht diese seltsame Grimasse wie viele erwachsene Frauen, die dabei den Mund weit aufreißen. Das sieht gestört aus und bringt rein gar nichts. Gebt dieser schlechten Angewohnheit von Anfang an keine Chance, ihr werdet mir dankbar dafür sein! (Dasselbe gilt für das seltsame Abwinken, bevor man anfängt zu weinen. Was soll das? Eure Generation kann diesen Teufelskreis durchbrechen!)

GLITTER

Natürlich passt Glitter nicht immer, aber da es später im Leben nur noch selten Gelegenheiten dafür gibt, wäre es eine furchtbare Verschwendung, nicht jetzt dann und wann zuzugreifen. Glitter ist zwar unangebracht, wenn es in die Schule, zu wichtigen Terminen oder offiziellen Veranstaltungen geht (Beerdigungen sind absolut tabu!), kommt aber toll auf Partys und in Clubs. Damit sieht jedes Gesicht geschminkt aus! Aber bitte mit Vorsicht einsetzen – ihr seid schließlich keine kleinen Kinder mehr, und dick aufgetragener knallrosa

Glitter sieht einfach nur billig aus. Tragt stattdessen lieber etwas Feuchtigkeitspflege oder Lippenbalsam auf die Schläfen auf, und zwar in einer nach unten zeigenden, leicht gerundeten Linie. Etwas Glitter auftupfen. Gold oder Silber sehen besonders schön aus. Ein hübscher Kajal mit Glitterpartikeln am Wimpernkranz oder Glittermascara über schwarzer Wimperntusche sieht auch hübsch aus. Aber beachtet folgende goldene Regel: Ein solcher Akzent genügt – mehr ist nicht mehr chic.

BEAUTY-REGELN FÜR JUNGE MÄDCHEN

Hört auf den Rat einer Frau, die es wissen muss! Ihr könnt euch austoben, so sehr ihr wollt – Hauptsache, ihr haltet euch an folgende Regeln:

HAARE WASCHEN

Habt ihr weder Zeit noch Lust, groß an eurem Äußeren zu arbeiten, sorgt wenigstens dafür, dass ihr frisch gewaschene Haare habt. Ungewaschenes Haar sieht immer fettig aus, auch wenn ihr vom Gegenteil überzeugt seid. In der Regel riecht es auch ein bisschen eklig, und eine pickelige Stirn wird davon auch nicht besser. Wenn ihr findet, dass sich euer Haar am Tag nach der Wäsche besser anfühlt und leichter stylen lässt, sprüht nach dem Föhnen etwas Trockenshampoo hinein. Kate Moss hält sich schließlich auch an die Regel, sich stets die Haare zu waschen – und wenn jemand weiß, wie man gut aussieht, dann sie!

BRAUEN NICHT ZUPFEN

Das Tolle am Experimentieren mit Make-up ist, dass man alles wieder abwaschen kann. Brauen verzeihen da weniger. Wenn ihr mehrere Frauen nach ihrem größten Fehler fragt, ist bestimmt eine dabei, die bereut, sich als junges Mädchen zu stark die Brauen gezupft zu haben. Denn das kann später zu fehlenden oder dünnen Brauen führen, die einen unerwünscht streng aussehen lassen. Was ihr jetzt für eine gute Idee haltet, macht später viele Looks unmöglich. Ihr werdet es bitter bereuen. Also bitte, bitte keine Brauen zupfen!

SCHAMHAAR NICHT ENTFERNEN

Ich halte nur ungern Vorträge, aber ich fände es wirklich toll, wenn Teenies nicht ihre komplette Schamregion enthaaren würden. Euer Schamhaar ist neu, etwas Natürliches und eigentlich Tolles. Lasst der Natur ihren Lauf, und seid stolz darauf, eine Frau zu werden! Wer jetzt schon mit dem Waxen anfängt, hat ein Leben lang Stress. Außerdem verwandelt ihr euch dann wieder in kleine Mädchen, obwohl das Leben doch gerade erst anfängt, richtig spannend zu werden. Lasst euch auf keinen Fall von irgendwelchen Jungs (oder Mädchen) einreden, wie eure Genitalien aussehen sollen. Die können froh sein, wenn sie überhaupt einen Blick darauf werfen dürfen! Tragt euer Schamhaar ohne falsche Scham!

KEINE FOUNDATION AUFTRAGEN

Selbst wenn ihr Akne habt – Foundation ist nicht die richtige Lösung! Von den Pickeln einmal abgesehen wird eure Haut nie wieder so gut aussehen wie heute: prall, elastisch, voller Spannkraft und Leben. Deckt Unreinheiten mit einem Concealer ab, aber kleistert euch nicht mit Foundation zu. Sonst werdet ihr euch eines Tages die

Fotos von heute ansehen und es schwer bereuen. (Ich tue das zumindest.) Ihr habt später immer noch genug Zeit dafür – und dann braucht ihr wirklich Foundation!

KEINE PROMI-PARFÜMS KAUFEN

Ihr dürft gern für Rihanna, Miley, Britney & Co. schwärmen, aber eines könnt ihr mir glauben: Die meisten VIPs haben so gut wie nichts mit der Entwicklung ihrer Parfüms zu tun – nicht bis kurz vor der Markteinführung. Die meisten dieser Düfte sind widerlich süß und künstlich, manche sind einfach nur eklig. Viele werden von Firmen entwickelt, die euch in die langweilige Rolle des kritiklosen Fans pressen wollen. Es gibt Hunderte, wenn nicht Tausende wunderbarer Parfüms. Findet eines, das ihr wirklich liebt, und beschränkt eure Liebe zu Popstars auf deren Platten (»Platten« natürlich in Anführungszeichen!), Poster und Konzerte.

KEINE PORENSTRIPS BENUTZEN

Jeder kennt diese Pflaster, die man auf Mitesser kleben und dann mitsamt dem ganzen ekligen Zeug abziehen soll. Wie effizient, wie befriedigend, wie fantastisch! Nur leider halte ich sie für ganz, ganz schlecht. Ich bin fest davon überzeugt, dass sie das empfindliche Gleichgewicht eurer Haut stören und nur noch mehr verstopfte Poren, Mitesser und Pickel verursachen. Sie vergrößern die Poren, sodass sich noch mehr Bakterien darin einnisten können. Lasst die Finger davon!

REINIGEN IST DAS A UND O!

Reinigen ist das Wichtigste, was ihr für eure Haut tun könnt, und zwar Tag für Tag, auch wenn es euch zu mühsam erscheint. Es zahlt sich nämlich wirklich aus. Seid ihr abends zu müde, reinigt die Haut gleich nach der Schule, der Uni oder der Arbeit, dann habt ihr es erledigt. Hauptsache, ihr reinigt zweimal täglich und geht nie mit Schminke ins Bett. Denn dann sieht eure Haut nur noch schlimmer aus. Davon bekommt ihr Pickel, Mitesser und trockene Stellen. Gewöhnt euch jetzt schon an, die Haut regelmäßig zu reinigen, dann könnt ihr später stolz darauf sein.

DIE HAUT SCHÜTZEN!

Sonnenschutz ist für euch vielleicht kein Thema, vor allem, wenn ihr gerne braun wärt. Aber die größten Sonnenschäden entstehen vor dem 21. Geburtstag. Mit einem hohen Lichtschutzfaktor (und einem Sonnenschutz vor UVA- und UVB-Strahlen) wirkt ihr vorzeitiger Hautalterung entgegen. Gut möglich, dass sich das anfühlt, wie für die Rente einzuzahlen, noch bevor man überhaupt angefangen hat zu arbeiten. Aber die Vorteile von Sonnenschutz zeigen sich schneller, als ihr denkt. Wenn ich etwas ungeschehen machen könnte, würde ich den 16. Geburtstag meiner besten Freundin Rachel nicht mehr am Strand von Port Einon verbringen, in einem billigen BH und eingerieben mit Öl ohne jeden Lichtschutzfaktor. Noch heute kann man sehen, wo ich mir damals das Gesicht verbrannt habe. Lernt aus meinen Fehlern!

NICHT INS SOLARIUM GEHEN

Nein, nein und nochmals nein! Solarien setzen eure arme Haut der zwölffachen Menge UVA-Strahlung aus – und genau die ist für die Hautalterung zuständig. Ich staune, dass es sie immer noch gibt ... bis mir wieder einfällt, dass sie bei jungen Frauen so beliebt sind. Sie tun euch nicht gut – egal, ob ihr nun superblass seid oder einen dunklen Teint habt. Wenn ihr Bräune wollt, dann nehmt bitte eine aus der Tube!

SEID NETT ZU EURER HAUT!

Die Haut ist das größte Organ des Körpers und auf jeden Fall das attraktivste. Wisst sie zu schätzen und respektiert sie! Scheuert sie nicht wie eine Zinkwanne, denn damit erreicht ihr nicht das Geringste. Trocknet sie nicht aus, wenn sie anfängt zu spinnen, und grillt sie nicht in der Sonne, nur weil ihr sie zu blass findet. Und bitte, bitte, fangt auf keinen Fall an zu rauchen. Ihr werdet den Tag jämmerlich bereuen, denn was anfangs Spaß gemacht hat, wird später euer Ruin.

LASST EUCH NICHT TÄTOWIEREN

Ich liebe Tattoos (und habe selbst zwei). Aber Gott sei Dank habe ich mir keines stechen lassen, bevor ich mir a) einen guten Künstler leisten konnte, b) Zeit hatte, mich ausführlich mit dem Design und der richtigen Körperstelle dafür zu befassen, und c) sicher sein konnte, dass sehr wenige jugendliche Leidenschaften – angefangen von Partnern und besten Freunden über Lieblingsbands bis hin zu Lieblingsurlaubszielen – genauso dauerhaft sind wie ein Tattoo. Tattoos können wunderbar sein – ich bin sehr für jede Form von kreativem Selbstausdruck –, aber jetzt ist nicht der richtige Moment dafür. Ich kann euch versprechen, dass ihr froh sein werdet, wenn ihr noch ein bisschen wartet.

PARFÜM

»Der Duft einer Frau verrät mehr über sie
als ihre Handschrift.«
Christian Dior

Meine erste Parfümerinnerung reicht zu dem Tag zurück, an dem ich beschloss, selbst welches herzustellen. Ich nahm den schwarzen Glasflakon meiner Mutter mit dem Eau de Cologne von Biba (damals preiswert, heute ein Vermögen wert) und schüttete ihn in die Toilette ihres kleinen Apartments. Ich goss Apfelshampoo dazu, anschließend etwas Desinfektionsmittel und das Paco-Rabanne-Rasierwasser meines Stiefvaters und rührte gerade alles mit der Klobürste zusammen, als meine Mutter ins winzige Bad kam. Das war mein erster Ausflug in die Welt der Parfüms, und ich weiß bis heute nicht, wie ich ihn überlebt habe, sodass ich heute davon erzählen kann.

Parfüm ist mein liebstes Beauty-Produkt – eine Leidenschaft, die wenige Jahre nach meinem heimischen Duftexperiment begann, als ich um die zehn Jahre alt war. Ich saß im ersten Stock und las, als meine Mutter etwas beschwipst von einer Weinprobe in Frankreich zurückkehrte. Sie reichte mir eine kleine weiße Papiertüte, die eine Schachtel enthielt. Sie war perfekt in dickes, schwarz-weißes Hahnentrittmuster-Geschenkpapier verpackt und trug eine weiße Schleife. Darin befand sich eine Flasche »Miss Dior« – mein erstes Parfüm. Ich wurde sofort und für alle Zeit süchtig danach.

Die meisten Parfümfans können auf ähnliche Erinnerungen zurückblicken, die eine lebenslange Sehnsucht nach einem Duft auslösten. Das ist nicht weiter verwunderlich, wenn man weiß, dass der Geruchssinn der Sinn ist, der unsere Fantasie am meisten beflügelt. Ein Hauch davon genügt, um uns in unser Klassenzimmer, zum Stapel Bügelwäsche unserer Großmutter, in einen Kindheitsurlaub und zu unserem ersten, richtigen Kuss zurückzuversetzen. Duft lässt uns bestimmte Dinge tatsächlich spüren – Trost, Entspannung, Rührung, Trauer, Glück –, genau wie Bilder, Bücher und Musik. Duft ermöglicht es mir auch, zu bestimmen, wer ich heute sein will – ganz ähnlich wie roter Lippenstift, dunkler Lidschatten, ein strenger Pferdeschwanz oder sexy verstrubbeltes Haar. Doch im Gegensatz zu allen anderen Schönheitsprodukten ist ein Duft ein treuer Begleiter. Ich kann beschließen, nicht in den Spiegel zu schauen. Auch die Lippenstiftfarbe ist schnell gewechselt. Aber ein Duft begleitet einen den ganzen Tag. Und womit man eine so enge Bindung eingeht, das sollte man auch wirklich gut leiden können!

Duftauftragen ist etwas anderes als Zähneputzen – das ist eher ein unbewusster Reflex, etwas, das vom Körpergedächtnis verinnerlicht wurde. Duftauftragen ist eine bewusste Entscheidung, die davon abhängt, wie es mir geht, was ich gerade anhabe, mit wem ich mich treffe und wie derjenige auf mich reagieren soll. Will ich mich sexy fühlen, trage ich »Carnal Flower« von Frédéric Malle. Will ich Eleganz und Raffinesse verströmen, entscheide ich mich für »Mitsouko« von Guerlain. Brauche ich einen Energiekick, nehme ich »Rive Gauche« von YSL. Und wenn ich deprimiert bin und mich daran erinnern will, dass alles wieder gut wird, sprühe ich mich mit Malles »L'Eau d'Hiver« ein und hole tief Luft. Treffe ich mich mit Freunden zu einer lockeren Mittagsrunde, wird »Le Petit Grain« von Miller Harris benutzt sowie etwas Mascara und Lippenbalsam. Gehe ich auswärts essen, trage ich vielleicht das unaufdringliche, aber edle »Rive d'Ambre« von Tom Ford, dazu Killer-Make-up und ein kleines Schwarzes. Und in jeder Lebenslage – sei sie nun unerwartet oder vertraut – gibt es immer noch »Chanel No. 5«, die olfaktorische Entsprechung von Rückgrat oder einer strengen, aber glamourösen Tante, die auch in Krisenzeiten gelassen und angemessen reagiert, auch wenn ihr Blick etwas ganz anderes sagt. »Chanel No. 5« ist für mich so, als hätte ich einen geladenen Revolver im Höschen stecken – sprich mit »Chanel No. 5« bin ich auf alles vorbereitet.

Es macht mich traurig zu hören, dass so viele kein Parfüm mögen. Fast habe ich Angst, mich anzuhören wie eine von diesen alten Omis, die glauben, der ewige Junggeselle, der mit 50 immer noch bei seiner Mutter lebt, hätte einfach noch nicht »die Richtige« kennengelernt. Meine Generation hat mit Sicherheit so viele Parfümhasser hervorgebracht, weil unsere Mütter die Powerdüfte der Achtzigerjahre trugen, von denen Umstehende sofort Migräne bekamen. »Poison«, »Paris«, »Passion«, »Ysatis«, »LouLou«, »Eden« und, mein absoluter Albtraum, das unnachahmliche »Giorgio Beverly Hills«

(das meine Mutter einmal in ihrem Mini verschüttet hat, woraufhin ich meine ganze Jugend hindurch keinen fahrbaren Untersatz mehr hatte, so unerträglich und übelkeitserregend war dieser Duft.) Sie alle wurden in diesem Jahrzehnt ebenso großzügig wie rücksichtslos versprüht und haben der Parfümtoleranz der Menschen nachhaltig geschadet. Doch diese Ära sollte eigentlich überwunden sein. Es kann einfach nicht sein, dass Sie keine schönen Düfte mögen – außer, Sie haben keinerlei Geruchsinn. Da draußen wartet ein Parfüm auf Sie, und jeder Tag, an dem Sie nicht danach suchen, ist ein verlorener Tag.

Wie stellt man sich also eine eigene Duftgarderobe zusammen? Wir alle sind schon mal auf eine schöne Anzeigenkampagne hereingefallen, auf einen fantastischen Flakon oder einen Zeitschriftenartikel. Und bis zu einem gewissen Grad können diese Dinge zur Magie eines Dufts beitragen. Aber es ist wichtig, dass man all das ignoriert, wenn man ein Parfüm kaufen geht. Und sei es nur, weil in dieser Liga bloß Parfümeure mit viel Geld mitspielen können, dabei gibt es doch auch viele tolle Düfte für knappere Budgets.

Für den Verbraucher ist ein guter Duft eines der egalitärsten Produkte überhaupt: Man muss weder schön noch jung noch dünn sein, um nach einer Million Dollar zu riechen. Jede Frau kann Parfüm genießen – aber vielleicht braucht sie vorher etwas Unterstützung, um das richtige in dem Meer aus Werbeanzeigen zu entdecken … und etwa 70 Euro im Portemonnaie. Kommen dann noch etwas Geduld und Neugier hinzu, lässt sich der perfekte Duft problemlos finden. Ein Duft, der so individuell, elegant und unverzichtbar ist (zumindest für einen selbst), dass man ihn aus 100 Metern Entfernung erkennen kann. Die riesige Auswahl an Parfüms kann einem ziemlich die Sinne vernebeln, deshalb im Folgenden eine kurze Anleitung.

SO SUCHEN SIE EIN PARFÜM AUS

Ich persönlich habe großen Respekt vor den Beratern am Beauty Counter, aber ich fürchte, beim Kauf eines Parfüms sollten Sie deren Ratschläge ausnahmsweise einmal ignorieren. Der durchschnittlichen Verkaufsberaterin wurde beigebracht, Parfüm genauso zu verkaufen wie Nagellack – als lukratives Extra, um den Umsatz anzukurbeln. Auch wenn sie eine noch so gute Visagistin ist, dürfte sie die Düfte und ihre Bestandteile, in denen sie nicht geschult wurde, kaum kennen. Verkäufer mit einer echten Liebe zu Düften und entsprechendem Know-how finden Sie in speziellen Parfümerien. Ich weiß, dass das Ängste bei denjenigen schürt, die Düfte bisher nur im Duty-free-Shop eingekauft haben. Aber mal ehrlich, das Personal in Läden wie Miller Harris, Ormonde Jayne und L'Artisan Parfumeur ist meiner Erfahrung nach unheimlich freundlich und entgegenkommend. Um nicht zu sagen entzückt, dass Sie seine Leidenschaft teilen. Denn diese Leute verstehen wirklich was von Parfüms. Sie erwarten nicht, dass Sie sich sofort entscheiden, begreifen, dass Pröbchen wichtig sind und der ein oder andere Rat nicht schaden kann. Sie drängen einem nichts auf und denken langfristig. Gehen Sie an einem ruhigen Wochentag dorthin, und schauen Sie sich in Ruhe um oder lassen sich beraten. Sagen Sie, welche Düfte Sie sonst so mögen – sei es nun ein anderes Parfüm, Ihre Lieblingsblumen oder -kräuter. Daraufhin wird man Ihnen Vorschläge machen und Sie vieles ausprobieren lassen. Es ist eine ganz schöne Tüftelei: weniger süß, aber genauso fruchtig, etwas ledriger, aber weniger Holz-, dafür mehr Gewürznoten … Aber irgendwann werden Sie *das* Parfüm gefunden haben. Sie werden viel dabei lernen. Ich verspreche Ihnen, dass es eine durch und durch lohnenswerte Erfahrung sein wird.

Doch ob Sie nun am Flughafen, in einem Kaufhaus oder einer ausgewiesenen Boutique Parfüm einkaufen gehen – Personal kann nicht hellsehen. Es geht hier um Ihr Parfüm, und Sie müssen es riechen können. Es gibt keinen Ersatz für den Geruchssinn, und man darf sich an einem Tag nicht zu viel vornehmen. Ich habe festgestellt, dass meine Nase nach acht Parfüms gar nichts mehr richtig riechen kann und streikt. Weiteres Schnuppern ist reine Zeitverschwendung. Also seien Sie von Anfang an wählerisch. Mich macht ein Duft, den ich noch nicht kenne, aus verschiedenen Gründen neugierig. Oft wurde ich aufgrund von Online-Kritiken darauf aufmerksam, in Foren wie Fragrantica.com oder MakeupAlley.com. Manchmal schreibe ich über ein Parfüm, das ich liebe, und ein Leser schlägt mir ein anderes vor, das ich noch nicht ausprobiert habe. Manchmal erwähnen Freunde oder Kollegen einen Duft, schwärmen davon oder lästern darüber, und ich möchte mir selbst ein Bild machen. Oft liegt es auch am Namen des Parfüms, dass ich darauf aufmerksam werde. Das scheint oberflächlich und irrelevant zu sein, aber da man sich an nicht viel anderem orientieren kann (der Flakon ist bestimmt kein Hinweis, und die Inhaltsstoffe auch nur sehr bedingt – es gibt schließlich leichte, feuchte, knusprige Schoko- und Mandeltorten und solche, die schmecken wie kakaobestäubte Pappe), machen mich die Namen zumindest hellhörig. Sei es, dass sie bewusst gar nichts verraten (»Molecule 01« von Escentric Molecules und »Chanel No. 22«) oder sehr deutlich werden (»Lipstick Rose« von Frédéric Malle, »Infusion d'Iris« von Prada oder »English Pear & Freesia« von Jo Malone) – der Name gibt mir einen gewissen Anhaltspunkt, bevor ich mich ans Schnuppern mache.

Bevor Sie losziehen, schütten Sie ein bisschen frisch gemahlenen Kaffee in einen Frischebeutel mit Zip-Verschluss, und stecken Sie ihn in Ihre Handtasche. Um ein Parfüm auszuprobieren, benutze ich zunächst Teststreifen. Jedes gute Kaufhaus und jede gute Parfümerie besitzt Unmengen davon, Sie können sich frei bedienen. Sie bestehen aus saugfähigem »Löschpapier«, das einen möglichst unverfälschten Dufteindruck bietet, ohne dass Sie das Parfüm auf Ihrer Haut riechen. Beschriften Sie den jeweiligen Teststreifen, damit Sie nicht vergessen, mit welchem Parfüm er bestäubt ist, und sprühen Sie ihn von beiden Seiten ein. Wedeln Sie damit, bis der Alkohol verflogen ist, und schnuppern Sie dann daran. Der Duft wird sich in den nächsten 15 bis 20 Minuten dramatisch verändern, also nichts überstürzen. Ein guter erster Eindruck kann auf jeden Fall nicht schaden.

Bevor Sie weiterschnuppern, öffnen Sie den Beutel mit Zip-Verschluss und atmen tief ein. Das Kaffeearoma macht den Kopf wieder frei und reinigt die Nase. Auf diese Weise bringen Sie die nun folgenden Parfüms nicht durcheinander. Sie können so lange weitermachen, bis alles gleich riecht, und dann eine Pause einlegen. In der führen Sie sich die inzwischen »abgehangenen« Duft-Teststreifen erneut zu Gemüte und suchen die aus, die Ihnen besonders gefallen. Sie werden merken, dass der eine oder andere Streifen schon gar nicht mehr duftet. Das ist ein schlechtes Zeichen – ein zuverlässiger Hinweis darauf, dass an Ihrem Handgelenk genau das Gleiche passieren wird und Sie stündlich nachsprühen müssen. Aber wer macht sich schon die Mühe? Weg damit! Manche Düfte sind vielleicht extrem süß geworden und machen irgendwie Kopfschmerzen. Auch sie gehören in die Tonne. Andere dagegen sind mit etwas Glück weicher, vielschichtiger, ja vielleicht pudriger geworden. Bestimmte Elemente treten jetzt mehr in den Vordergrund als zuvor. Das ist ein gutes Zeichen. Gefällt Ihnen, was Sie riechen, dürfen Sie diese Endkandidaten an Ihre Haut lassen.

Genau wie beim Kauf von Kunst oder Antiquitäten besteht das Geheimnis beim Parfümerwerb darin, das zu nehmen, was Sie spontan mögen, statt sich irgendetwas einzureden. Es gibt alle möglichen Stimmungen, und wenn Sie zu strenge Kategorien bilden, könnte Ihnen so manches entgehen. Ich persönlich finde, schlichte, elegante Kleidung mit ein, zwei kleinen unerwarteten Details bietet sich wunderbar an, um von etwas wie »L'Eau d'Hiver« von Frédéric Malle begleitet zu werden, das ich einfach liebe. Aber manchmal habe ich Lust auf ein Kleid im Leoparden Print und fühle mich ein bisschen verrucht. Plötzlich passt der cremige, weiche, köstliche Duft nach Mandelmilch einfach nicht, und ich wünsche mir ein lautes, üppiges, orientalisches Parfüm, das ein Mann niemals seiner Mutter schenken würde. Bewerbe ich mich auf einen neuen Job, oder möchte ich einen kaputten Toaster umtauschen, wird mir das dezente, elegante, leicht feigenartige »Philosykos« von Diptyque keinen Stein in den Weg legen. Inzwischen habe ich einen eher teuren Geschmack, aber ich liebe »L'Aimant« von Coty (kostet keine 15 Euro!) und finde »Old Spice« höchst erotisierend. Es ist wichtig, offen für solche Dinge zu bleiben, denn die Einzigen, die Ihnen Vorschriften machen wollen, sind die Parfümfirmen. Menschen sind glücklicherweise deutlich komplexer.

SO FINDEN SIE IHRE DUFTFORMEL

Viele kennen den Unterschied zwischen Eau de Toilette und Parfüm nicht (vom Preis einmal abgesehen). Hier ein kurzer Überblick.

REINES PARFÜMÖL

Öle aus einer einzigen Duftnote aus Reformhäusern oder von Aromatherapie-Firmen sind keine Parfüms, sondern bloß Öle, die zufällig gut riechen. Ein 100-prozentiges Parfümöl von einem Parfümeur ist extrem selten und dürfte eher faulig riechen. Reines Parfüm ist ein bisschen so, als würde man versuchen, eine komprimierte Datei zu lesen. Alkohol und Wasser helfen beim Entkomprimieren und sorgen dafür, dass ein Duft »entziffert« werden kann.

PARFÜM

Die meisten beschreiben Parfüm als »stärker«, und obwohl ich genau weiß, was damit gemeint ist, ist das irreführend. Parfüm oder »extrait« ist der konzentrierteste Duft. Er enthält einen höheren Prozentsatz Parfümöle und Duftstoffe (zwischen 25 und 40 Prozent). Parfüm enthält weniger Alkohol als seine gestreckten Varianten Eau de Parfum und Eau de Toilette. Aber das muss noch nicht heißen, dass es ein »stärkerer«, vielschichtigerer oder länger anhaltender Duft ist. Oft riecht ein Parfüm leichter als seine gestreckten Varianten. Kenner werden in der Regel Parfüms bevorzugen, da sie der Grundidee des Parfümeurs vermutlich am nächsten kommen, aber ich für meinen Teil bevorzuge ehrlich gesagt ...

EAU DE PARFUM

EDP besitzt eine etwa 15- bis 20-prozentige Konzentration der Duftstoffe. Ich halte das für einen guten Kompromiss. Es hinterlässt nicht so leicht Flecken (ich hatte mal einen furchtbaren Unfall mit einem Parfüm von Guerlain und einem geliehenen Seidenkleid), hält aber lange genug, um weich zu werden und sich gut zu entwickeln, bevor nachgesprüht werden muss. Sein nicht ganz so einschüchternder Preis bedeutet, dass ich es großzügiger auftragen kann, ohne mich gleich wie Imelda Marcos zu fühlen. Und wenn ich es in der Öffentlichkeit trage, zwinge ich meiner Umgebung auch nicht gewaltsam meinen Duft auf.

EAU DE TOILETTE

EDT hat eine Parfümkonzentration von etwa 10 Prozent und ist deutlich preiswerter als Parfüm, muss aber mindestens zweimal täglich aufgetragen werden, damit der Duft bleibt. Ob man damit Geld spart, ist also fraglich. EDT riecht für mich immer etwas strenger – es legt leidenschaftlich los, bleibt aber anschließend nicht zum Kuscheln. Wie jede flüchtige Begegnung ist es oft besser als nichts, aber kein Ersatz für etwas Langfristigeres.

EAU DE COLOGNE

Hier bin ich inkonsequent. Während ich kein Fan von EDTs bin, liebe ich Colognes abgöttisch. Sie sind sogar noch leichter (die Duftkonzentration bewegt sich um die fünf Prozent) und riechen zitroniger und frischer. Und obwohl sie ursprünglich aus Deutschland stammen (»Kölnisch Wasser«), riechen sie für mich sehr französisch. Anders als bei anderen Duftformeln gibt es das Eau de Cologne selten in höherer Konzentration, zum Beispiel als Parfüm oder Eau de Parfum, es steht also eher für sich allein. Es ist eine frische, flüchtige, alkoholische Duftformel, die einfach gute Laune macht. Wie ein Partygast, der plötzlich hereinschneit, tolle Witze erzählt, einem zuprostet und gleich wieder verschwindet, ohne auch nur den Mantel abzulegen. Das Zeug hebt die Stimmung, ist lässig und vertraut. Es wirkt sehr sexy – auf Männer wie auf Frauen – und ist ein tolles Tonikum an schwülen Sommertagen. Ich habe kein Verständnis für Leute, die Eau de Colognes nur mit einem verächtlichen Grinsen bedenken. Die verpassen da etwas – und zwar gewaltig!

FESTE PARFÜMS

Hmmmmmpfff. Meine Erfahrungen mit diesen hübschen, handtaschenfreundlichen Düften sind sehr gemischt. Man sollte meinen, dass sie Wachs als Trägerstoff sehr konzentriert und ergiebig macht, aber das ist aus meiner Sicht nur selten der Fall. Viele ertrinken regelrecht in Bienenwachs, Paraffin oder ähnlichem Zeug. Andere sind sehr hübsch, aber generell gilt, dass sie Fettflecken auf feinen Stoffen hinterlassen und Strickfusseln anziehen. Chic ist das nicht gerade – für mich kommen sie deshalb nicht infrage.

EIN PAAR GÜNSTIGE UND UNERWARTETE DÜFTE, DIE ICH LIEBE

Alltagsprodukte, die einfach herrlich duften:

Shampoo und Conditioner von Pantene Pro-V

....

»Nivea Creme«

....

Alles mit »English Lavender« von Yardley

....

Badeschaum von Badedas

....

Günstiges Apfelshampoo aus dem Drogeriemarkt

....

Retro-Seifen wie »Imperial Leather«, »Camay« oder »Pears«

....

»Creme Puff«-Gesichtspuder von Max Factor

....

Riesentiegel mit günstigem Haargel

....

Lippenbalsam von Carmex

....

Sonnenöl von Hawaiian Tropic

....

Babylotion von Johnson & Johnson

....

Haarspray von Elnett

....

Cold Cream von Pond

BEAUTY UND KARRIERE

»Ich glaube, dass Kleidung, Frisur und Make-up
eine entscheidende Rolle spielen, wenn man überzeugend
auftreten will. Außerdem geben sie einem die Möglichkeit,
körperliche Vorzüge zu betonen.«

Vivienne Westwood

Mein Büro-Make-up ist etwas völlig anderes als das Gesicht, das ich zu Hause präsentiere. Für mich hat das Büro-Make-up ein bisschen was von Parfüm und High Heels: Beides ist nicht unbedingt notwendig, hilft mir aber, mich professioneller zu fühlen und mich von meiner besten Seite zu zeigen. (Mein Partner würde auch nicht unrasiert in eine Besprechung gehen, und ich denke, das kann man in etwa vergleichen.) Make-up hilft mir auch, Grenzen zu ziehen. Wenn ich den Schlafanzug ausgezogen, Lippenstift aufgetragen und meine Haare einigermaßen in Ordnung gebracht habe, weiß ich, dass der Tag begonnen hat, ich dringend aufhören muss, im Internet rumzusurfen, und endlich Geld verdienen sollte. Wenn Sie ungeschminkt genauso selbstbewusst zur Arbeit gehen können – bitte sehr! Aber ich nutze mein äußeres Erscheinungsbild, um zu zeigen, dass ich Sinn für Details habe, stets gewillt bin, mich anzustrengen, und dass ich weiß, wie wichtig es ist, einen guten ersten Eindruck zu hinterlassen.

Es gibt natürlich noch andere Methoden, um das zu erreichen. Aber wenn ich meiner Beauty-Leidenschaft frönen und mich dabei auch noch gut fühlen kann, warum sollte ich dann darauf verzichten? Es ist nur ein Werkzeug mehr, das ich zu meinem Vorteil einsetzen kann. Manche spielen mit den Kollegen Squash, um weiterzukommen (ich würde eher sterben!). Andere gehen mit ihnen in den Pub (ich habe Kinder und meine eigenen Freunde, die ich viel zu selten sehe). Aber Kleidung, Frisur und Make-up? Das krieg ich hin!

Fällt den Leuten allerdings zuerst Ihr Make-up auf und erst dann Ihre Arbeit, haben Sie ein Riesenproblem. Sie werden schließlich nicht für Ihr Aussehen bezahlt (außer Sie sind Model), und Ihr kluges, angemessenes Auftreten sollte nur den Rahmen fürs Eigentliche bilden, nämlich für Ihr Talent und Ihre Fähigkeiten. Das hinzukriegen kann ganz schön knifflig sein. Heutzutage, wo im Arbeitsumfeld mehr Wert auf Kreativität gelegt wird, man freitags leger zur Arbeit kommen darf und Dresscodes eine immer geringere Rolle spielen, wissen viele Frauen gar nicht mehr, wie ein Büro-Make-up eigentlich aussieht. Wann wird es zu viel? Wann muss man aufhören? Was strahlt Erfolg und Selbstbewusstsein aus, und was lässt eher an eine Stripperin in Tanga und Stilettos denken?

Für ein schlichtes Büro-Make-up empfehle ich den Look, den ich im Kapitel »Schminken in der Öffentlichkeit« beschrieben habe. Er ist dezent, intelligent und passt in so gut wie jede Arbeitsumgebung. Außerdem lässt er sich leicht variieren – Sie können die Kajalfarbe an die Ihres Outfits anpassen, die getönte Tagescreme gegen Foundation tauschen, wenn Sie den ganzen Tag makellos aussehen wollen usw. Aber es wird auch Momente geben, in denen Sie etwas mehr Eindruck hinterlassen wollen (bei Gehaltsgesprächen, wenn Sie etwas durchsetzen wollen oder bei einer wichtigen Präsentation). Für diese Anlässe suchen Sie sich etwas aus folgenden Vorschlägen aus – aber bitte nie mehrere auf einmal!

POWER-LIPPEN

Tragen Sie ein komplettes Basis-Make-up aus Foundation, Concealer und Puder auf. Dazu ein einfacher schokobrauner Kajal, schwarze Wimperntusche, gepflegte Brauen und (blass-)rosa Puderrouge. Die Lippen werden sorgfältig mit rotem oder bordeauxrotem Lipliner nachgezogen und mit einer nicht schimmernden, passenden Lippenfarbe ausgemalt. Lippen abtupfen, erneut nachziehen und dann wieder abtupfen. Rote Fingernägel sind kein Muss, aber hochwirksam, vor allem, wenn Sie eine Präsentation halten (das Publikum wird automatisch Ihren Gesten folgen).

DRAMATISCHE AUGEN

Unabhängig von Ihrer Hautfarbe benutzen Sie drei Lidschatten in Elfenbein, Taupe und Schokobraun. Einer sollte einen leichten Schimmer haben, der sorgt für nahtlose Übergänge. Den Elfenbeinton auf dem gesamten Oberlid verteilen, und zwar vom Wimpernkranz bis zu den Brauen. Mit einem Lidfaltenpinsel (die Nummer 219 von MAC ist der beste überhaupt!) das Taupe knapp über der Lidfalte halbkreisförmig auftragen. Die Hand dabei hin- und herbewegen, dann wird die Form perfekt. Den braunen Lidschatten mit einem Kajalpinsel am oberen und unteren Wimpernkranz auftragen. Mit dem Lidfaltenpinsel leicht verwischen. Wimpern tuschen. Dazu einen nudefarbenen, leicht schimmernden Lippenstift und ein dazu passendes Rouge (in Creme- oder Puderform) tragen.

NOTFALL-KIT FÜR DIE SCHREIBTISCHSCHUBLADE

Diese Beauty-Basics in den Schreibtischschubladen bereithalten, damit Sie Ihr Make-up nach der Mittagspause und zwischen den einzelnen Besprechungen rasch auffrischen können.

KOMPAKTPUDER

Unerlässlich, um zu verhindern, dass die Haut glänzt. Für alle Hauttypen geeignet, lebensrettend für Frauen in den Wechseljahren, deren Haut nach etwa einer Stunde schnell schweißglänzend aussieht. Eine Puderquaste leicht mit Puder bedecken und Nase, Kinn und Stirn damit betupfen (nicht bestreichen!)

TROCKENSHAMPOO

Ein Trockenshampoo-Spray in Reisegröße ist genau das Richtige, wenn Ihr Haar platt oder strähnig geworden ist oder Sie vor einer wichtigen Besprechung rasch für Fülle sorgen wollen. In den Ansatz sprühen, kurz einwirken lassen, dann einmassieren wie ein normales Shampoo. Ausbürsten und die Haare stylen wie gewünscht.

LIPPENSTIFT

Es ist deutlich besser, überhaupt keinen Lippenstift zu tragen als verschmierten, verblassten oder ausblutenden Lippenstift. Ich persönlich würde nie ohne in eine Besprechung gehen, deshalb muss der Lippenstift mehrmals täglich nachgezogen werden. Ein Nude-Ton (ein heller bei blasser Haut und ein dunkler bei dunklerem Teint) sowie Rosétöne eigenen sich hervorragend fürs Büro und passen zu jedem Teint. Trotzdem würde ich immer einen roten bereithalten, wenn es darum geht, den Kollegen zu zeigen, dass Sie es ernst meinen.

PFEFFERMINZBONBONS

Schlechter Atem im Job ist eine Katastrophe. Aber machen Sie sich bloß nicht wahnsinnig! Werfen Sie vor Meetings ein Pfefferminzbonbon ein, oder wenn Sie eng mit einem Kollegen zusammenarbeiten. Bieten Sie auch anderen großzügig davon an. Das ist der international anerkannte Code für »Bitte auf den Sauerstoffausstoß achten« und deutlich besser, als andere zu beschämen, wenn sie ihren Mundgeruch zu spät bemerken.

NAGELLACKENTFERNER ZUM FINGERNÄGEL-EINTAUCHEN

Eine geniale Erfindung, mit der man leicht abgeblätterten Nagellack entfernen kann: die Nägel einfach kurz eintauchen und sie sauber wieder herausziehen. (Ich würde das allerdings auf der Damentoilette tun. Dieser Nagellack riecht wie herkömmlicher Nagellack – ein Duft, der bei den Kollegen nicht unbedingt auf Begeisterung stoßen dürfte.) Den Nagellack immer entfernen, wenn er seine beste Zeit hinter sich hat. Natürliche Nägel sind völlig okay, aber mit abgeblättertem Nagellack wirkt man schlampig und so, als hätte man keinen Sinn für Details.

NAGELFEILE

Eingerissene Nägel ruinieren Strumpfhosen und damit den ganzen Tag (unter Umständen sogar das ganze Leben, wenn es sich um welche von Wolford handelt). Immer eine Nagelfeile griffbereit haben.

HAARSPRAY IN REISEGRÖSSE

Um die Frisur zu fixieren und um zu verhindern, dass sich die Haare elektrisch aufladen – oder aber um Seidenstrumpfhosen damit einzusprühen, wenn Röcke anfangen zu »klettern«.

WATTESTÄBCHEN UND EIN KLEINES FLÄSCHCHEN MAKE-UP-ENTFERNER

Ein Regenguss in der Mittagspause kann dazu führen, dass die Wimperntusche übers ganze Gesicht verläuft, zu viel Kaffee kann Flecken auf den Lippen hinterlassen. Wattestäbchen und Make-up-Entferner reparieren jedes Missgeschick innerhalb weniger Sekunden, ohne dass das umgebende Make-up zerstört wird. Sie können die Wattestäbchen auch zum Auftragen von Lidschatten verwenden, wenn Sie nach der Arbeit ausgehen.

HAARBÜRSTE

Wenn Sie keine Bürste in der Handtasche mit sich herumtragen, benötigen Sie eine am Arbeitsplatz. Einmal kurz Haarebürsten in der Mittagspause hebt sofort die Stimmung. Ich fühle mich dann gepflegter und wacher und bin bereit, die Arbeit wiederaufzunehmen.

ANTIBAKTERIELLES HANDGEL UND HANDCREME

Ich bin kein Hygienefreak, aber selbst ich finde Büros an manchen Orten etwas eklig. Ein antibakterielles Gel hilft da ungemein. Danach immer die Hände eincremen, denn solche Gels können die Haut austrocknen.

PARFÜM

Ich habe immer einen Duft in der Handtasche, aber wenn Sie keinen mit sich herumtragen, bewahren Sie welchen im Büro auf. Nichts hilft einem so sehr, sich mental auf Präsentationen, Besprechungen oder Vieraugengespräche vorzubereiten, wie ein tolles Parfüm. Aber bitte nicht gegen die Benimmregeln verstoßen: Niemand will von schwindelerregenden Duftwolken umhüllt werden. Ein Eau de Parfum oder etwas ähnlich Unaufdringliches ist die beste Wahl – die volle Dröhnung heben Sie sich lieber für den Abend auf.

NO-GOS IM BÜRO

Eine andere Arbeitsumgebung kann die Ausnahme von der Regel darstellen: Krankenschwestern und Ärztinnen dürfen oft keinen Nagellack und kein offenes Haar tragen. Anwältinnen wiederum betreten den Gerichtssaal nur selten ungeschminkt, während Leute aus der Modebranche wissen, dass alles erlaubt ist – vorausgesetzt, das Label stimmt. Aber im Großen und Ganzen sind das die häufigsten Beauty-Patzer:

NAIL ART

Wenn Sie nicht in einem Nagelstudio oder im Modebusiness arbeiten, lenkt Nail Art zu sehr ab und ist außerdem zu mädchenhaft und verspielt fürs Büro. Auch für alle, die Nahrung zubereiten oder als Bedienung arbeiten, ist Nail Art tabu. Niemand hat Lust auf knallrosa Glitterpartikel oder Micky-Maus-Sticker im Cappuccino.

ÜBERTRIEBENER SCHIMMER

Offen gestanden finde ich, dass alles, was Sie jünger und unerfahrener aussehen lässt, nicht an den Arbeitsplatz gehört. Auch nichts, das aussieht, als käme es gerade aus dem Nachtclub. Schimmerndes Make-up ist irritierend, zu mädchenhaft und fürs Büro einfach ungeeignet.

KLEBRIGER LIPGLOSS

Nehmen Sie lieber einen getönten Lippenbalsam, Gloss mit Satinschimmer oder normalen Lippenstift. Alles, was eine klebrige Schnute macht, wirkt billig, geschmacklos und ist auch noch extrem pflegeaufwendig. Das ganze Outfit sieht dann schnell ein bisschen vulgär aus. Sie sind schließlich nicht am Strand oder in der Disco!

FALSCHE WIMPERN

Wenn Sie sich nicht gerade einer Chemotherapie unterzogen haben, wirken falsche Wimpern im Arbeitsumfeld übertrieben und so, als würden Sie falsche Prioritäten setzen. Wenn Sie auf tolle Wimpern stehen, nehmen Sie 3-D-Mascara und tragen zwei Schichten davon auf. Oder aber Sie entscheiden sich für eine semipermanente Wimpernverlängerung.

NASSE HAARE

Männer und Frauen, die mit nassen Haaren ins Büro kommen, können sich gleich ein Schild umhängen, auf dem steht: »Das ist mir echt zu mühselig.« Darauf zu achten, dass die Haare nach dem Duschen ordentlich trocken geföhnt sind, hat nichts mit Eitelkeit zu tun: Das gebietet einfach der Anstand. Alles andere macht einen schlampigen, nachlässigen Eindruck. Investieren Sie in ein Mikrofaserhandtuch, in das Sie Ihre nassen Haare nach dem Waschen wickeln. Das ist so saugfähig, dass Ihre Haare fast trocken sind, wenn Sie Ihr Müsli verspeist haben. Wenn Sie mit feuchtem Haar ins Büro gekommen sind, machen Sie einen Abstecher aufs Damenklo, und stecken Sie den Kopf unter den Händetrockner. Wenn Sie wirklich keine Zeit haben, sich die Haare zu föhnen, waschen Sie sie an diesem Tag ausnahmsweise nicht, sondern benutzen ein Trockenshampoo. Oder aber Sie waschen sie am Abend zuvor.

ZU STARKES PARFÜM

Nehmen Sie Rücksicht auf Ihre Kollegen, und meiden Sie stechende, schwindelerregende Düfte, die jeden Kaffee im Umkreis von drei Metern seltsam schmecken lassen. Parfüms wie »Angel«, »Poison«, »Giorgio Beverly Hills«, »LouLou«, »Opium« und »Samsara« sind im

Job fehl am Platz. Entscheiden Sie sich für etwas Dezenteres, Eleganteres, und sprühen Sie nicht zu viel davon auf. Vergessen Sie nicht, dass es ganz normal ist, das eigene Parfüm nach längerer Anwendung nicht mehr so gut riechen zu können. Wenn Sie sich in Bezug auf die Menge nicht ganz sicher sind, fragen Sie eine gute Freundin.

CASUAL FRIDAY

Puh, eine amerikanische Erfindung, die sich anscheinend nicht mehr ausrotten lässt. Ich finde: Wenn man in Ihrem Arbeitsumfeld einmal die Woche in einem lässigeren Look zur Arbeit kommen kann, sollte das eigentlich auch für die vier anderen Wochentage gelten. Mir leuchtet ein, dass zu einem lässigeren Look auch weniger Schminke gehört, aber ich persönlich würde trotzdem einen dezenten Lippenstift tragen. Selbst wenn das sonstige Make-up sehr natürlich ist, sorgt ein Lippenstift sofort für etwas mehr Raffinesse. Mit einem knalligen Lippenstift fühlen Sie sich nie underdressed – auch nicht, wenn Sie sonst nur Jeans und T-Shirt tragen. Sie werden immer das Gefühl haben aufzufallen.

DAS RICHTIGE MAKE-UP
FÜRS VORSTELLUNGSGESPRÄCH

Wenn Sie sich fürs Vorstellungsgespräch schminken, sollten Sie das auf eine intelligente, erwachsene und sorgfältige Art tun. Die Haare müssen frisch gewaschen und geföhnt sein, die Nägel blitzsauber und entweder natürlich oder mit einem klaren, dezenten Nagellack versehen sein (Rosa passt gut). Das ist nicht der richtige Moment, um es zu übertreiben und sich von seinem Make-up in den Schatten stellen zu lassen. Also vermeiden Sie rote Lippen, schwarzen Eyeliner, verrückten Nagellack und grelle Lidschatten. Nehmen Sie stattdessen Nude-Töne – und damit meine ich ausnahmslos Töne, die einem natürlichen Hautton nahe kommen –, angefangen von hellem Elfenbeinfarben über Rosa und Apricot bis hin zu dunklem Espressobraun. Sie funktionieren bei jedem Teint. Wenn Sie sich an diese Farbpalette halten, können Sie nichts falsch machen. Sind Sie eher ungeschickt im Auftragen von Lidschatten, lassen Sie ihn weg und benutzen nur Kajal. Wenn Sie es nicht schaffen, Lippenstift ordentlich aufzutragen, nehmen Sie einen getönten Lippenbalsam. Schlecht aufgetragenes Make-up ist vergleichbar mit einem gebluffen Bewerbungsschreiben: Es ist eindeutig besser, zu zeigen, was man kann, als Fähigkeiten vorzutäuschen, die man nicht hat. Das wirkt einfach nur schludrig.

REIFE SCHÖNHEIT

»Schöne junge Menschen sind eine Laune der Natur.
Aber schöne alte Menschen sind ein echtes Kunstwerk.«

Eleanor Roosevelt

Ich schaffe es kaum, das Wort »altersgerecht« zu tippen, ohne mich extrem aufzuregen. Der Begriff, der besonders gern von Leuten benutzt wird, die sich für zu höflich und selbstgerecht halten, um »von hinten hui, von vorne pfui« zu sagen, ist nur ein weiterer Versuch, Frauen über 45 klarzumachen, wo ihr Platz ist und dass sie die Klappe halten und wie langweilige Neutren aussehen sollen. Während junge Frauen ihr besseres Äußeres vorübergehend genießen dürfen.

Doch nur weil man über 45 ist, heißt das noch lange nicht, dass man nicht mit Make-up experimentieren darf oder so aussehen muss wie die ergrauten Seniorinnen in der Kukident-Werbung. Sie haben nach wie vor alles Recht der Welt, fantastisch, sexy und wie Sie selbst auszusehen, auch wenn es dabei vielleicht ein paar Klippen mehr zu umschiffen gilt. Der einst so perfekt geschwungene Lidstrich kann jetzt in der Lidfalte verschwinden und verschmieren. Lippenstift, der früher blieb, wo er war, setzt sich jetzt unter Umständen in feinen Fältchen ab und verleiht dem Mund Ähnlichkeit mit einem … nun ja, Katzenpo. Der Teint verliert an Frische, Feuchtigkeit und Spannkraft, und die Menopause kann das Make-up regerecht verdampfen lassen. Das ist zwar nervig, aber völlig normal. Mit den richtigen Produkten und etwas Know-how lässt sich ganz leicht gegensteuern. Es geht nicht darum, unsere Persönlichkeit aufzugeben. Stattdessen dürfen wir uns an denselben Dingen freuen wie früher – aber so, dass sie uns nach wie vor schmeicheln.

Eine reife Frau, die sich nach wie vor für Beauty begeistert, freut mich über alle Maßen. Die 92-jährige Baroness Trumpington mit ihrem Schreibtisch voller Nagellacke. Die inzwischen leider verstorbene Lauren Bacall mit ihren markanten, wunderschön geschwungenen Augenbrauen. Debbie Harry mit ihrem weißblonden Bob und den knalligen Lippen. Sie alle beweisen, dass man deutlich besser altern kann als mit Allerweltsfrisur, Horrorlippenstift und Gesundheitsschuhen, wie sie in manchen Fernsehzeitschriften beworben werden. Wie sagt die Künstlerin Sue Kreitzman so schön? »Beige ist die Farbe des Todes. Niemals Beige tragen – es könnte Sie umbringen!« Diese Frauen bleiben sie selbst und behalten ihren typischen Stil und Esprit bei. Und genau das macht sie so attraktiv, dass ihnen ein paar Fältchen mehr oder weniger nichts anhaben können. Sie sehen nicht aus wie junge Frauen. Sie sehen aus wie schöne reife Frauen. Und genau darum geht es!

Es ist nicht weiter schwierig zu fordern, dass Frauen ihre Persönlichkeit und ihren individuellen Stil beibehalten sollen. Das ist ja alles gut und schön, doch man kann durchaus den Eindruck bekommen, dass die Gesellschaft sie ab der Menopause einfach abschreibt. Kundinnen und Leserinnen erzählen mir, dass sie sich plötzlich unsichtbar, unattraktiv, unweiblich fühlen und auch modisch extrem verunsichert sind. Hier ist guter Rat Gold wert. Kennen Sie schon Ihren neuen besten Freund: Kajal mit Glitzerpartikeln? Wussten Sie bereits, dass Sie ein Zahnbleaching deutlich jünger macht als jedes Halslifting? Oder dass ein dicker Po ein relativ faltenfreies Gesicht garantiert? Wussten Sie, dass man beim Alter irgendwann lieber aufrundet statt abrundet? Ich werde Ihnen sagen, was sich ändern und was bleiben sollte. Und wofür Sie Ihr hart verdientes Geld auf keinen Fall zum Fenster hinauswerfen müssen.

BEAUTY FÜR REIFE FRAUEN: SO GEHT'S!

WEG MIT DEM VERGRÖSSERUNGSSPIEGEL!

Etwa 90 Prozent aller Frauen über 40 klagen über große Poren. Doch höchstens 5 Prozent haben echten Grund dazu. Poren werden mit zunehmendem Alter tatsächlich größer. Andererseits betrachtet uns niemand so kritisch wie wir selbst. Wir mustern uns im Vergrößerungsspiegel und sehen jede noch so kleine Pore, während unsere Freunde sich eher auf den Gesamteindruck konzentrieren … und dann wieder ihren eigenen Angelegenheiten nachgehen. Unsere großen Poren sehen sie genauso wenig wie ein Staubkörnchen auf unserer Strickjacke.

Wer in fortgeschrittenem Alter zu kritisch hinsieht, kämpft auf jeden

Fall auf verlorenem Posten. Von Monat zu Monat tauchen neue Altersspuren auf. Viele davon lassen sich nicht beeinflussen, und Sie machen sich damit bloß verrückt. Genauso gut können Sie versuchen, Wasser mit bloßen Händen daran zu hindern, durch ein Sieb zu rinnen.

NICHT ZU DÜNN WERDEN!

Versuchen Sie, Ihr Normalgewicht zu halten – von ein paar Schwankungen in der Weihnachts- und Urlaubszeit einmal abgesehen. Drastischer Gewichtsverlust beziehungsweise ein extrem niedriger BMI lassen das Gesicht alt aussehen, die Haut erschlaffen und führen zu vorzeitiger Faltenbildung. Ein gesundes Fettdepot stützt die Haut und macht sie schön prall, polstert Falten und Fältchen auf. Um es mit Barbara Cartland zu sagen: »Schönheit im Alter bedeutet oft, sich zwischen Gesicht und Po entscheiden zu müssen.« Ich würde mich fürs Gesicht entscheiden, da ich nicht will, dass man mich von hinten für 30 hält, nur um dann festzustellen, dass ich uralt bin, kaum dass ich mich umdrehe. Ein strahlendes Gesicht ist da deutlich befriedigender!

DAS GRAU AUFHELLEN

An grauen Haaren ist gar nichts auszusetzen (genauso wenig wie daran, sie zu färben). Aber der Verlust der Haarpigmente kann das Gesicht fahl wirken lassen. Dagegen hilft, das Grau mit einer Silbertönung aufzuhellen. Verwenden Sie blaues oder lavendelfarbenes Shampoo, um stumpfes Haar mit einem unschönen Gelbstich zu vermeiden (»Blue Malva« von Aveda und »Touch of Silver« von PRO:VOKE sind sehr zu empfehlen). Oder aber Sie überlegen, alles silber zu färben. Das erspart Ihnen die grau melierte Phase, in der man älter aussieht als mit ganz grauem Haar. Lassen Sie sich bloß nicht einreden, bei grauem Haar bräuchte man einen Kurzhaarschnitt. Eine lange Silbermähne kann atemberaubend feminin aussehen.

SPORT TREIBEN

Egal, wie viel Sie wiegen: Sport bringt extrem viel fürs Erscheinungsbild. Wer sich mehr bewegt, sieht einfach besser aus. Ein gutes Trainingsprogramm strafft die Muskeln und sorgt dafür, dass diese bleiben, wo sie hingehören. Es strafft das Gesicht, fördert die Durchblutung und verhindert einen aschfahlen Teint. Training mit Gewichten, Boxen, Joggen und Nordic Walking an der frischen Luft, Schwimmen und Sex fördern die Gesundheit und dadurch Ihr Aussehen. Ich kann gut verstehen, warum sich viele vor Sport drücken wollen. Aber auch wenn Sie das Auto öfter mal stehen lassen und zu Fuß gehen, ist schon viel gewonnen. Yoga und Pilates helfen, gelenkig zu bleiben.

GESICHTSBEHAARUNG ENTFERNEN

Eine Freundin von mir hat ihre sterbende Großmutter täglich im Krankenhaus besucht, nur um ihr die Kinnhaare auszuzupfen: Einfach, weil sie ganz genau wusste, wie sehr sie diese Dinger hasste. Ich finde es geradezu rührend, aber wir Frauen wissen, wie wichtig so was ist. Ich kann nur hoffen, dass auch an meinem Sterbebett jemand mit einer Pinzette (und vielleicht noch mit einem Flachmann?) auftauchen wird. Bis es so weit ist, werde ich mich selbst darum kümmern. Sichtbare Gesichtsbehaarung macht alt. Und es sieht so aus, als hätte man sich aufgegeben, wenn man sie stehen lässt. Für die Oberlippe bevorzuge ich die Fadenmethode (mehr zu diesem Thema finden Sie im Kapitel »Augenbrauen«). Aber Enthaarungscreme tut weniger weh und lässt sich auch bequem zu Hause anwenden. IPL (*Intense Pulsed Light*) ist eine dauerhafte Lösung, die sich bei hartnäckigem Haarwuchs lohnen kann. Allerdings funktioniert diese Technik nicht bei weißen oder grauen Haaren. Mit zunehmendem Alter nimmt auch die Kinnbehaarung zu. Manchmal kann man ihr nur durch regelmäßiges Zupfen zu Leibe rücken. Kaufen Sie sich eine gute Pinzette, dann haben Sie leichtes Spiel.

PFLEGEN, PFLEGEN, PFLEGEN!

Damit Ihre Haut weich, geschmeidig und strahlend bleibt, sollten Sie eine zu Ihrem Hauttyp passende Feuchtigkeitspflege verwenden, und zwar zweimal täglich. Aus meiner Sicht werden die zuverlässigsten Cremes für die reife Haut von großen Kosmetikkonzernen hergestellt und sind auch in Supermärkten erhältlich (Olaz, Nivea, L'Oréal Paris usw.). Denn diese Firmen nehmen auch ältere Frauen ernst – mal ganz abgesehen davon, dass sie über einen riesigen Forschungs- und Entwicklungsetat verfügen. Diese Cremes enthalten meist Substanzen wie Retinol (Vitamin A) und Hyaluronsäure, deren Wirksamkeit bewiesen ist, aber auch hypothetischere Technologien wie Antioxidantien – und das zu einem durchaus bezahlbaren Preis. Die Creme großzügig mit relativ festen Aufwärtsbewegungen einmassieren. Anschließend kurz in die Wangen kneifen, das sorgt gleich für eine frischere Gesichtsfarbe. Abends würde ich zusätzlich ein Gesichtsöl verwenden. (Hagebuttenkernöl, auch Wildrosenöl genannt, kann bei der Haut ab 45 wahre Wunder wirken. Sie bekommen es in Naturkosmetikläden und Drogerien.) Gut einmassieren, nicht damit geizen. Es lohnt sich auch, sich regelmäßig eine Gesichtsmassage zu gönnen. Ich bin fest davon überzeugt, dass das hilft. Auf YouTube gibt es gute Anleitungen. Vielleicht ist ja auch ein Massageroller etwas für Sie? Er sieht aus wie eine kleine Farbwalze mit genoppten Rollen und sorgt für konstanten, gleichmäßigen Druck.

ZÄHNE PFLEGEN

Es stimmt gar nicht, dass Falten alt machen! (Mehr Ratschläge zu diesem Thema finden Sie im Kapitel »Anti-Aging«.) Falten sind okay, sie können sogar nett aussehen, und die meisten Frauen kommen hervorragend mit ihnen zurecht. Was wirklich alt macht, sind schlechte Zähne und ungepflegtes Haar. Ist beides gesund und strahlend, sind Sie es automatisch auch. Nichts macht älter als schlechte Zähne.

Bräunlich verfärbter Zahnbelag kann Sie locker um zehn Jahre altern lassen. Gehen Sie regelmäßig zum Zahnarzt. Wenn Sie in Ihre Schönheit investieren wollen, tun Sie es dort. Gehen Sie alle drei Monate zur professionellen Zahnreinigung, und ziehen Sie alle zwei Jahre ein Zahnbleaching in Erwägung. Ich habe schon vielen Frauen, die kurz vor einem Lifting standen, geraten, das Geld lieber in die Zähne zu stecken. Das ist deutlich sinnvoller, sicherer ... und überzeugender.

EVENTUELL ERWEITERTE ÄDERCHEN ENTFERNEN LASSEN

Rote Äderchen um Nase und Augen sind in fortgeschrittenem Alter weit verbreitet. Sie sind harmlos und lassen sich meist mit einem deckenden Concealer kaschieren. (Wie man richtig grundiert, erfahren Sie im Kapitel »Foundation«.) Doch wenn sie sichtbar werden, machen sie unnötig alt. Zum Glück lassen sie sich leicht entfernen. Für den Preis eines Haarschnitts samt Strähnchenfärben lässt sich ein erweitertes Äderchen in einer Hautklinik dauerhaft entfernen. Bitten Sie Ihren Hausarzt um eine Empfehlung.

FÜSSE PFLEGEN

An den Füßen sieht man das Alter besonders schnell – aber zum Glück ist das eine Körperregion, die schon auf geringen Pflegeaufwand sehr gut reagiert. Greifen Sie regelmäßig zu einer Hornhautfeile und entfernen Sie Hornhaut etwa einmal pro Woche. Das ändert einiges. Füße danach gut abspülen, eine sehr reichhaltige Fußcreme auftragen (oder Fersenbalsam, wenn Sie besonders viel Hornhaut haben), dann mit Baumwollsocken ins Bett gehen. Außerdem lohnt es sich, ein paarmal im Jahr in eine gute Fußpflegerin zu investieren. Ich gehe nie ohne eine gute medizinische Fußpflege in den Sommer: Kümmert sich jemand mit einem professionellen Pediküregerät um die Füße, ist das ehrlich gesagt besser als Sex.

DAS ALTER NACH OBEN KORRIGIEREN STATT NACH UNTEN!

Ich werde nie verstehen, warum so viele Frauen über 60 eisern darauf beharren, mädchenhafte 40 zu sein. Warum sollten Sie das Alter nach unten korrigieren? Das führt bloß dazu, dass sich die meisten sofort fragen, was in Ihrem Leben so furchtbar schiefgelaufen ist. Wenn Sie schon lügen müssen, machen Sie sich lieber fünf Jahre älter. Denn dann werden die Leute erstaunt fragen, wie Sie es nur schaffen, in ihrem (gelogenen) Alter so jung und strahlend auszusehen: »70? Meine Güte, Sie sehen aus, als wären Sie noch nicht mal 60! Das ist ja großartig, was ist Ihr Geheimnis?«, usw. Die Leute werden dermaßen beeindruckt sein, dass sie gar nicht bemerken, wie Sie auf die Frage nach historischen Details ins Stammeln geraten.

DINGE, DIE MAN NACH 45 LIEBER BLEIBEN LÄSST

Machen Sie, was Sie wollen! Aber sagen Sie nicht, Sie hätten nicht gewusst, dass Folgendes wenig hilfreich ist.

GLITZERLIDSCHATTEN

Glitzerlidschatten lässt hängende Lider eindeutig noch hängender wirken. Und außerdem trockener. Trotzdem sollten Sie nicht nur noch zu mattem Lidschatten greifen, denn das kann ein wenig fad aussehen, schließlich hat Ihr Teint ohnehin an Strahlkraft eingebüßt. Versuchen Sie es stattdessen mit einem Kajal oder Eyeliner, der Glitzerpartikel enthält. Das lässt Ihre Augen strahlen, ohne dass sich Glitzerpartikel in den Lidfalten absetzen können und diese betonen.

SCHWARZER EYELINER

Wenn Sie auf schwarzen Eyeliner stehen und sich ein Leben ohne ihn einfach nicht vorstellen können, sollten Sie ihn auch weiterhin benutzen. Das sieht immer gut aus – egal, ob er nun absichtlich verschmiert ist wie bei Anita Pallenberg oder fein geschwungen wie bei der ehemaligen Primaballerina Margot Fonteyn. Aber wenn Sie das Gefühl haben, dass Ihre Augen anfangen, tief in den Höhlen zu liegen, und voller Fältchen sind, ist es das Einfachste der Welt, den schwarzen Eyeliner gegen schokobraunen, smaragdgrünen, khakifarbenen, amethystfarbenen, dunkelblauen oder bronzefarbenen auszutauschen. Sie sorgen ebenfalls für eine dunkle Umrandung, wirken aber deutlich weicher, schmeichelhafter und jugendlicher. Bitte nicht im Innenlid auftragen, und die untere Linie immer mit einem sauberen Pinsel, einem Wattestäbchen oder dem kleinen Finger verwischen, sonst wirkt es zu hart.

HAARE ABSCHNEIDEN

Ich habe keine Ahnung, wer irgendwann beschlossen hat, dass alle Frauen über 35 nur noch Kurzhaarfrisuren tragen dürfen. Aber ich werde alles tun, um sie Lügen zu strafen. Mal ganz abgesehen davon, wie bevormundend, schönheitsschmälernd und beleidigend das ist (da es letztlich bedeutet, dass reife Frauen sich so unsichtbar wie möglich machen und ihr früheres Ich aufgeben sollen, um nur noch Marmeladen einzukochen, in die sich kein Haar verirren soll), ist es einfach nur falsch! Wenn Ihnen kurze Haare stehen und gut zu Ihrem Leben passen: prima! Aber wenn Sie mit längeren Haaren besser aussehen, kann das auch noch in reiferen Jahren sehr jugendlich und feminin wirken. Behalten Sie sie! Denn die Zeiten, in denen alle Frauen über 50 dieselbe weiße Pudelfrisur tragen, sollten eigentlich vorbei sein! Lange Haare können jedoch mit der Zeit störrischer werden, deshalb bitte regelmäßig mit einer guten Feuchtigkeitspflege verwöhnen.

PERLMUTTNAGELLACK

Perlmuttnagellack lässt die Hände älter und trockener aussehen. Entscheiden Sie sich für ein cremiges Finish ohne Schimmer. Wenn es glitzern soll, nehmen Sie einfach Glitter-Überlack. Auch Töne mit hohem Blauanteil (Blaurot, ein kühles Lila, Pastellblau, Pink usw.) betonen das Grün und Blau der Adern und heben sie hervor. Koralle, Orangerot, Taupe, Schokobraun, warme Rotweintöne und Blassrosa funktionieren deutlich besser.

NAHRUNGSERGÄNZUNGSMITTEL FÜR KRÄFTIGERES, VOLLERES HAAR

Ich glaube einfach nicht daran. Denn würden sie funktionieren, würden sie alle Männer einnehmen wie verrückt. Dünner werdendes Haar und Haarverlust ereilen die meisten von uns, wenn wir älter werden. Also sollten wir das Beste daraus machen und den Friseur bitten, uns verschiedenfarbige Strähnchen zu färben, denn das sorgt optisch für mehr Fülle. Stets ein Volumenshampoo verwenden und einen Conditioner, der das Haar nicht unnötig beschwert. (Ich habe sehr dünne Haare und schwöre auf Elvital.) Vor dem Föhnen etwas Mousse oder Volumenspray ins Haar geben. Außerdem in eine rotierende Rundbürste investieren. Die von Babybliss sind die besten!

BESONDERS GUT BEI REIFER HAUT

Alles, was ich hier aufzähle, funktioniert natürlich auch bei Jüngeren, aber für ältere Frauen ist das einfach der Hit!

PORENVERFEINERNDE PFLEGE

Das sind Cremes, die die Poren mit harmlosem Silikon vorübergehend auffüllen und für eine glattere Make-up-Unterlage sorgen. Nach der Tagescreme mit dem Mittelfinger auftupfen und einklopfen. Nicht verschmieren, sonst löst sich die Pflege auf. Anschließend die Foundation auftragen. Clinique, Sensai, Dior, Benefit, L'Oréal Paris und Clarins stellen gute Produkte her.

HANDCREME MIT SONNENSCHUTZ

Die meisten schützen das Gesicht vor der Sonne, vergessen aber völlig die Hände. Dabei ist es sehr klug, dort Sonnencreme aufzutragen, wenn man Altersflecken vermeiden möchte. Sind bereits welche vorhanden, werden sie bei Hitze in der Regel deutlich dunkler. Also vor dem Rausgehen jede Menge Sonnencreme auftragen! Nachts eine Handcreme verwenden, die erprobte Anti-Aging-Wirkstoffe wie Retinol enthält, um bereits entstandene Schäden zu pflegen.

LIP PLUMPER

Sie sorgen für mehr Volumen und polstern gleichzeitig feine Fältchen auf – wenn auch nur vorübergehend. Manche kribbeln nach dem ersten Auftragen, was störend sein kann, aber das ist harmlos. Es lohnt sich also, darauf zu warten, dass das Gefühl nachlässt. Nach dem Make-up auftragen und anschließend ein paar Minuten mit dem Lippenstift warten. Ich liebe den Lip Plumper von Guerlain, weil er nicht kribbelt. Aber die von Molton Brown und Laura Mercier sind auch gut.

EYESHADOW PRIMER

Ich bin ein Riesenfan davon. Kennen Sie das Problem, dass sich der Eyeliner über das ganze Lid ausbreitet? Das passiert häufig, wenn wir älter werden und Schlupflider bekommen. Ein Eyeshadow Primer kann da Wunder wirken. Nach der Foundation, aber vor dem Augen-Make-up auftragen, dafür ein bisschen Primer auf das gesamte Lid auftupfen. Ein paar Minuten einziehen lassen, dann den Lidschatten auftragen. Die besten Eye Primer sind von Urban Decay, Smashbox, Tom Ford und Bare Minerals. Keine getönten Primer verwenden, Sie benötigen einen transparenten, matten Primer, der zu allem passt und auf der Haut unsichtbar wird.

LIPLINER

Die meisten Frauen verschmähen Lipliner, aber das ist ein großer Fehler. Er verhindert das Ausfransen des Lippenstifts und sorgt für feste, natürliche Konturen. Der Lipliner sollte farblich stets zum Lippenstift passen (dunkle oder helle Konturen sehen immer furchtbar aus!). Finden Sie keinen passenden Farbton, nehmen Sie einen unsichtbaren Lipliner aus Wachs. Body Shop, Cargo und Lipstick Queen sowie professionelle Kosmetikshops (siehe Kapitel »Spezialgeschäfte«) bieten sie an. Die natürlichen Lippenkonturen mit dem Lipliner umranden, dann mit Lippenstift ausmalen.

PRIMER

Primer sind toll bei reifer Haut, weil sie gleich mehrere weit verbreitete Probleme auf einmal lösen. Sie bilden eine stabile Make-up-Unterlage und verhindern, dass sich die Schminke bei Hitzewallungen verselbstständigt. Primer glätten auch Hautunebenheiten, und wenn man ein geeignetes Produkt wählt, kann es den Teint dank lichtreflektierender

Partikel wieder zum Strahlen bringen. Meine Lieblingsprodukte für alle drei Aufgaben sind von Dior, Laura Mercier, MAC, Clinique, Smashbox und Urban Decay. Eine erbsengroße Menge im Gesicht verteilen, ein paar Minuten einwirken lassen, dann das Make-up auftragen.

ANSATZSETS

Wenn Sie graue Haare abdecken möchten, heißt das alle vier Wochen zum Friseur gehen. Aber wer hat so viel Zeit und Geld? Ansatzsets sind fantastisch und erkaufen einem 14 Tage mehr zwischen zwei Friseurbesuchen. Und das für gerade mal zehn Euro! Die Farbe entlang des Scheitels und der Gesichtskonturen verteilen und zehn Minuten warten, dann auswaschen. Es gibt jedoch nur eine eingeschränkte Farbauswahl, die aber überzeugende Übergänge schafft. Die Färbemittel enthalten allerdings das Allergen PPD, also immer zuerst einen Allergietest machen!

FOUNDATION

Damit sieht jeder besser aus! Eine gute Foundation bringt Hautunebenheiten zum Verschwinden, deckt rote Äderchen und andere Hautirritationen ab und ist eine gute Make-up-Unterlage. Außerdem verbessert sie den Teint generell. Vermehrte Faltenbildung kann dazu führen, dass die bewährte Foundation auf einmal dick und verkrustet aussieht. Dann sollte man auf eine andere umsteigen. Am besten auf eine mit Feuchtigkeitspflege, um Trockenheit zu lindern. Oder aber auf eine ölfreie bei Wechseljahresbeschwerden, damit der Look auch bei Hitzewallungen erhalten bleibt. Eine mittlere Deckkraft ist für die meisten Zwecke geeignet, man kann sie auch mit etwas Tagescreme mischen, um eine leichtere Deckkraft zu erzielen, oder sie für mehr Abdeckung großzügiger verwenden. (Tipps zum richtigen Auftragen finden Sie im Kapitel »Foundation«.)

DAS BEKOMMT NUR EIN SCHÖNHEITSCHIRURG HIN

Vergessen Sie die Heilsversprechungen auf den Etiketten teurer Produkte! Folgende Probleme kann wirklich nur ein Schönheitschirurg lösen.

SCHLUPFLIDER

Die sind im Alter weit verbreitet und scheinen der schlimmste Feind aller Frauen zu sein, die sich gern schminken. Denn Schlupflider schränken die Produktauswahl deutlich ein. Deshalb geben viele Frauen vor allem für Augencremes ohne mit der Wimper zu zucken ein Vermögen aus. Doch ich kann Ihnen versprechen, dass das nichts bringt. Nur ein Skalpell kann Schlupflider beseitigen. Ich rate Ihnen nicht, so weit zu gehen, aber es wäre falsch, Ihnen zu verschweigen, dass eine Lidstraffung einer der effektivsten und unkompliziertesten chirurgischen Eingriffe überhaupt ist – vorausgesetzt er wird von einem Experten durchgeführt. Ist das Sichtfeld beeinträchtigt, zahlt die Krankenkasse sogar die Operation.

EIN SCHLAFFER HALS

Ich bekomme unzählige E-Mails von Frauen, die wissen wollen, welche Halscreme das Erschlaffen der Kinn-Hals-Linie verhindert. Die Antwort lautet: gar keine. Aus meiner Sicht kann eine Creme erschlaffende Haut nicht wieder prall und fest machen. Das Erschlaffen kommt daher, dass Kollagen und Keratin abgebaut werden, und keine noch so teure Spezialcreme kann sie ersetzen. (Eine vorübergehende Glättung ist allerdings machbar.) Nicht chirurgische Optionen sind Thermalbehandlungen wie Accent oder Thermage, die Muskeln und Haut straffen (manchmal durchaus mit guten Ergebnissen). Oder aber der drastischere Halslift. Keine dieser Optionen ist billig, und Komplikationen können nicht ausgeschlossen werden. Aber egal, wie Sie sich entscheiden: Die 60 bis 150 Euro für halsstraffende Cremes können Sie sich auf jeden Fall sparen!

TIEFE FALTEN

Die einzige Methode, tiefe Falten deutlich zu reduzieren, ist, sie mit Botox oder Fillern zu behandeln… oder aber durch einen drastischen chirurgischen Eingriff. Im Kapitel »So geht Botox (und so nicht!)« erfahren Sie, was Sie bei einer Botoxbehandlung beachten sollten. Aber bevor Sie sich dafür entscheiden, rate ich Ihnen erst mal zu einer professionellen Zahnreinigung und zum Ansatzfärben! Es ist erstaunlich, wie wenig Falten noch auffallen und belasten, wenn Haare und Zähne in Topform sind.

KRAMPFADERN UND ROTE ÄDERCHEN

Ich habe erst neulich entdeckt, dass es Cremes und Öle gibt, die behaupten, diese Probleme zu lösen. Was für ein Schwachsinn! Wenn Sie Krampfadern oder rote Äderchen loswerden wollen, müssen Sie zum Arzt gehen. Oder aber Sie tragen Body-Make-up auf, um sichtbare Adern, die kein Gesundheitsproblem darstellen, zu kaschieren. Das kann fantastisch funktionieren (ich benutze es beispielsweise bei Fotoshootings an den Händen). Wenn Sie vorher keine Feuchtigkeitspflege auftragen, färbt es auch nicht auf die Kleidung ab.

AKNE

»Pickel sind Schönheitsmale.«
Kurt Cobain

A kne gilt zu Unrecht als unvermeidliche Konstante im Leben eines Teenagers – genauso wie ihr ständiges Augenverdrehen und ihre genervten Blicke. Wieso etwas bekämpfen, das zum Erwachsenwerden einfach dazuzugehören scheint? Doch obwohl Pickel und Hautunreinheiten, Rötungen und Akne bei Teenagern sehr häufig vorkommen, möchte ich doch betonen, dass extreme Fälle (und damit meine ich alles, was belastend und schmerzhaft ist und soziale Ängste auslöst) auf keinen Fall als fester Bestandteil im Leben eines jungen Menschen abgetan werden sollten. Das muss nicht hingenommen werden, und jeder Teenager hat es verdient, dass man ihn ernst nimmt. Ältere Menschen haben häufig schlimme Gelenkbeschwerden. Aber das heißt noch lange nicht, dass sie achselzuckend darüber hinweggehen müssen (falls sie ihre Achseln überhaupt noch zucken können). Deshalb sehe ich auch nicht ein, warum junge Leute chronische Akne klaglos ertragen sollten.

Ich sollte vielleicht noch hinzufügen, dass nicht nur junge Menschen unter Akne leiden – die Anzahl davon betroffener Erwachsener nimmt stetig zu. Fast alle der nun folgenden Tipps sind für Menschen aller Altersstufen geeignet.

Ein Problem bei Akne ist, wie rasch und verallgemeinernd es von Betroffenen und ihrem Umfeld diagnostiziert wird. Dieser Pauschalbegriff ist nicht sehr hilfreich, wenn es darum geht, eine geeignete Behandlungsmethode zu finden. Akne kann alles Mögliche sein – angefangen von ein paar Pickelchen (ja, das Leben ist ungerecht, aber damit muss man sich abfinden, es gibt wichtigere Probleme) über mehrere rote Eiterpickel (etwas, das durchaus behandelt werden sollte) bis hin zu großflächig verteilten, roten Pusteln, die unter Umständen das ganze Gesicht bedecken können (sehr störend und schmerzhaft, in diesem Fall sollte man unbedingt bei einem Spezialisten Rat suchen). Die Behandlungsmethoden unterscheiden sich – je nachdem, unter welcher Form von Akne Sie leiden. An diesem Punkt kann es hilfreich sein, im Internet zu recherchieren – vorausgesetzt Sie meiden die unzähligen

Seiten, die jedes Symptom auf Krebs im Endstadium zurückführen oder sich für die sofortige Multi-Organtransplantation aussprechen. Es gibt haufenweise Fotos von Aknestudien, zum Beispiel auf medizinischen Seiten wie enzyklopaedie-dermatologie. de. Sie liefern Vergleichsmaterial, sodass man beurteilen kann, wie schlimm man selbst betroffen ist. Entdecken Sie ein Bild von jemandem, der so ähnlich aussieht wie Sie, sollten Sie es ausdrucken, nachschauen, wie diese Akneform genannt wird, und damit zum Arzt gehen.

Ich sage bewusst »Arzt«, denn eine richtige Akne, die einem das Leben zur Hölle machen und sogar zu Depressionen führen kann, ist eine Angelegenheit für den Profi. Gehen Sie zum Hautarzt, und bitten Sie ihn um Hilfe. Lassen Sie Ihre Haut untersuchen und sich Spezialcremes oder Medikamente verschreiben, dazu unten mehr. Viele Teenager tun sich verständlicherweise schwer damit, dranzubleiben. In diesem Fall sollten die Eltern ein Auge darauf haben.

Egal, ob es sich nun um eine harmlose Form von Akne handelt, die man selbst behandeln kann, oder eine schwere Form, die der Arzt betreut – Ursachen und die Behandlungsmethoden haben meist etwas mit Hygiene, Bakterien und Hormonen zu tun. (Bei Teenagern wird die Akne häufig vom hohen Testosteronspiegel während der Pubertät verursacht.) Entzündungen aufgrund von Medikamenten und Allergien können ebenfalls zu Akne führen – meiner Erfahrung nach jedoch eher bei Erwachsenen als bei Teenagern. Das A und O – und zwar unabhängig vom Alter – ist in jedem Fall eine gute Hygiene, sprich eine ordentliche Reinigung.

Ein Teenager sollte jeden Tag duschen und sich zweimal am Tag (aber nicht öfter) das Gesicht mit sanften, einfachen Produkten reinigen. Sie sollten keine Mineralöle und Paraffinderivate enthalten, da diese die Poren verstopfen. Die meisten Teenager bevorzugen Schaumreiniger statt Reinigungsbalsam oder eine Reinigungscreme. Ich kann ihr Bedürfnis, sich »frisch« zu fühlen, verstehen, aber eine Gesichtsreinigung mit Sulfaten, die für den Schaum sorgen, tut der

Haut nicht gerade gut. Der beste Kompromiss besteht darin, vor dem Duschen eine Reinigungsmilch oder einen Balsam aufzutragen und sie dann unter dem Duschstrahl mit einem Waschlappen abzunehmen – oder mit einer Gesichtsreinigungsbürste, wenn das als attraktiver empfunden wird. Mir persönlich reicht ein Waschlappen, aber die beste Pflegeroutine für Teenager ist eine, die wirklich regelmäßig stattfindet. Insofern ist jedes Zubehör willkommen, das sie gewährleistet. Mit dieser Prozedur erzielt man eine gründliche Reinigung und fühlt sich »sauber«, ohne dass Sulfate benutzt werden. Abends steht die zweite, ebenso wichtige Reinigung an. Dann einfach sauberes Leitungswasser ins Gesicht spritzen, bevor es mit der weiteren Hautpflege weitergeht. Man kann natürlich je nach Vorliebe und Tagesplanung auch abends duschen.

Anschließend empfehle ich ein Peeling. Hormone bei Teenagern können dazu führen, dass sich die Zellen nicht richtig erneuern und sich abgestorbene Hautschuppen ansammeln. Wenn man die entfernt, sorgt man für eine reinere Haut und beseitigt Mitesser. (Außerdem hilft ein Peeling gegen das weit verbreitete Einwachsen von Gesichtshaaren bei Jungen.) Ich persönlich hasse alle Peelings, die mit Schleifpartikeln arbeiten. Ich habe mir diese Partikel mal unter dem Mikroskop angeschaut: Sie sind dermaßen scharf, dass man sich das Gesicht gleich sandstrahlen könnte. Außerdem glaube ich nicht, dass sie gründlich genug sind, weil sie viele wichtige Ecken und Ritzen auslassen. Dieses sanfte Perlenzeug, das heute oft anstelle von Schleifpartikeln eingesetzt wird, ist wiederum dermaßen nutzlos, dass ich kein weiteres Wort darüber verlieren will. Ideal ist dagegen ein flüssiges Peeling mit Glykol- oder Salicylsäure, das man auf zwei Wattepads gibt und damit im gesamten Gesicht verteilt, bevor man eine Feuchtigkeitspflege aufträgt.

Ja, Sie haben richtig gelesen: Feuchtigkeitspflege. Es mag widersprüchlich klingen, dass man Haut eincremen soll, die vermutlich bereits fettiger ist als erwünscht. Trotzdem ist es wirklich sehr wichtig. Produkte mit hochwertigen Pflanzenölen verstopfen die Poren nicht und sorgen selten für Kummer. Viele junge Menschen hassen das Gefühl von Öl auf ihrer Haut. Ein guter Kompromiss besteht darin, eine ölfreie Tagescreme auf Wasserbasis zu verwenden. Sie gibt einem ein gutes Gefühl und ist eine ideale Make-up-Unterlage. Vor dem Schlafengehen kann man dann ein Gesichtsöl oder eine ölbasierte Creme auftragen. Das macht in der überwiegenden Zahl der Fälle die Haut *und* den Teenager glücklich. Ich empfehle auch die Einnahme von ein paar guten Omega-3-Fischölkapseln. Ich schlucke Lebertran wie eine alte Omi und bin der Auffassung, dass er sich auf fast jedes Hauptproblem positiv auswirkt. Aber bitte Kapseln und keine Tropfen kaufen, denn in flüssiger Form ist das Zeug einfach ekelhaft – für Sie selbst und jeden in Ihrer Umgebung.

Ölbasierte Produkte werden mit Skepsis beäugt, ich weiß. Es ist verführerisch, fettiger Haut Feuchtigkeit entziehen zu wollen. Aber wenn das funktionieren würde, gäbe es keine Akne mehr. Ich bin noch niemandem begegnet, dessen Akne dadurch verschwunden ist, dass er seine Haut ausgetrocknet hat. Damit sorgt man bloß für Irritationen, die Haut reagiert nervös, rot, wund und gereizt. Wird der schützende Säuremantel von stark alkoholhaltigen Produkten brutal entfernt, reizt das die Haut, und sie wird erst recht fettig, um sich zu schützen. Oder aber sie gerät völlig aus dem Gleichgewicht, wird an einigen Stellen extrem trocken und an anderen fettig. Am Ende haben Sie schlimmere Hautprobleme als am Anfang.

Wenn Sie oben genannte Grundregeln befolgen, sollten Sie bald erste Ergebnisse feststellen. Wenn nicht oder wenn Sie nicht über die Mittel verfügen, sich ordentliche Produkte leisten zu können, wird es Zeit, zum Hautarzt zu gehen. In diesem Fall wird es etwas komplizierter.

Zunächst wird er eine Hautpflege mit Peroxid verschreiben (was oft sehr effektiv ist), dazu Antibiotika gegen die Bakterien. Doch wenn die nicht zügig helfen (was oft der Fall ist), werden sie auch längerfristig nichts ausrichten. Die Antibiotika dann bitte absetzen, da sie auf Dauer keine Lösung sind. Außerdem fühlt man sich unter Antibiotika nicht besonders toll. Zwei komplette Durchgänge sind mehr als genug, um ihnen eine Chance zu geben.

Nach den Antibiotika werden viele Hautärzte bei besonders schweren Fällen eine Hormonbehandlung verschreiben. Meist in Form der Diane 35 (auch: Dianette) – die eigentlich ein Verhütungsmittel ist, aber bei Aknepatienten beider Geschlechter eingesetzt wird. Ich kann verstehen, dass Eltern alles andere als begeistert sind, wenn Sohn oder Tochter schon in einem sehr jungen Alter Hormone einnehmen. Aber das kann sehr gut funktionieren – ich habe schon großartige Ergebnisse gesehen. Gleichzeitig weiß ich aus persönlicher Erfahrung, dass dieses Verhütungsmittel zu Pigmentstörungen führen kann, wie sie auch Schwangere haben, sprich große dunkle Flecken im Gesicht verursachen (auch Chloasma und Melasma genannt). Diese Flecken können kommen und gehen. Doch manchmal verblassen sie zu länglichen Spritzern und gehen nie mehr ganz weg. Entfernen lassen sie sich dann nicht mehr.

Manchmal wird auch Roaccutan verschrieben. Es erfordert eine langfristige Einnahme und wird zweimal im Leben hoch dosiert genommen. Meiner Erfahrung nach wirkt es fantastisch, hat aber Nebenwirkungen und wird meist erst dann verschrieben, wenn alles andere versagt hat.

Eine weitere sehr gute Behandlung erfolgt mit Retinol. Das ist einer der wenigen Anti-Aging-Wirkstoffe, von dem wir wissen, dass er funktioniert … auch wenn das rein zufällig herausgefunden wurde: Denn eigentlich dient er der Aknebehandlung. Retinole sind extrem effektiv, können aber bei empfindlicher Haut zu aggressiv sein und zu Rötungen und sich schuppender, wunder Haut führen. Anfangs spielt die Haut häufig verrückt, beruhigt sich dann aber nach einigen Wochen wieder. Retinol ist teuer, und manche Hausärzte verschreiben es nur widerwillig. Aber als Betroffener haben Sie ein Recht darauf, also fragen Sie danach. Es ist absolut

wichtig, dass Sie Retinoide in Kombination mit einem Breitbandsonnenschutz verwenden, da sie die Haut besonders empfindlich
für Sonnenschäden machen.

WAS MÄNNER WOLLEN

»Ich kann mir nur eine Situation vorstellen,
in der man mich ungeschminkt antreffen könnte:
Nämlich wenn mir das Radio beim Baden in
die Wanne fallen und mir einen tödlichen Stromschlag
versetzen würde. Denn dann würde ich mich gerade
zwischen zwei Schminksessions befinden. In diesem Fall kann
ich nur hoffen, dass mein Mann mir etwas Lippenstift aufträgt,
bevor er mich ins Leichenschauhaus bringt.«

Dolly Parton

Immer wieder werde ich gebeten, darüber zu schreiben, ob wir Frauen uns für uns selbst oder für die Männer schminken. Mir missfällt schon die implizierte Wertung in dieser Frage, da sie unterstellt, dass echte Feministinnen männliche Wünsche prinzipiell ignorieren. Dass ein attraktives Äußeres nie Selbstzweck sein kann, sondern ausnahmslos ein Beweis für Zwang und Unterdrückung ist. Meine ehrliche Antwort darauf lautet, dass es nicht von der Gegenwart eines Mannes und seinen Wünschen abhängt, ob ich mich schminke oder nicht. Ich tue es, weil ich schlichtweg Freude daran habe (wie Sie inzwischen mitbekommen haben dürften, liebe ich Make-up!). Oder weil ich beruflich geschminkt sein muss oder mit anderen Frauen ausgehe. Das ist einfach Tatsache, und es wäre schön, wenn wir Frauen das nicht immer wieder wiederholen müssten. So als würden wir den Feminismus verraten (was Gott verhüten möge!), wenn wir zugäben, beim Rendezvous mit einem potenziellen Partner lieber frei von Flecken, hübsch und gepflegt zu sein.

Niemand sieht mich in so einem schlimmen Zustand wie mein Partner. Meist sehe ich wirklich beschissen aus. Aber es gefällt mir auch, mich für ihn schön zu machen (so wie es mir auch gefällt, ein Kleid anzuziehen, das er besonders mag, oder ihm seine Lieblingshühnersuppe zu kochen, wenn ich mir einen schönen gemeinsamen Abend wünsche). Ich wüsste nicht, was daran falsch sein soll, und finde es naiv und herablassend anzunehmen, dass es falsch und antifeministisch ist, wenn sich Frauen schminken, um einem potenziellen Sexualpartner zu gefallen. Fast jede Spezies auf diesem Planeten betreibt Schönheitspflege – sie ist fester Bestandteil des Paarungsrituals. Und wir alle wollen hin und wieder jemanden abschleppen, oder etwa nicht? Make-up gehört für mich zu einer von vielen Methoden, zu denen viele Frauen greifen. Ich bin froh, dass sie uns zur Verfügung steht. Wir benutzen einfach jedes Werkzeug, das wir können.

Für mich zählt nur, ob sich eine Frau gezwungen fühlt, sich zu schminken, weil sie von außen unter Druck gesetzt wird. Oder ob sie es freiwillig tut. Ist Ersteres der Fall, haben wir es mit einem

Sexismusproblem zu tun. Ist Letzteres der Fall und sie will einfach jemanden abschleppen, wüsste ich nicht, was daran so schlimm sein soll. Außerdem geht das außer ihr niemanden was an!

Fragt sich nur, welche Beauty-Looks Männer attraktiv finden. Viele behaupten, kein Make-up zu mögen, oder wenn, dann nur ganz wenig. Dabei haben sie nicht die geringste Ahnung, wie so etwas wirklich aussieht! Bittet man sie, ein Beispiel zu nennen, reden sie tatsächlich meist von Gesichtern, die in Nude-Tönen äußerst geschickt geschminkt sind und die nur so tun, als wären sie ganz natürlich. (Genauso wenig können sie zwischen Kleidergröße 36 und 40 unterscheiden oder Cellulite erkennen. Etwas, das ich wiederum extrem tröstlich und beruhigend finde.) Ich misstraue auf Anhieb jedem Mann, der behauptet, auf »natürliche Schönheit« zu stehen – denn tun wir das nicht alle, Schätzchen? Der überwiegende Teil der Menschheit ist nun mal nicht perfekt und versucht deshalb, etwas zu schummeln. Findet euch damit ab, dass wir nicht alle aussehen wie Christy Turlington und uns durchaus für Männer erwärmen können, die nicht Paul Newman sind.

Trotzdem kenne ich diverse Männer, die von Frauen mit knalligem Lippenstift und bunten Tattoos schwärmen. Wieder andere bekommen mehr oder weniger einen Ständer, wenn sie superlange, blutrote Fingernägel sehen. Jedem das Seine! Im Großen und Ganzen finde ich, dass das Make-up beim Date keine totale Mogelpackung sein sollte. Das macht das Leben deutlich leichter. Es bringt nichts, sich aufwendig zu schminken, wenn Sie in Wahrheit nicht gern viele Umstände machen und den Aufwand höchstens bis zu den Flitterwochen durchhalten werden. Genauso unvernünftig erscheint es mir, so tun zu wollen, als würden Sie morgens aus dem Bett springen und auf den Bauernmarkt eilen – selbstverständlich in Ihrer ganzen natürlichen Schönheit, sprich mit roten Wangen und ein bisschen farblosem Balsam auf den Lippen. Wo Sie doch eigentlich nie ohne Foundation und Smokey Eyes aus dem Haus gehen. Wie immer bei Dates ist es besser, einfach man selbst zu sein – denn wie soll man derartige Täuschungsmanöver auf Dauer aufrechterhalten?

Linda McCartney hat einmal gesagt, sie sei völlig ungeschminkt zum ersten Date mit Paul gegangen, da sie ihn nicht habe enttäuschen wollen, wenn er sie in Zukunft ohne Make-up sehen würde. Womit sie nicht ganz unrecht hatte.

Wie die meisten Frauen schwanke ich ständig zwischen geschminkt und ungeschminkt hin und her. Mit einer gewissen Form von Schönheitsschizophrenie müssen meine potenziellen Partner also von Anfang an rechnen. Irgendwann kommt jedoch unweigerlich der Moment, in dem die Männer zum ersten Mal mein Esszimmer betreten (und ich rede hier wirklich von meinem Esszimmer!), um dann völlig verblüfft auf die Tausende von Lippenstiften, Foundations, Parfüms und Cremes zu starren, die aus eigens dafür angeschafften Kommoden quellen, und verzweifelt versuchen, dieses Bild mit der zierlichen Frau mittleren Alters in Einklang zu bringen, die da gerade im Jogginganzug vor ihnen steht und sich Baconfett aus dem ungeschminkten Gesicht wischt. Wenn ich mich schminke, dann so, wie ich will. Ganz einfach, weil ich vermutlich so arrogant bin, davon auszugehen, dass jeder Mann, der mit mir schlafen will, meinen Stil ohnehin gut findet. Ich gehe also vor wie immer: eine gute Foundation in hellem Ton, knallige Lippen, 3-D-Wimperntusche und rosige Wangen. Sollte der Mann auf lange Fingernägel stehen, würde ich es vielleicht mal ausprobieren. Sollte er mich dagegen mit Lippenstift hassen, würde ich ihn sofort höflich vor die Tür setzen. Wenn es um die Schönheit geht, bin ich flexibel und experimentell – aber nie gehorsam. Das ist meine Beauty-Show – und wer sie genießen will, ist herzlich willkommen!

AM MORGEN DANACH

Ich hasse den Begriff »Walk of Shame«, denn wenn ich nach einer schönen Nacht von einem Mann nach Hause kam, habe ich immer auf Wolke sieben geschwebt. Ich war aufgekratzt und glücklich –

nicht verschämt und verlegen. Trotzdem, bei diesen Gelegenheiten habe ich alles andere als toll ausgesehen. Es kam vor, dass ich am Morgen danach zum Brunch eingeladen war und stundenlang versucht habe, die trockene, schuppige Haut an meinem Kinn mit der Hand zu verdecken und die verschmierte Wimperntusche zu entfernen, indem ich ein Buttermesser als Spiegel missbrauchte, weil ich gerade keinen richtigen parat hatte. Ein echter Spontanfick lässt sich nun mal schwer planen. (Deshalb empfiehlt es sich auch, in den eigenen vier Wänden zu landen, mit dem heimischen Badezimmer in Reichweite.) Trotzdem: Wenn Sie zu einer vielversprechenden Verabredung aufbrechen, lohnt es sich, ein kleines Überlebenspaket einzustecken – eben damit man am nächsten Tag zum Frühstück bleiben kann (vielleicht sogar das ganze Wochenende?). Führen Sie es in Ihrer Handtasche mit sich (noch so ein Grund, warum winzige Clutches unbrauchbar sind), und Sie haben das Problem gelöst.

IHR BEAUTY-ARSENAL FÜR DEN MORGEN DANACH

Ein kleines Fläschchen Mizellenlotion
Eine supersanfte, transparente Reinigungslotion, die sämtliches Make-up rückstandslos entfernt – auch dicke Wimperntusche, roten Lippenstift und Wimpernkleber! Einfach ein Wattepad damit tränken und sich damit übers Gesicht fahren (zur Not tut es auch Klopapier). Mizellenlotion macht die Haut weich und sorgt dafür, dass sie nicht spannt. (Ganz im Gegensatz zur Seife aus dem Supermarkt, die viele Männer für ein Hautpflegeprodukt halten.) Zum Beispiel Bioderma und Avène bieten solche Mizellenlotionen in an. Füllen Sie Ihr Lieblingsprodukt am besten in ein kleines Fläschchen ab, bevor Sie ausgehen.

BB- oder CC-Cream

Das ist die einzige Situation, in der ich dieses Feuchtigkeitspflege/Foundation/Sonnenschutz-Kombipräparat empfehle. Wer etwas davon auf die gereinigte Haut gibt, erspart sich das Auftragen mehrerer Produkte und erhält so einen klareren, ebenmäßigeren Teint. Ich bevorzuge CC-Creams, wegen meiner trockenen Haut, aber wenn Sie eher fettigere Haut haben, tut es auch eine BB-Cream. Meine Lieblingsmarken finden Sie im Kapitel »Foundation«.

Reisezahnbürste

Putzen Sie sich um Gottes willen die Zähne! Ihr Partner sollte Zahnpasta vorrätig haben. Wenn nicht, ist gutes Aussehen Ihr geringstes Problem. Rufen Sie sich sofort ein Taxi!

Cremerouge

Das lässt Sie sofort besser aussehen. Ein bisschen davon auf beide Wangen tupfen, kreisförmig verstreichen und an den Rändern verblenden. Sie können auch etwas davon auf Ihre Lippen tupfen, wenn Sie den Lippenstift vom Vorabend nicht griffbereit haben. (Aus einem Ausgehton wird schnell eine dezente Farbe, wenn Sie sie vorsichtig mit dem Finger verteilen.) Rosa steht jedem.

Mascara

Vergessen Sie Eyeliner und Lidschatten! Mascara braucht nur wenig Platz und gibt Ihnen sofort das Gefühl, geschminkt zu sein. Zwei Schichten hintereinander zickzackförmig auftragen, um die Wimpern ordentlich zu trennen.

MAKE-UP ZUM DATE:
DOS AND DON'TS

Wenn jemand zuschaut, sollte man die Schönheitsroutine
so kurz wie möglich halten. Niemand wartet gern,
außerdem macht es misstrauisch, wenn man Stunden braucht,
um halbwegs präsentabel auszusehen. Überlegen Sie, ob Sie
wirklich alle drei Lidschattentöne und aufwendige Augenkonturen
auftragen müssen oder ob es nicht auch eine Nummer
kleiner geht.

....

Ich liebe roten Lippenstift! Aber mit wildem Geknutsche
lässt er sich nicht vereinbaren – außer Sie wollen aussehen
wie Robert Smith von The Cure. Sicherer fährt man mit
zarten Nudetönen. Den Lippenstift mit einem
Kosmetiktuch abtupfen und die Lippen dann noch mal
nachziehen. Produkte wie »Lipcote«, die den Lippenstift
versiegeln, mögen altmodisch klingen, aber sie funktionieren
wirklich!

....

Tubes-Mascara sollte ein fester Bestandteil Ihres Rendez-
vous-Make-ups sein. Im Gegensatz zu normaler Wimperntusche,
die verschmiert, übersteht die Tubes-Mascara auf Polymerbasis
auch eine lange Clubnacht, Sex und Einschlafen mit komplettem
Make-up, ohne Spuren im ganzen Gesicht zu hinterlassen.

....

Eine Mineral-Foundation lässt den Teint zwar nicht strahlen,
ist aber perfekt, wenn Sie geschminkt ins Bett gehen müssen –
sei es, weil Sie Ihr Notfallpaket nicht dabeihaben oder mit angeneh-
meren Dingen beschäftigt sind. Sie wirkt nicht kleistrig und
macht keine Pickel.

....

Wozu ein 48-Stunden-Deo gut sein soll, entzieht sich meiner Kenntnis, aber das ist die einzige Situation, in der so etwas hilfreich sein kann. Wenn Sie es vor dem Ausgehen auftragen, wird es voraussichtlich bis zum nächsten Morgen halten, ohne dass Sie Männerdeo benutzen müssen. (Glauben Sie mir: Es gibt wirklich nichts Stinkenderes!) Wollen Sie den Mann anschließend behalten, sollten Sie ihn überreden, auf ein Frauendeo, zum Beispiel von Dove, umzusteigen.

SECHS PARFÜMS, DIE FÖRMLICH
NACH SEX SCHREIEN

Es lässt sich nicht leugnen, dass manche Parfüms die geruchliche Entsprechung einer durchsichtigen Bluse sind.

Sie sind berauschend, sinnlich, einladend und ein bisschen verrucht – aber im positiven Sinne des Wortes. Sie sind eine hervorragende Wahl für ein vielversprechendes Date – auch wenn Sie mit dem betreffenden Herren bereits seit über 20 Jahren Tisch und Bett teilen.

»Shalimar« von Guerlain

....

»Opium« von YSL

....

»Coco Noir« von Chanel

....

»Carnal Flower« von Frederic Malle

....

»Allure« von Chanel

....

»Fire« von Mary Greenwell

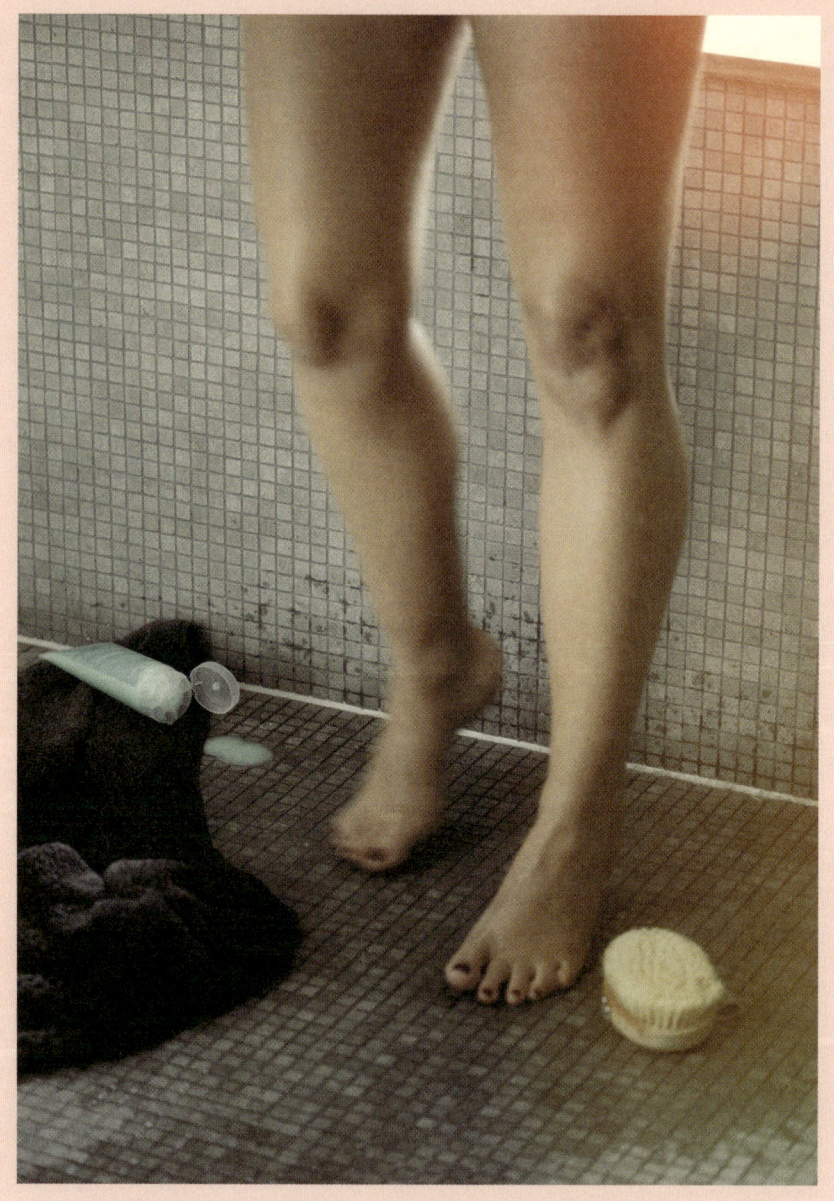

HAUT ZEIGEN

»Nicht einmal ich wache auf
und sehe aus wie Cindy Crawford.«
Cindy Crawford

Wenn Sie zu den Frauen gehören, die unbefangen ärmellose Oberteile tragen und leicht gebräunte, glatte Schultern haben, wenn Sie mit nackten Beinen nach draußen gehen, sobald das Wetter es zulässt, dann kann ich Ihnen nur gratulieren! Wenn Sie nach der Dusche direkt in Ihre Arbeitskleidung schlüpfen können, ohne zuvor eine 20-minütige Eincremesession einzulegen, und wenn eingewachsene Haare für Sie ein Fremdwort sind, dann sind Sie ein echter Glückspilz. Vielleicht wird Ihre helle Haut im Sommer problemlos braun und wirkt im Winter gesund und rosig. Vielleicht bekommen Sie im Sommer einen goldenen Teint, der bei Kälte niemals fahl wird. Sollte all das auf Sie zutreffen, können Sie dieses Kapitel getrost überblättern. Denn was nun folgt, ist für jene Frauen gedacht, die in blickdichten schwarzen Strumpfhosen leben und im Internet stundenlang nach Oberteilen mit anständigen Ärmeln fahnden.

Wenn ich irgendetwas an meinem Äußeren ändern könnte, würde ich gern eine andere Haut haben. Bei mir wurde bei der Geburt eine erbliche Hautkrankheit namens Ichthyose diagnostiziert, auch Fischschuppenkrankheit genannt. Dieser Gendefekt führt zu extrem trockener Haut, die sich schneller erneuert als normal, wodurch es zu juckenden Hautschuppen kommt. Das erfordert eine intensive Pflege und ist manchmal ziemlich bitter. Aber trotz all dem Elend, das diese Krankheit in der Kindheit verursachen kann, habe ich mit der Zeit gemerkt, dass ich der schlechten Haut meines Vaters auch so einiges verdanke.

Da ich seit dem zarten Alter von sieben regelrecht davon besessen bin, meinen Zustand zu verbessern, haben mich die Hautärzte, als ich elf wurde, aufgegeben: angeblich, weil sie mir nicht besser helfen können als ich selbst. Und das hat eindeutig zu meiner beruflichen Laufbahn geführt. Ich war von klein auf gezwungen, mich mit meiner Haut zu beschäftigen, herauszufinden, wie sie funktioniert, auf Behandlungen und Umwelteinflüsse reagiert, und wie ich sie besser aussehen lassen kann, als sie ist. Es ist mit das Befriedigendste an meiner Arbeit, meine Erfahrungen an Menschen, die ebenfalls eine Problemhaut haben, weitergeben zu dürfen. Oder an Menschen, deren Kinder an einer Hauterkrankung leiden, die sie nur unzureichend verstehen.

Ich sollte vielleicht nicht unerwähnt lassen, dass meine nun folgenden Vorschläge kein Ersatz für ärztlichen Rat sind – nichts läge mir ferner! Wenn Sie Hautprobleme haben, die Ihnen das Leben zur Hölle machen, sollten Sie zum Arzt gehen. Diese Leute können wirklich Wunder wirken, und Sie sollten auf sie hören. Ich weiß allerdings aus Erfahrung, dass die meisten dahingehend mit mir übereinstimmen, dass Menschen mit chronischen Hautproblemen irgendwann selbst am besten wissen, was ihnen guttut. Niemand, nicht einmal ein Arzt, versteht mehr von Ihrer Haut als Sie – und schon gar nicht, wie es sich tagein, tagaus damit lebt. Hören Sie auf das, was Ihnen die Haut sagen will. Und haben Sie keine Angst, Ihrem Arzt zu widersprechen, wenn Sie es besser wissen. Ein guter Arzt hört zu und macht sich Notizen.

Ob chronisches Ekzem, Akne, trockene, käseweiße Beine oder Reibeisenhaut an den Oberarmen – ich kann Ihnen weiterhelfen! Cellulitecremes und Brustgels? Solche Sachen können gar nicht funktionieren, und ich werde Ihnen auch erklären warum. Verbringen Sie keine weiteren Sommer damit, sich in blickdichten schwarzen Strumpfhosen zu Tode zu schwitzen! Ich kann Ihnen zu einer Haut verhelfen, die Sie gerne zeigen.

KALKWEISSE BEINE/SICHTBARE ÄDERCHEN

Problem
Kalkweiße oder fleckige Beine sowie sichtbare Äderchen kennen vor allem nach den langen Wintermonaten viele von uns.

Lösung
Man wird Ihnen raten, Selbstbräuner aufzutragen. Wenn Sie das erfolgreich hinbekommen – prima! Der Trick besteht darin, die trockene Haut erst gründlich zu peelen (aber nicht die nasse Haut, das

verschwendet nur Peeling, außerdem funktioniert es längst nicht so gut!). Anschließend die trockenen Stellen, die sonst zu viel Farbe abbekommen, wie Knie, Knöchel und Handflächen, sorgfältig eincremen. Wenn Sie den Selbstbräuner aufgetragen haben, nicht die Hände waschen! Flecken lassen sich besser vermeiden, wenn Sie eine reichhaltige, fast fettige Handcreme einmassieren und die Hände anschließend gründlich an einem alten Handtuch abtrocknen, auf das Sie keinen Wert mehr legen.

Wenn Sie wie ich nichts mit Selbstbräunern anfangen können (ich bin im wahrsten Sinne des Wortes immun dagegen!), kaufen Sie abwaschbare Bräune. Meiner Meinung nach sieht sie viel natürlicher aus und lässt sich auch leichter auftragen. Die besten sind von Fake Bake, DuWop, MAC, Sally Hansen und James Read. Beginnen Sie mit sauberen, trockenen Gliedmaßen, die Sie vorher nicht mit Bodylotion oder Creme behandelt haben. (Bodylotion führt zu Streifenbildung, außerdem färbt die Bräune dann an der Kleidung ab.) Das Body-Make-up sparsam und in mehreren Schichten mit der Hand auftragen (oder mit einem Bräunungshandschuh, wenn Ihnen das lieber ist.) Ein paar Minuten trocknen lassen, bevor Sie sich anziehen. Beim nächsten Duschen abwaschen.

FAHLE ARME UND BEINE

Problem
Dunkle Haut neigt zu einem fahlen, stumpfen Teint, vor allem in den Wintermonaten: so als würde man sie durch Pergamentpapier betrachten.

Lösung
Sie brauchen Alphahydroxysäure in Form eines Peelings oder einer Körpercreme (vielleicht auch beides). Sie schleift die abgestorbenen Zellen ab, die das Hautbild grau und uneben machen. In der Regel muss man die Prozedur mehrmals wiederholen – mindestens

ein paarmal die Woche, wenn nicht sogar täglich. Begehen Sie nicht den Fehler, davon auszugehen, dass Kakaobutter oder eine andere Feuchtigkeitspflege genauso gut funktioniert: Sie sorgen zwar oberflächlich für eine Verbesserung, indem sie etwaige Hautschüppchen »ankleben«, aber spätestens beim Schlafengehen sieht alles genauso aus wie vorher.

VITILIGO

Problem
Vitiligo, auch Weißfleckenkrankheit oder Scheckhaut genannt, ist eine chronische Hauterkrankung, bei der die Haut weiße Flecken bildet, und zwar aufgrund von Melaninmangel. Diese Flecken können überall auftreten, meist jedoch im Gesicht, an Händen und Armen. Vor allem Menschen mit dunkler Haut leiden unter dieser Erkrankung.

Lösung
Vitiligo ist unheilbar, lässt sich aber gut kaschieren. Kaufen Sie eine spezielle Camouflage-Creme, zum Beispiel von Vichy Dermablend (unter Umständen wird sie Ihnen sogar vom Hautarzt verschrieben). Sie benötigen eine, die Ihrem dunkelsten Hautton entspricht. Diese Creme mit einem Schwamm oder einem Pinsel auf die gereinigte Haut auftragen, besser gesagt auftupfen. Für die Augenregion einen kleinen Concealer-Pinsel benutzen, auch für Nasenfalten usw. Kann sein, dass Sie mehrere Schichten auftragen müssen. Warten Sie jedoch immer erst eine Minute, bevor Sie eine weitere auftragen. Das Make-up dann mit transparentem Puder oder Puder in der Farbe Ihrer Haut fixieren, sonst hält es nicht.

CELLULITE

Problem

Orangenhaut an Schenkeln, Po, Knien oder Oberarmen. Ich zögere, das als Problem zu bezeichnen, da jede Frau, die ich kenne, irgendwo Cellulite hat. Gleichzeitig kenne ich keinen einzigen Mann, der sie identifizieren könnte, nicht einmal, wenn sein Leben davon abhinge! Geschweige denn, dass er sich davon gestört fühlen würde. Aber wenn Sie sie unbedingt kaschieren wollen …

Lösung

Kaufen Sie weder Cellulitecreme noch -gel oder sonst irgendein angesagtes Zeug gegen Dellen. Es tut mir leid, Ihnen das sagen zu müssen, aber aus meiner Sicht kann das einfach nicht funktionieren. Cellulite ist nichts anderes als sichtbare Fettzellen. Nichts, was äußerlich aufgetragen wird, kann Fettzellen verbrennen. Diese unsinnige Idee kostet Frauen Milliarden und ist reine Geldverschwendung. Fallen Sie bloß nicht darauf rein!

Wenn Sie etwas gegen Ihre Cellulite unternehmen wollen, bekommen Sie die Haut am besten mithilfe eines Peelings glatt. Kaufen Sie sich ein anständiges Salzpeeling für den Körper. Es muss gar nicht teuer sein, Hauptsache, es sind keine »Perlen« darin. Die sind nutzlos, Sie brauchen richtig große Salzkörner. Massieren Sie die betroffenen Stellen gründlich damit ein, bevor Sie unter die Dusche gehen. Spülen Sie das Peeling mit Wasser ab, und tragen Sie anschließend Feuchtigkeitscreme oder abwaschbare Bräune auf (siehe oben). Das erzielt den besten Effekt.

EKZEME

Problem
Rote Schwielen und trockene, wunde Stellen am Körper – häufig an den Innenarmen, in den Kniekehlen und rund um die Knöchel.

Lösung
Leider gibt es keine schnelle Abhilfe, nur gute Hautpflege. Sie sollten Ihren Arzt aufsuchen und sich von ihm an einen Hautarzt überweisen lassen, damit der eine fundierte Diagnose stellen und eine geeignete Behandlung vorschlagen kann. (Es gibt verschiedene Arten von Ekzemen, wie das seborrhoische Ekzem und Kontaktdermatitis.) Ist eine Stelle besonders extrem betroffen, wird der Hautarzt oder die Hautärztin vermutlich äußerlich anzuwendende Steroide verschreiben. Die sind kurzfristig hochwirksam, sollten aber nicht längerfristig aufgetragen werden, da sie die Haut schädigen können. Man wird Ihnen auch Weichmacher zum Waschen und Auftragen auf die trockene Haut verschreiben. Da ich viele Jahre lang solche rezeptpflichtigen Cremes verwendet habe, kann ich sagen, dass ich sie nicht so effektiv finde wie hochqualitative Cremes von nichtmedizinischen Firmen. Ich glaube, es liegt eher an den Kosten und eingeschränkten Budgets, dass sie trotzdem verschrieben werden, und weniger daran, dass die Hausärzte tatsächlich glauben, diese fettigen, mineralölhaltigen Lotionen wären wirklich das Nonplusultra. Aber das ist nur meine private Meinung als langjährige Kassenpatientin, die der Wissenschaft prinzipiell vertraut und chemischen Produkten im Großen und Ganzen positiv gegenübersteht.

Trotzdem: Das ist eine der wenigen Ausnahmen, bei denen ich Naturprodukte effektiver finde. Ich mag Dusch- und Körpercremes, die Avocado-, Oliven- und Mandelöl enthalten. Die müssen gar nicht mal teuer sein. (Ich habe sie im Lebensmittelhandel gekauft und einfach mit einer leichten Körpercreme vermischt.) Ich mag auch Sheabutter, die man in vielen Drogeriemärkten günstig bekommt. Sie alle machen eine schön weiche Haut und sorgen für einen guten Witterungsschutz. Darüber hinaus mag ich Cremes, die Hyaluronsäure enthalten, da sie die Haut geschmeidiger machen, was sich sofort besser anfühlt. Dampfbäder können ebenfalls hilfreich sein, allerdings nur in kurzen Fünf- bis Zehnminuteneinheiten. Es gibt Hinweise darauf, dass viele Ekzem-Patienten an Vitamin-E-Mangel leiden. Ob Nahrungsergänzungsmittel helfen, ist allerdings noch nicht erforscht. Ich würde trotzdem welche einnehmen.

Sie können jede Menge tun, um das Auftreten heftiger Ekzeme zu verhindern: Zunächst einmal sollten Sie stets hypoallergene Handschuhe bei der Hausarbeit und beim Abwasch tragen, nicht zu viele Milchprodukte essen (ja, ich weiß, Käse! Das Leben ist extrem ungerecht) und nur sehr sanfte Reinigungsprodukte ohne Säuren und Retinoide verwenden. Nicht in gechlorten Pools schwimmen, ohne vorher eine dicke Creme-Schutzschicht aufzutragen, und nur duftneutrale Duschgels verwenden, nie Seife. Reine Baumwollkleidung reizt die Haut weniger als Kunstfaser, Stress sollte ebenfalls vermieden werden – aber gilt das eigentlich nicht immer? Das ist natürlich leichter gesagt als getan.

Um Ekzeme abzudecken, halten Sie sich an meine Anweisungen zu Vitiligo. Aber seien Sie bitte nett zu Ihrer Haut, und geben Sie ihr zwischendurch ein paar Tage frei!

ICHTHYOSE

Problem

Ichthyose, auch Fischschuppenkrankheit genannt, ist eine durch einen Gendefekt hervorgerufene chronische Hauterkrankung, die durch extreme Trockenheit und Feuchtigkeitsmangel gekennzeichnet ist. Die Hautzellen erneuern sich entweder zu schnell oder zu langsam. Eine rissige, raue, schuppige Haut ist die Folge. Die bei Frauen häufigste Form, Ichthyosis vulgaris, kann in verschiedenen Schweregraden auftreten – angefangen von ein paar trockenen Stellen bis hin zu wirklich schmerzhaften, nässenden, ja sogar blutenden Wunden. Am Körper ist es meist schlimmer als im Gesicht. Ichthyose-Patienten wie ich haben in der Regel sehr runzlige Hände und Füße.

Lösung

Eine Ichthyose hat man sein Leben lang, aber meist kann man die Auswirkungen stark eindämmen. Mein Vater hatte eine etwas mildere Form als ich (genau wie mein jüngerer Sohn), doch das erwies sich letztlich als schlimmer, da ich meine Haut viel gewissenhafter behandelt habe. Das Wichtigste ist, dass Sie Ihre Haut jeden Tag mit Feuchtigkeit versorgen – und zwar vom Scheitel bis zur Sohle. Sie werden schlichtweg nie einfach unter die Dusche hüpfen können und fertig. Nicht, ohne die Konsequenzen zu spüren. Sobald Sie Zeit dafür haben, peelen Sie die Haut vor dem Duschen (siehe »Fahle Arme und Beine«). Benutzen Sie anschließend eine reichhaltige Duschcreme (die vom Arzt verschriebenen geben mir ein fettiges, schmutziges Gefühl auf der Haut). Tupfen Sie die Haut anschließend vorsichtig trocken, und cremen Sie sich dann gründlich mit einer reichhaltigen Feuchtigkeitspflege ein. Das dauert nach dem Duschen etwa zehn Minuten und ist extrem nervig. Aber es ist es wert! Außerdem habe ich festgestellt, dass das Rasieren der Beine bei Ichthyose äußerst hilfreich ist: Es entfernt die feinen Hautschüppchen. Immer zuerst peelen und dann rasieren, nie umgekehrt! Die Klinge muss sehr scharf sein. Wirklich hilfreich sind auch Dampfbäder, feuchtwarmes Klima (New York im Sommer ist die einzige Jahreszeit, in der ich meine Duschroutine beschleunigen kann) sowie Cremes mit Hyaluronsäure. Anders als bei Ekzemen finde ich hier nicht verschreibungspflichtige Chemikalien unerlässlich. Ich benutze Produkte von Neutrogena und Garnier. Meiden Sie Chlorwasserpools wie die Pest. Ich sollte Ihnen auch raten, auf lange, heiße Bäder zu verzichten, aber das gelingt nicht einmal mir.

PSORIASIS

Problem

Psoriasis oder Schuppenflechte soll auf einen Defekt im Immunsystem zurückzuführen sein. Die Auswirkungen sind so ähnlich wie bei Ichthyose, da sich die Zellen auch hier zu schnell erneuern. (Gesunde Zellen erneuern sich alle drei bis vier Monate, Psoriasis-Patienten bekommen alle drei bis sieben Tage neue.) Mit dem Ergebnis, dass sich eine Hornschicht aus abgestorbenen Zellen ansammelt, die zu juckender, roter, wunder Haut führt.

Lösung

Psoriasis wird oft durch eine Krankheit, eine Infektion oder Stress ausgelöst – gesund bleiben ist also die beste Vorbeugungsmaßnahme. Kaltes Wetter scheint das Problem ebenfalls zu verschlimmern, also mummeln Sie sich dick ein, tragen Sie Baumwollstrumpfhosen (Lycra scheint auch zu funktionieren – vor allem wenn man ein paar überflüssige Pfunde an den Schenkeln wegzaubern will), aber keine Nylonstrümpfe. Die Haut nach dem Duschen immer mit einem reichhaltigen Cremeschutz verwöhnen. Sheabutter scheint besonders gut zu funktionieren, aus meiner Sicht ist sie pflegender als vom Arzt verschriebene Cremes. Ich bin auch der Meinung, dass das Rasieren der Beine mit einer scharfen Klinge hilfreich ist – vorausgesetzt, die schuppige Haut ist nicht zu empfindlich und schmerzhaft. Sollten Sie die roten Psoriasis-Stellen abdecken wollen, befolgen Sie die Anweisungen unter dem Punkt »Vitiligo«. Tragen Sie aber unbedingt vorher Brauenwachs auf, um für einen glatten Untergrund zu sorgen. Sie finden ihn im Fachhandel (siehe das Kapitel »Spezialgeschäfte«).

REIBEISENHAUT AN DEN OBERARMEN

Problem
Reibeisenhaut an den Oberarmen (Keratosis pilaris) ist weit verbreitet. Man nimmt an, dass eine schlechte Durchblutung und eine langsame Zellerneuerung dafür verantwortlich sind. Die Oberarme sind häufig rot, was ärmellose Oberteile wenig attraktiv macht.

Lösung
Reibeisenhaut lässt sich drastisch verbessern oder heilen, wenn man sie regemäßig peelt. Verwenden Sie ein gutes Körperpeeling mit Fruchtsäuren, und zwar immer, wenn Sie vor einem besonderen Anlass duschen. (Bräute, die ein ärmelloses Kleid tragen wollen, sollten schon mehrere Monate vor der Hochzeit damit beginnen.) Danach sofort mit einer Fruchtsäure-Körperlotion beziehungsweise mit einem entsprechenden Serum für Feuchtigkeit sorgen. (Die von Clarins sind wirklich fantastisch!) Den Vorgang vor dem Schlafengehen und sogar tagsüber wiederholen, wenn Sie Zeit und Lust dazu haben. Hartnäckige Röte mit abwaschbarer Bräune oder Body-Make-up kaschieren (MAC stellt eine geniale Face and Body Foundation in allen nur erdenklichen Hauttönen her).

SCHWABBELIGE OBERARME

Problem
Bei schwabbeligen Oberarmen hilft auch Abnehmen nicht.

Lösung
Verschwenden Sie kein Geld für Cremes und Gels, die behaupten, die Haut an Ihren Armen straffen zu können. Ich halte das für ausgemachten Schwachsinn. Meiner Meinung nach kann das gar nicht funktionieren. Die einzige Methode, mit der man Arme straffen und den Muskeltonus verbessern kann, ist Hanteltraining. Selbst nur

20 Minuten am Tag mehrfach ein paar Konserven zu stemmen kann wahre Wunder wirken. Dasselbe gilt für einen Hängebusen: Sie können entweder mit Gewichten trainieren, sich operieren lassen … oder einfach akzeptieren, dass Sie eine Frau sind und es völlig normal ist, keine Barbie-Brüste zu haben. Seien Sie nicht versucht, ein Brustgel zu kaufen, das angeblich zu mehr Volumen führt. Meiner Meinung nach gehören die verboten! Brüste bestehen aus Fett. Hätte ein äußerlich anwendbares Gel die Macht, Fettzellen wachsen zu lassen, würden die Ärzte Frühchen damit eincremen, um sie zu retten. Wenn solche Gels tatsächlich funktionieren würden, würden obskure Schönheitssalons dieses Geheimnis auch bestimmt nicht für sich behalten. Geben Sie Ihr hart verdientes Geld lieber für einen schönen Lippenstift oder eine gute Flasche Wein aus. Und tragen Sie lange Ärmel, immer! Es mag heutzutage verdammt schwer sein, langärmelige Sachen zu finden, aber sie sind chic, stylish und kaschieren viele Makel.

EINGEWACHSENE HAARE

Problem
Haare, die nicht richtig aus dem Follikel heraus-, sondern stattdessen nach innen wachsen und Pickel verursachen.

Lösung
Eingewachsene Haare sind weit verbreitet bei Frauen, die waxen und rasieren (und auch bei Männern). Das liegt häufig daran, dass der sie umgebende Follikel durch aufgequollene oder abgestorbene Haut verstopft wird. Um dem vorzubeugen, sollten Sie die trockene Haut gut peelen und das Peeling anschließend abduschen. Eine Bodylotion mit Alphahydroxysäure kann eingewachsenen Haaren ebenfalls vorbeugen und sie bis zu einem gewissen Grad behandeln. (Sie sollte man jedoch auf keinen Fall direkt nach dem Enthaaren auftragen.) Ist das Haar richtig tief eingewachsen, müssen Sie es mit

einer Pinzette entfernen. Jeder sollte eine scharfe Pinzette mit schräger Spitze besitzen. Ich bevorzuge Pinzetten von Rubis, obwohl die von Tweezerman auch sehr gut sind. Billige Pinzetten sind generell nutzlos – genauso gut können Sie versuchen, einen Holzlöffel zu benutzen. Um das eingewachsene Haar zu entfernen, peelen Sie die Haut zunächst und tupfen sie anschließend trocken, damit Sie nicht abrutschen. Nehmen Sie die Pinzette, und kratzen Sie die oberste, abgestorbene Hautschicht vorsichtig weg, bis Sie das Haar freigelegt haben. Mit der scharfen Pinzette zupfen Sie es anschließend aus. Mit anständigem Werkzeug sollte Ihnen das nicht weiter schwerfallen. Das ist ein höchst befriedigender Vorgang. Ehrlich gesagt bin ich fast traurig, wenn Monate vergehen, ohne dass ich Gelegenheit habe, diese einfache Operation durchzuführen.

BEAUTY-GIFTS

»Manche glauben, Luxus sei das Gegenteil von Armut.
Aber das stimmt nicht. Luxus ist das Gegenteil von Vulgarität.«

Coco Chanel

Von mir erwarten alle, dass ich an Weihnachten und zu Geburtstagen Beauty-Produkte verschenke. Das ist eine Zuständigkeit, die ich sehr ernst nehme – und zwar seit ich zwölf bin. Schon damals habe ich mein Taschengeld gespart, um jeder meiner Freundinnen Clinique-Seife für unerhörte sechs Pfund zu schenken. Ein Beauty-Gift kann ein wunderbares, aber auch ein grässliches Geschenk sein – je nachdem, wofür man sich entscheidet.

Mein Trick besteht darin, etwas Kleines zu kaufen, das ich mir gerade noch leisten kann – und er hat bisher noch jedes Mal funktioniert. Damit meine ich, dass Sie Ihr gesamtes Budget – seien es nun sieben oder 70 Euro – für ein kleines bisschen Luxus mit Wow-Faktor ausgeben: für einen Chanel-Lippenstift oder einen Nagellack von YSL, für eine edle Duftkerze oder einen luxuriösen Lippenbalsam, für eine tolle Rasiercreme oder einen winzigen, aber dafür perfekten Parfümflakon. Denn all diese Dinge gönnen sich die meisten Frauen nur selten, weil sie es nicht vor sich rechtfertigen können, stolze 30 Euro für ein bisschen Nagellack auszugeben, so toll er auch sein mag: Das Geld muss schließlich auch noch für Windeln oder Benzin reichen.

Umgekehrt gilt allerdings auch: Lassen Sie sich nie dazu hinreißen, Geld für etwas auszugeben, das nur auf den ersten Blick viel hermacht. Große Geschenksets mit Pflegeprodukten enthalten nie mehr als ein, zwei nützliche Dinge, und diese riesigen Make-up-Paletten mit 5000 Lidschatten kann, wenn überhaupt, nur eine Zwölfjährige gebrauchen. Dann sind da noch diese wuchtigen, billigen Rattankörbe voller minderwertiger Toilettenartikel. Wetten, sie landen sofort auf der Kellertreppe oder verstauben auf dem Badezimmersims, bis sie einem ungeliebten Übernachtungsgast aufgedrängt werden, der sie seinerseits unters Bett schiebt und dort vergisst? Ein niemals endender Teufelskreis.

Ganz so einfach ist es trotzdem nicht: Vielleicht sind Sie sich nicht sicher, welchen Hauttyp der zu Beschenkende hat, oder haben das Gefühl, beleidigend zu sein, wenn Sie ihm einen unterstellen. Vielleicht wissen Sie nicht, welcher Duft bevorzugt wird. Oder aber Sie wissen es, er ist Ihnen aber so zuwider, dass Sie diese Obsession nicht unterstützen wollen. (Ich persönlich würde »Darling« von Kylie Minogue niemals verschenken!) Aber manche Geschenke kann man problemlos ohne Spezialwissen erwerben, und Weihnachten oder der Geburtstag ist gerettet! Hier finden Sie einige meiner Lieblingsgeschenke für jeden Anlass – sei es nun der 16. Geburtstag oder Vatertag.

JUNGE MÄDCHEN

BASISPRODUKTE ZUR HAUTPFLEGE

Alle jungen Menschen – seien es nun Jungen oder Mädchen – sind sich ihrer Haut sehr bewusst. Geburtstag oder Weihnachten sind da tolle Gelegenheiten, ihnen eine anständige Pflegeroutine nahezubringen, bestehend aus Reinigen, Peelen, Cremen und Schützen. Entscheiden Sie sich für Produkte von guter Qualität, die aber nicht übertrieben teuer sind. Sonst gibt der Beschenkte auf, sobald sie leer sind. Liz Earle, Body Shop, Elemis, Neutrogena, Benefit und Clarins stellen fantastische Pflegeprodukte für die Haut von Pubertierenden her.

LUXURIÖSER LIPGLOSS

Junge Mädchen sind genauso verrückt nach Lipgloss wie ich nach Käse. Bestimmte Marken haben eine wunderbare Zusammensetzung, die raffiniert und nicht billig aussieht. Außerdem gibt es ihn in hübschen Verpackungen, die ideal zum Verschenken sind. Rosa- und Pfirsichtöne sind eine gute Wahl für jeden Teint. Benefit, MAC, Urban Decay und Smashbox sind die besten Firmen.

KOSMETIKKOFFER

Ein professioneller Kosmetikkoffer enthält herausnehmbare Tabletts für Lippenstifte, Lidschatten, Haarklammern usw. Damit schlägt man gleich zwei Fliegen mit einer Klappe: Er hält alle Produkte griffbereit und schafft Ordnung in unaufgeräumten Zimmern. Es gibt Hunderte davon bei Amazon (in allen nur erdenklichen Farben, Mustern und Preisklassen), aber die besten findet man häufig in Parfümerien.

EIN GUTES PARFÜM

In Frankreich gibt es den schönen Brauch, dass ein junges Mädchen an ihrem 16. Geburtstag von seiner Mutter oder Großmutter in eine Guerlain-Boutique mitgenommen wird. Dort darf es sich sein erstes richtiges Parfüm aussuchen. Ein tolles Parfüm ist ein wunderbares Geschenk, und das gemeinsame Aussuchen lässt Nähe entstehen. Wenn Sie sich einen Nachmittag Zeit nehmen, um gemeinsam durch die Parfümabteilung eines Kaufhauses zu schlendern, anschließend bei einer Tasse Tee eine Entscheidung treffen und später einen hübschen kleinen Flakon kaufen, den Sie schön als Geschenk einpacken lassen, wird das ein unvergesslicher Geburtstag für Tochter, Nichte oder Patenkind.

NAIL ART

Sie mögen es furchtbar finden, aber Nail Art ist ein Trend, der sich so schnell nicht legen wird. Ich kann mich nicht besonders dafür erwärmen, weiß aber, dass ich völlig begeistert davon wäre, wenn ich heute jung wäre. Nail Art kann an jungen Mädchen cool und witzig aussehen und ist ein nettes, kreatives Hobby. Zubehör wie Folien, Nagellackstifte zum Zeichnen von Linien und Pünktchen, Cracked-Lack, selbst klebende Edelsteine und Sticker von Topshop, Models Own, Revlon oder Sally Beauty Supply kommen mit Sicherheit gut an.

MANIKÜRE UND PEDIKÜRE

Die meisten jungen Mädchen haben noch nie einen Fuß in einen Kosmetiksalon gesetzt, geschweige denn darin Platz genommen und eine Behandlung genossen. Eine professionelle Maniküre oder Pediküre in einem netten Nagelstudio ist ein wunderbar aufregendes Übergangsritual auf dem Weg zum Erwachsensein. Und außerdem eine gute Methode, die Nägel so in Form zu bringen, dass sie sich zu Hause weiterpflegen lassen. Ein solcher Besuch ist auch eine tolle Belohnung, wenn das Nägelkauen aufgegeben wurde.

MÄNNER

EINE EDLE RASUR BEIM BARBIER

Ich habe noch keinen Mann kennengelernt, dem die Vorstellung nicht gefällt, sich mit heißen Handtüchern, Erfrischungswässerchen und professionell aufgetragener Rasiercreme rasieren zu lassen. Nur sehr wenige leisten sich so etwas freiwillig, deshalb ist so ein Besuch beim Barbier eine wunderbare Geschenkidee. In den meisten Städten gibt es heute entsprechende Einrichtungen. Das Nonplusultra beim nächsten London-Trip wäre ein Besuch beim königlichen Barbier Geo. F. Trumper – und der ist gar nicht mal so teuer, wie man denkt.

DUFT

Ich liebe tolle Herrendüfte, und meiner Erfahrung nach tragen Männer sie gern. Düfte sind zwar etwas sehr Individuelles, trotzdem scheinen manche an jedem gut zu riechen und machen Lust zu experimentieren. Meine Lieblingsdüfte sind »Pour Monsieur« von Chanel, »Eau Sauvage« von Dior, »Vetiver« von Guerlain, »Neroli Portofino« von Tom Ford, »Ormonde Man« von Ormonde Jayne und »Terre d'Hermès« von Hermès.

HANDCREME

Ich bekomme Jahr für Jahr Hunderte von Briefen von Männern, die über trockene Hände klagen. Wer hätte das gedacht? Dadurch kam ich auf die Idee, Männern Handcreme zu schenken – jedes Mal mit großem Erfolg. Der Trick besteht darin, eine zu nehmen, die nicht zu parfümiert und nicht zu fettig ist. Kiehl's, L'Occitane, Liz Earle, Diptyque und Clinique erfüllen beide Anforderungen.

EDLES RASIERZEUG

Es spricht viel dafür, einem Mann den scheußlichen Rasierschaum aus dem Supermarkt abzugewöhnen und ihm stattdessen eine wunderbare, ölhaltige, pflegende Rasiercreme schmackhaft zu machen. Das ist etwas ganz anderes, als diese altmodischen Rasiersets zu verschenken, die die meisten Männer ein Leben lang an Weihnachten aufgedrängt bekommen. Die sehen zwar hübsch aus, werden aber vermutlich nie benutzt werden. Ich liebe Geo. F. Trumper, Kiehl's und L'Occitane.

FEUCHTIGKEITSPFLEGE

Das ist nicht nur ein Geschenk für ihn, sondern auch für alle Frauen, die verräterische Fingerabdrücke in ihrer Tagescreme entdeckt haben. Die meisten Männer wissen inzwischen, dass eine Feuchtigkeitspflege unverzichtbar ist. Bekommen sie diese auch noch geschenkt, werden sie sie mit Sicherheit benutzen. Entscheiden Sie sich für ein schlichtes Produkt – außer der Adressat ist extrem wählerisch und gut informiert. Eine normale Tagescreme oder ein Balsam nach dem Rasieren (am besten aus der Tube oder im Pumpspender, da Männer keine Tiegel mögen, wie ich festgestellt habe) von Clinique Skin Supplies for Men, Clarins, Anthony For Men, Liz Earle oder Lab Series For Men erfüllen ihren Zweck und werden ihn nicht finanziell ruinieren, wenn er feststellt, dass er diese Angewohnheit nicht mehr aufgeben will.

DUSCHGEL

Männerduschgels riechen fast immer grässlich, zumindest meiner Erfahrung nach. Für den täglichen Gebrauch empfehle ich (geschlechts-)neutrale Produkte von Dove, Nivea oder Palmolive. Aber zu besonderen Anlässen macht es auch Männern Spaß, sich etwas mehr zu verwöhnen. Kiehl's, Molton Brown, Body Shop und Liz Earle stellen alle frische, fruchtige, maskuline oder Unisex-Duchgels und -Cremes her, die auch Männer lieben. Einem Sportler können Sie auch ein muskelentspannendes Massageöl von Elemis, Aromatherapy Associates oder Dead Sea Spa Magik schenken.

SCHALLZAHNBÜRSTE UND MUNDDUSCHE

Wenn ich ehrlich sein soll, finde ich, dass jeder eine Schallzahnbürste haben sollte. Aber bei Männern kommen sie ganz besonders gut an. Ein Mann, der technische Gadgets liebt, wird begeistert sein, das neueste Spielzeug zu bekommen. Und einer, dem so etwas egal ist, wird es mögen, dass seine Zähne sich sauberer anfühlen denn je. Eine Schallzahnbürste ist nicht mit einer elektrischen Zahnbürste zu verwechseln. Letztere ist kaum günstiger und gibt einem nicht ansatzweise ein so gutes Gefühl. Wollen Sie besonders großzügig sein, kaufen Sie ihm eine Munddusche.

ALAUNSTIFT

So günstig wie Pfefferminzbonbons und wirklich unglaublich hilfreich ist dieser kleine Stift, der die Blutung stillt, wenn man sich beim Rasieren geschnitten hat. Endlich keine Klopapierfetzen im Gesicht mehr! Es gibt sie schon seit Hunderten von Jahren, aber meiner Erfahrung nach sind sie für die meisten Männer die reinste Offenbarung. Man bekommt sie für ein paar Cent beim Herrenfriseur oder in altmodischen Drogerien. Ideal für den Nikolausstrumpf!

FREUNDINNEN UND SCHWESTERN

LIPPENSTIFT VON CHANEL

Was soll ich sagen? Das ist einfach etwas ganz, ganz Wunderbares in der schicksten Verpackung, die man für Geld kaufen kann. Dieses typische Klicken, das klassisch-monochrome Design, das Gefühl, eine Romanheldin von Françoise Sagan zu sein, sobald man sich an einem Cafétisch die Lippen damit nachzieht ... Ich wüsste nicht, was einem daran nicht gefallen sollte! Rot ist eine gute, festliche, universelle Option für jeden Teint.

TASCHENZERSTÄUBER

Ein geniales, günstiges Zubehörteil, das jeder besitzen sollte. Man drückt es einfach auf den aufgeschraubten Parfümflakon, und der Zerstäuber füllt sich mit genug Duft für etwa zwei Wochen. Ideal für unterwegs, ohne dass man Angst haben muss, der Flakon könnte zu Bruch gehen. Zum Beispiel Travalo und Fantasia (bei Douglas erhältlich) stellen welche her.

PINZETTE

Eine wirklich gute Pinzette verändert alles! Sie haben ja keine Ahnung, was für ein Mist normalerweise benutzt wird, bis man eine anständige Pinzette besitzt. Rubis ist meine Lieblingsmarke, die von Tweezerman sind auch toll. Sie entfernen noch die winzigsten Härchen, auch eingewachsene Haare – kurz und schmerzlos. Worauf warten Sie noch?

LUXURIÖSER NAGELLACK

Ein teurer Nagellack in einem tiefen Rotton passt zu jedem Teint und ist die reine Freude beim Auftragen. Luxusmarken wie Chanel, YSL, Tom Ford, Dior oder MAC stoßen stets auf Begeisterung. Nagellacke von Revlon sind ebenfalls toll. Mit Rot oder Burgunderrot kann man nichts falsch machen.

DUFTKERZEN

Ich liebe Duftkerzen, aber wer billige nimmt, spart am falschen Ende. Eine Qualitätskerze brennt länger, verteilt den Duft besser und sorgt im ganzen Haus tagelang für Wohlgeruch. Ich liebe die von

Diptyque, Bella Freud, Le Labo, Byredo, Jo Malone und Miller Harris.

LEERE LIDSCHATTENPALETTEN

Das klingt vielleicht unglamourös, aber meiner Erfahrung nach kommen leere Lidschattenpaletten als Geschenk sehr gut an. Liefern Sie ein paar Nude-Töne mit, der Rest kann selbst befüllt werden. Die besten gibt es von MAC, Bobbi Brown, Kiko und Make Up For Ever.

MÜTTER

SEIFE

Jeder braucht Seife, aber eine, die gut riecht, gut aussieht und die Hände nicht austrocknet, ist ein seltenes Geschenk. Compagnie de Provence ist eine nicht allzu teure Firma, die tolle Geschenkseifen herstellt. Ich liebe auch die von L'Occitane, Molton Brown, Cowshed und Caudalie. Zu allen gibt es auch eine passende Handcreme.

EIN KOMPAKTSPIEGEL

Jede Frau braucht einen kompakten Vergrößerungsspiegel – erst recht, wenn sie älter wird und schlechter sehen kann. Außerdem sind Kompaktspiegel einfach chic und glamourös, man kann sie blind kaufen, da sie keinerlei Make-up enthalten, das auf irgendeinen Hautton abgestimmt werden müsste. Ich gehe nie ohne meinen Kompaktspiegel von Chanel aus dem Haus, aber jede andere Marke geht natürlich auch.

EINE DUFTBERATUNG BEI ROJA DOVE

Spielt Geld keine Rolle und planen Sie einen London-Trip, würde ich keine luxuriöse Gesichtscreme kaufen, sondern mich in Roja Doves Haute Parfumerie bei Harrods beraten lassen. Während Sie Ihren Nachmittagstee genießen, wird Ihnen ein von Roja (eine der Autoritäten in der Welt der Parfüms und der Mann, der für meine Liebe zu Düften verantwortlich ist!) persönlich ausgebildeter Berater eine exklusive Auswahl an Parfüms zeigen und Ihnen dabei helfen, Ihren persönlichen Duft zu finden. Les Senteurs, ebenfalls in London, bieten einen ähnlich wunderbaren Service an, genauso wie gute Parfümerien in Ihrer Nähe.

HAARBÜRSTEN VON MASON PEARSON

Ich habe in der Vergangenheit schon viele Haarbürsten von Mason Pearson verschenkt. Sie gehören zu meinen Lieblingsgeschenken, da sie ein Leben lang halten, in Großbritannien von Hand gefertigt werden und jeder sie gebrauchen kann (es gibt sogar ganz kleine in Hellblau und Rosa – mein Lieblingsweihnachtsgeschenk). Sie sind eine besonders tolle Geschenkidee für Mütter, die die Qualität und das Design zu schätzen wissen, welche wirklich unvergleichlich sind. Diese Bürsten zähmen dickes, krisseliges Haar und pflegen dünnes, ohne dass es sich statisch auflädt. Sie sind fraglos die besten Bürsten zum Föhnen von Ponys und ideal dafür geeignet, die Haare zu toupieren, ohne dass Tränen fließen müssen. Sie sind nicht gerade billig, aber ihren Preis wirklich wert.

DUFTENDE PFLEGEPRODUKTE

Die meisten Frauen benutzen Parfüm, geizen aber mit duftenden Pflegeprodukten (ich gehöre auch dazu). Insofern kann eine passende Creme oder ein passendes Duschbad ein schönes Geschenk sein. Fast alle Parfüms haben eine dazugehörige Pflegeserie. Benutzt man sie zusätzlich, bekommt der Duft mehr Tiefe und hält länger. Besonders gut sind die von Chanel, Estée Lauder, Diptyque und Clarins.

SECHS HÜBSCHE, GÜNSTIGE GESCHENKE FÜR DEN NIKOLAUSSTRUMPF

Eine hübsche Seife. Ich mag die Klassiker von Pears und die Seifen von Bronnley in Form von Zitronen oder Limetten.

....

Glitter Pots mit glitzerndem Lidschattenpuder, zum Beispiel von Barry M: Die zaubern durch ganz wenig Aufwand ein tolles Ergebnis: einfach auf Lider, Wangen oder den Lippenbalsam auftupfen.

....

Biokokosöl aus dem Reformhaus. Eine wunderbare Feuchtigkeitspflege für Haut, Nägel und Haar.

....

Ein Kamm von Kent: Diese Firma macht die besten Kämme überhaupt – in jeder Form und Größe.

....

Ein Lippenbalsam im Vintage-Stil. Ich mag Rosebud Salve, Kiehl's Lippenbalm und Burt's Bees. Sie kosten alle unter 15 Euro.

....

Ein Nagellack- und Lippenstifthalter aus Acryl. Das ist eines der besten Geschenke, die ich je bekommen habe, man findet sie im Drogeriemarkt.

FOLGENDES BITTE NICHT VERSCHENKEN!

Anti-Aging-Cremes, außer der/die Beschenkte hat sie sich
ausdrücklich gewünscht.

....

Dasselbe gilt für Produkte gegen Cellulite, Dehnungsstreifen,
Schuppen und Mundgeruch sowie Gebissreiniger.

....

Fertig verpackte Riesengeschenksets. Die schreien förmlich danach,
an eine ungeliebte Person weitergereicht zu werden.

....

Maniküresets mit einer Metallnagelfeile, die so hart ist, dass man
Gefängnisgitter damit durchsägen könnte. Die meisten sind von
unterirdischer Qualität und machen die Nägel bloß kaputt.

....

Riesige Make-up-Paletten mit Dutzenden von Lidschatten,
Rouges und Glosses. Die überwiegende Mehrheit wird nie benutzt
werden, und selbst wenn Sie eine befreundete Visagistin
beschenken wollen, ist die Qualität meist erbärmlich.
Lieber nachfüllbare Paletten verschenken.

....

Badewürfel: Die benutzt seit 1972 eigentlich kein Mensch mehr.

ROTER LIPPENSTIFT

»Schönsein heißt für mich,
mich in meiner Haut wohlzufühlen.
Oder aber einen Wahnsinnslippenstift aufzutragen!«
Gwyneth Paltrow

Roter Lippenstift ist das kleine Schwarze unter den Schönheits-produkten. Kein Kosmetikartikel steht dermaßen für Schönheit wie er. Würde man Sie bitten, sich ein Schminkutensil vorzustellen, werden Sie bestimmt an einen roten Lippenstift denken und weni-ger an Make-up oder Mascara. Rot ist eine kräftige, energische, ele-gante, erotische, unglaublich feminine und klassische Farbe. (Versu-chen Sie einmal, sich Marilyn Monroe ohne ihre orangeroten Lippen vorzustellen! Es wird nicht funktionieren.) Roter Lippenstift macht jedes Outfit glamouröser und verwandelt sogar Jeans und T-Shirt in den perfekten Ausgeh-Look. Er bringt den Teint zum Strahlen, denn er ist ein echter Hingucker und erspart einem ein kompliziertes Au-gen-Make-up: Es reicht, sich mit einem glamourösen Stift die Lippen nachzuziehen! Roter Lippenstift lässt die Haut heller und die Zähne weißer wirken. Nichts ist so zeitlos-attraktiv. Es bricht mir schier das Herz, dass so viele Frauen Angst haben, welchen zu tragen.

Ich trage Lippenstift, seit ich 13 bin. Damals verlieh mir das »Doris-Karloff«-Scharlachrot von Miss Selfridges trotz meines Wo-chenend-Looks, der aus einem The-Smiths-T-Shirt, alten Levi's und Doc Martens bestand, genau die richtige Dosis Weiblichkeit, ohne meine damalige Antihaltung zu kompromittieren. Roter Lippenstift ist vermutlich das Einzige, das mir aus diesen Zeiten geblieben ist, und ich kann mir nicht vorstellen, ihn jemals aufzugeben. Heute kombi-niere ich roten Lippenstift zu fast allem – zum gemütlichen Pullikleid an einem Faulenzertag, wenn ich einen kleinen Energieschub brau-che. Zu wichtigen Besprechungen, wenn ich zeigen will, dass ich mich nicht für dumm verkaufen lasse. Und zu Partys, bei denen man etwas mehr Stylingaufwand betreiben muss. Aber ich benutze ihn auch an Tagen, an denen ich den Extraselbstvertrauensschub brau-che, den mir diese Farbe beschert. Ich verwende übrigens nicht aus-schließlich roten Lippenstift – dafür bin ich viel zu experimentierfreu-dig. Außerdem wäre er dann gar nichts Besonderes mehr. Aber es gibt Zeiten, da muss es unbedingt ein roter Lippenstift sein. Rot hebt die Stimmung, motiviert und kann vieles verändern, ja Rot ist die perfekte Waffe. Rot ist deutlich mehr als eine Farbe, es ist eine Geisteshaltung.

Deshalb rate ich Frauen, sich nicht allzu viele Gedanken über Teint und Haarfarbe zu machen, wenn sie sich für roten Lippenstift entscheiden. Wer den richtigen Rotton gefunden hat, hat bereits gewonnen. Aber bevor man sich mit dem perfektesten Lippenstift gut fühlt, muss man akzeptieren, dass man sich erst daran gewöhnen muss. Also bloß nicht aus Angst vor der eigenen Courage einen Rückzieher machen! Wir reden hier über zwei, drei Abende, an denen wir extrem selbstkritisch sind und fälschlicherweise annehmen, dass einem alle auf den Mund starren und denken: »Meine Güte, bist du heute aufgedonnert!« Abende, an denen man sich instinktiv die Hand vor den Mund hält, als hätte man Mundgeruch. Dabei traut man sich bloß aufzufallen, und das mit Erfolg! Bitte versuchen Sie, zu drei aufeinanderfolgenden Anlässen roten Lippenstift zu tragen, bevor Sie eine endgültige Entscheidung treffen. Wenn Sie sich dann immer noch unwohl fühlen, vergessen Sie's! Aber wenn Sie diese kritische Phase überwinden, ist es eine Liebe fürs Leben, das garantiere ich Ihnen!

SO FINDEN SIE DEN RICHTIGEN ROTTON

Ich bin fast schon besessen davon, genau die richtige Farbe zu finden. Letztes Jahr habe ich eine Frau im Kaufhaus regelrecht ins Kreuzverhör genommen, um herauszufinden, wo sie ihr perfektes mattes Ziegelrot herhatte. (Es war »Kate Moss« für Rimmel.) Dann habe ich einer über 80-jährigen Dame unweit der Oxford Street den Weg verstellt, um sie nach ihrem fantastischen Retro-Scharlachrot zu fragen (Elizabeth Arden) … und beide Farben noch am selben Tag gekauft! Andererseits ist es so schwer auch wieder nicht, das richtige Rot zu finden.

Und so geht's. Als Daumenregel gilt: Je blasser das Gesicht, desto orangefarbener sollte das Rot sein. Kühle Rottöne mit einem hohen Blauanteil sehen bei einem dunklen Teint besser aus. Aber das heißt nicht, dass sehr blasse Frauen nicht mit einem blauroten Lippenstift cool aussehen können. Oder dass Dunkelhäutigen nicht auch ein Orangerot fantastisch steht: Regeln sind schließlich nur dazu da, um gebrochen zu werden! Beim Kauf des ersten roten Lippenstifts ist dieser Tipp allerdings hilfreich. Hat man sich erst einmal daran gewöhnt, kann man immer noch experimentieren.

Machen Sie sich auch Gedanken über das Finish! Lippenstift kann alles sein – hauchzart getönt, superglänzend oder extrem matt und cremig. Wenn Sie große Angst vor rotem Lippenstift haben oder Ihr Büro-Dresscode ihn verbietet, sollten Sie nur eine Lage auftragen und mit einem Kosmetiktuch gründlich abtupfen. Ansonsten ist ein Satin-Finish zu empfehlen. Solche Lippenstifte sind weder glänzend noch matt, sondern irgendwo dazwischen. Sie sehen erwachsen und chic aus, machen die Lippen angenehm weich und enthalten genügend Pigmente, um aufzufallen.

Stehen Sie auf Knallrot, oder sollte es ein dezenterer Ton sein? Ziegelrot und Beerentöne können sehr hübsch aussehen und tragen sich oft leichter als grelles Feuerwehrrot (meine persönliche Lieblingsfarbe). Es gibt viele Nuancen dazwischen, und Sie werden sehen: Nach mehrmonatigem Tragen wird es immer gewagter.

Nichts Glitzerndes verwenden! Rottöne mit Perlmutt-Finish mögen sich in Ausnahmefällen als Party-Look eignen, aber richtiger roter Lippenstift sieht anders aus! Ein anständiges Rot ist frei von Glitzer und Perlmutt. Soll es doch mal etwas Schillernderes sein, dann einfach einen glänzenden roten Gloss über dem roten Lippenstift auftragen.

SO TRAGEN SIE ROTEN LIPPENSTIFT AUF

Wenn Sie eine Foundation benutzen (und das sollten Sie,
denn außer Sie haben einen makellosen Teint, sieht roter Lippenstift zu einer guten Grundierung immer am besten aus), dann
diese auch auf den Lippen verteilen und abpudern.

....

Einen roten oder nudefarbenen Lipliner nehmen und die Konturen
der Ober- und Unterlippe nachzeichnen. Die Mundwinkel
nicht vergessen. Das verhindert, dass sich der Lippenstift im Lauf
des Tages verselbstständigt. Danach einmal über die Zähne lecken.

....

Den Lippenstift direkt aus der Hülse auftragen. (Er sollte
abgeschrägt sein. Wofür nicht abgeschrägte Lippenstifte gut sein
sollen, entzieht sich meiner Kenntnis. Ist der Lippenstift noch neu,
ist diese Form äußerst hilfreich. Bitte so lassen!) Mit dem
angeschrägten Ende den Amorbogen von unten nach oben
ausmalen, dann die ganze Oberlippe damit nachziehen,
wobei das abgeschrägte Ende nach oben zeigt.

....

Den Vorgang bei der Unterlippe wiederholen.

....

Lippenstift mit einem Kosmetiktuch vorsichtig abtupfen:
Es praktisch küssen, ohne das Tuch zu bewegen. Die Lippen wie
oben beschrieben ein zweites Mal nachziehen.

....

Den ganzen Zeigefinger in den Mund stecken und die Lippen
fest darum schließen. Langsam wieder herausziehen. Das entfernt
Lippenstift von den Zähnen.

....

Die Lippen alle drei Stunden erneut nachziehen, je nachdem,
was Sie so vorhaben. (Wenn Sie jemanden erobern wollen,
noch öfter!)

DANN BITTE KEINEN
ROTEN LIPPENSTIFT!

Bei sehr dünnen Lippen oder wenn die Oberlippe kaum vorhanden ist, keinen roten Lippenstift auftragen, sondern lieber roten Lipgloss oder einen getönten Pflegestift verwenden.

....

Wenn Sie den roten Lippenstift im Laufe des Tages nicht mindestens einmal auffrischen können oder wollen, sollten Sie ebenfalls darauf verzichten. Verblasster Lippenstift sieht aus, als hätten Sie eine wilde Nacht hinter sich. Nicht sehr elegant.

....

Zu dunklem, dramatischem Lidschatten bitte keinen roten Lippenstift verwenden! In einem Robert-Palmer-Musikvideo sieht das noch gut aus, aber an jeder nicht mehr ganz so jungen Frau einfach nur furchtbar. Bloß Drag Queens und Joan Collins können sich so etwas leisten.

....

Zu bronzefarbenem Rouge (siehe Kapitel »Beauty und Karriere«).

NOCH EIN HINWEIS ZUR VERPACKUNG

Wer roten Lippenstift trägt, muss mehrmals nachziehen. Und das sollten Sie gerne tun. Wer sich die Lippen nachzieht, sieht dabei gut aus, vor allem wenn die Verpackung an sich schon ein stylishes Accessoire ist. (Dasselbe gilt auch für Kompaktpuder, siehe Kapitel »Beauty und Karriere«.) Wenn ich mich vor einem Date für einen roten Lippenstift entscheide, achte ich immer auch auf das Hüllendesign. Lippenstifte von Tom Ford, Chanel, Dior, Clinique, Elizabeth

Arden, Givenchy, Guerlain und Estée Lauder machen optisch richtig was her, wenn man sie am Restauranttisch aus dem Abendhandtäschchen zieht.

BAD HAIR DAY?
TIPPS & TRICKS

»Tolles Haar ist die beste Rache.«
Ivana Trump

Mein Haar ist von Natur aus dünn und mickrig – Schnittlauch-
locken, die sich anfühlen, als wären sie mit Kieselgel bedeckt.
Ich würde mir normalerweise Locken wünschen – hätte ich nicht so
viele Freundinnen, die mit ihren ständig auf Kriegsfuß stehen. (Die
wenigsten mögen ihre Haare. Das ist eine unbestreitbare Tatsache.)
Stattdessen habe ich gelernt, meine alles andere als ideale »Haar-
pracht« zu zähmen und ihr zu zeigen, wer von uns die Hosen anhat. Ich liebe es, ein Problem zu erkennen (oder von Leserinnen zu
ganz anderen Problemen befragt zu werden). Dann mache ich mich
schlau, wie es sich lösen lässt – entweder nach dem Trial-and-Er-
ror-Prinzip, durch Recherche im Internet oder indem ich einige, mir
glücklicherweise durch meinen Beruf bekannte, fantastische Stylisten mit Fragen bombardiere. Im Folgenden finden Sie die häufigsten
Probleme, für die ich im Lauf der Jahre Abhilfe gefunden habe, sowie
erprobte Tipps und Tricks, mit denen auch Nichtprofis klarkommen.

Problem
Der Pony lässt sich nicht glatt föhnen.

Lösung
Das klatschnasse Haar glatt kämmen und etwas Stylingcreme, -spray
oder -schaum auftragen. Dann eine Bürste mit Borsten wie die von
Mason Pearson nehmen, die Düse des Föhns nach unten richten und
diesen auf die höchste Gebläsestufe stellen. Den Pony energisch von
links nach rechts föhnen. Nicht nach vorne kämmen. So lange damit fortfahren und währenddessen die Haare von links nach rechts
kämmen, bis sie ganz trocken sind. Ihr Pony wird vollkommen glatt
anliegen.

Problem

Der Pony wird tagsüber fettig.

Lösung

Waschen Sie den Pony täglich, auch wenn Sie das übrige Haar nicht waschen. Das geht ganz leicht vor dem Waschbecken: Den Pony einfach unter den warmen Wasserhahn halten, Shampoo darin verteilen und ausspülen. Wenn Sie duschen, verstauen Sie das Haar unter einer Duschhaube (das funktioniert besser, als den Pony draußen zu lassen, denn das tropft unschön). Sollte der Pony nachmittags trotzdem schon wieder fettig sein, ein bisschen Trockenshampoo aufsprühen. Einmassieren wie normales Shampoo, damit das Fett aufgesogen wird, dann durchkämmen. Mit Haarspray fixieren.

Problem

Das Haar lädt sich statisch auf.

Lösung

Das kommt besonders im Winter häufig vor. Der Trick besteht darin, dem trockenen Haar Feuchtigkeit zurückzugeben und es so wenig wie möglich zu strapazieren. Nach dem Waschen immer einen guten Conditioner zur Feuchtigkeitspflege verwenden. Das nasse Haar kopfüber mit einem grobzinkigen Kamm oder einer speziellen Bürste zum Haarentwirren durchkämmen (das geht jetzt besser als in trockenem Zustand) und in ein Handtuch wickeln. Einen Klecks Stylingcreme im feuchten Haar verteilen, bevor Sie es föhnen oder an der Luft trocknen lassen. Ein winziges bisschen Haaröl zwischen den Handflächen verteilen und in die Spitzen geben, die Ansätze auslassen. Ist das Haar ständig statisch aufgeladen, sollten Sie in ein seidenes Kopfkissen investieren – das hilft wirklich!

Problem
Das Haar hängt nach dem Trocknen platt herunter.

Lösung
Das Haar immer entgegengesetzt zu der Richtung föhnen, in die es fallen soll. Tragen Sie den Scheitel rechts, bürsten Sie es beim Föhnen nach links, oder aber Sie föhnen es über den Kopf. Es wird automatisch wieder so fallen wie vorher, aber wenn Sie in die Gegenrichtung föhnen, bekommt es mehr Schwung und Fülle.

Problem
Sie können nicht mit beiden Händen gleichzeitig föhnen.

Lösung
Viele sind einfach überfordert, wenn sie den Föhn in der einen Hand halten und gleichzeitig das Haar mit der Rundbürste eindrehen sollen. In diesem Fall ist eine Warmluftbürste mit rotierendem Kopf die geniale Lösung. Diese Bürsten drehen sich auf Knopfdruck und stoßen gleichzeitig heiße Luft aus. So bekommen Sie das perfekte Föhnen mit der Rundbürste auch einhändig hin! Babybliss stellt die besten Warmluftbürsten her, auch wenn es inzwischen zahlreiche Kopien von der Konkurrenz gibt.

Problem
Es dauert einfach zu lange, bis die Haare trocken werden.

Lösung
Klatschnasse Haare zu föhnen ist reine Zeitverschwendung! Außerdem führt es nur zu noch mehr Hitzeschäden. Die Lösung besteht darin, ein paar Euro in einen supersaugfähigen Haarturban aus Mikrofaser zu investieren. Diese dünnen, dehnbaren Turbane sind von unschätzbarem Wert, wenn Sie sich morgens die Haare

waschen und rasch zur Arbeit müssen. Ich wickle mein Haar gleich nach dem Duschen kopfüber hinein. Wenn ich meinen Tee getrunken und mich geschminkt habe, ist es beinahe trocken und kann in wenigen Minuten fertiggeföhnt werden.

Problem
Schuppen

Lösung
Bevor Sie Schuppen behandeln, müssen Sie herausfinden, ob Sie wirklich nur unter einer trockenen, schuppigen Kopfhaut leiden oder ob es sich um fettige Schuppen aufgrund einer übertriebenen Zellerneuerung handelt. Eine trockene Kopfhaut behandelt man am besten, indem man abends Mandel-, Avocado- oder Olivenöl einmassiert, und zwar eine Woche lang jeden Abend. Das Haar anschließend in ein Handtuch einwickeln. Morgens normal waschen, und zwar mit einem Shampoo ohne Sulfate. Dann sollte das Problem verschwinden. Es genügt, alle ein, zwei Wochen eine Folgebehandlung zu machen. Haben Sie fettige Schuppen, brauchen Sie ein Spezialshampoo. Die besten sind von Phyto und Kerastase, es kann aber auch nicht schaden, sich eines vom Arzt verschreiben zu lassen. Ich würde anschließend generell auf Shampoos, die Sulfate enthalten, verzichten. Ebenso auf Trockenshampoo, da es beide Probleme zu verschlimmern scheint.

Problem
Eine Allergie gegen PPD (p-Phenylendiamin)

Lösung
Eine Allergie gegen PPD (ein Wirkstoff, der in fast allen Tönungen und Färbemitteln vorkommt) ist ein ernstes Problem, das sich vermutlich mit jedem Kontakt mit diesen Chemikalien verschlimmern wird. Sie werden diese Allergie Ihr Leben lang nicht mehr loswerden, deshalb müssen Sie PPD unbedingt meiden. Sie haben die Möglichkeit, auf Hennafarben oder andere natürliche Haarfarben auszuweichen. Allerdings decken diese graue Haare nicht so zuverlässig ab. Wenn Sie sich darüber genauso ärgern wie ich, schreiben Sie den Haarfärbemittelfirmen. PPD ist in dunklen Haarfarben meist in einer höheren Konzentration enthalten als in hellen. Also überlegen Sie gemeinsam mit Ihrem Friseur, ob Sie nicht blond werden sollten, oder entscheiden Sie sich langfristig für einen schönen, einheitlichen Silberton. (Mir wird irgendwann gar nichts anderes übrigbleiben.)

Problem
Die Beach Waves sehen einfach nur platt und nass geregnet aus.

Lösung
Viele Frauen wünschen sich diese lässigen, zerzausten Wellen. Dabei sind sie eine Mogelpackung, weil sie deutlich mehr Pflege brauchen, als man denkt. Das Geheimnis besteht darin, das Haar kopfüber glatt zu föhnen, anschließend richtig herum mit einer Mason-Pearson-Bürste, damit sie auch oben glatt werden. Danach einen kühlen Luftstoß ins Haar geben und kurz warten. Jetzt ein Textur- oder Meerwasserspray in die Längen geben (Ansätze auslassen!) Das Haar leicht mit den Fingern verstrubbeln, um es aufzulockern, dann an der Luft trocknen lassen.

Problem

Das Haar nimmt schnell fremde Gerüche an.

Lösung

Ich muss nur an einem Imbiss vorbeigehen, und schon stinkt mein Haar nach fettigen Würstchen. Wer täglich Haarspray benutzt, macht die Haare widerstandsfähiger gegen unangenehme Gerüche. Regelmäßiges Waschen ist natürlich auch hilfreich, aber bei vielen Haartypen wie dickem Haar, Afro-Haar oder einer empfindlichen Kopfhaut ist das äußerst mühsam und führt zu einem unschönen Krissel-Look. Statt die Haare mit Shampoo zu waschen, versuchen Sie es einfach mal mit einem leichten Conditioner und sparen die Kopfhaut aus. Es kann sich auch lohnen, nur die Spitzen zu waschen. Dann lässt sich das Haar so stylen, als wäre es am Vortag gewaschen worden. Anschließend Haarspray draufgeben – das hilft wirklich!

Problem

Das Haar ist strapaziert und splissig.

Lösung

Hören Sie auf, es extrem zu stylen, und zwar sofort! Gehen Sie zu einem guten Friseur, und lassen Sie sich einen Haarschnitt machen, der ohne Glätteisen oder heißes Föhnen auskommt. Bitten Sie um eine Tönung, die in etwa dieselbe Farbe hat wie Ihr Ansatz. Tönungen sind großartig, wenn es darum geht, beanspruchten Haaren Glanz zu schenken, ohne sie noch mehr zu schädigen. Verblasst die Tönung und Ihre natürliche Haarfarbe wächst nach, fällt der Übergang nicht weiter auf. (Für zwischendurch können Sie auch eine Schaumtönung nehmen.) Nach jedem Waschen einen feuchtigkeitsspendenden Conditioner auftragen und mindestens einmal die Woche eine Haarkur. Etwas Haaröl in die Spitzen geben, um sie vorübergehend zu glätten, so sehen sie gleich gesünder aus.

Problem
Der Pony muss nachgeschnitten werden, aber Sie können nicht zum Friseur gehen.

Lösung
Extrem vorsichtig vorgehen und folgende Anleitung nur ausprobieren, wenn Sie sich einigermaßen geschickt anstellen! Bevor es losgeht, nehmen Sie alle Haare bis auf den Pony zurück. Kämmen Sie ihn, und nehmen Sie ihn mit dem Kamm so zusammen, dass er eine zwei Zentimeter breite Haarfläche in der Mitte der Stirn bildet. Den Pony zwischen zwei ausgestreckte Finger nehmen, etwa einen Zentimeter vom unteren Rand entfernt. Eine Schere nehmen und von unten nach oben in die Spitzen hineinschneiden. Dort aufhören, wo sich Ihre Finger befinden. Nicht waagrecht schneiden, nur nach oben! Haben Sie den ganzen Pony auf diese Weise gekürzt, die Finger wegnehmen und alles durchkämmen. Einzelne überstehende Haare, die Sie übersehen haben, abschneiden. Sich niemals einen Pony schneiden, wenn es noch keinen gibt! Das ist ein Job für echte Profis.

Problem
Ihr lockiges Haar wird krisselig.

Lösung
Shampoos und Conditioner mit Sulfaten meiden – sie verschlimmern das Problem bloß. Das nasse Haar mit einem grobzinkigen Plastikkamm durchkämmen und die Haare dann über den Kopf in ein Mikrofaserhandtuch wickeln. Sind sie zu 70 Prozent getrocknet, mit den Fingern etwas Stylingcreme für gelocktes Haar in den Längen verteilen. Die Prozedur mit einem Klecks silikonfreies Haaröl wiederholen (Kerastase, Percy & Reed und Dove machen gute Haaröle). Die Haare noch etwas an der Luft trocknen lassen (durch das Überkopftrocknen im Handtuch haben sie ohnehin

etwas Volumen erhalten). Wenn Sie es eilig haben, benutzen Sie einen Föhn mit Diffusoraufsatz. Mit den Fingern durchkämmen, nicht bürsten.

Problem
Die Haare liegen am Oberkopf flach an – egal, wie viele Produkte Sie benutzen.

Lösung
Vielleicht benutzen Sie einfach zu viele? Eine golfballgroße Menge Stylingschaum ist völlig ausreichend. Föhnen Sie Ihr Haar kopfüber, und glätten Sie es erst ganz am Schluss. Dann nehmen Sie eine kleine Bürste mit dichten Borsten und teilen einzelne Strähnen ab. Diese sanft auftoupieren und einzeln mit Haarspray fixieren. Die oberste Haarschicht glatt darüberlegen, um das Toupieren zu kaschieren. Noch mehr Haarspray darauf geben – fertig!

Problem
Sie wollen das Haar nach innen föhnen, aber einzelne Strähnen drehen sich immer nach außen.

Lösung
Gestatten Sie mir eine kurze Bemerkung vorneweg: Wenn Sie nicht gerade einen strengen Bob tragen, sieht es eher altmodisch aus, wenn alles brav nach innen geföhnt ist. Das tagtäglich hinkriegen zu wollen ist echt aufwendig. Unregelmäßig fallendes Haar sieht weicher, jünger und cooler aus. Aber wenn es zu extrem ist und Sie wirklich wahnsinnig macht, brauchen Sie eine Warmluftbürste mit rotierendem Bürstenkopf (die besten sind die von Babybliss). Das Haar zu 80 Prozent mit einem normalen Föhn oder Handtuch trocknen, dann mit der Warmluftbürste einzelne Strähnen abteilen (nur die störrischen, wenn Sie es eilig haben), einzeln aufdrehen, und zwar

so, dass sich der Bürstenkopf von Ihnen wegdreht. Strähnen in Ruhe lassen, bis sie abgekühlt sind.

Problem
Ihr schräger Pony bleibt nicht schräg.

Lösung
Schräge Ponys sind ein Klassiker – keine Ahnung, warum es so schwer ist, einen Friseur zu finden, der sie so schneiden kann, dass sie schräg bleiben, ohne mühsam von einem Föhn dazu gebracht werden zu müssen. Der Trick besteht darin, den Friseur dazu zu bringen, eine versteckte Stufe einzubauen, die kürzer ist als das Deckhaar des Ponys. Ist Ihr Haar nass, sollte es ganz von selbst zur Seite fallen.

Problem
Ihre Hair Extensions fühlen sich langsam unangenehm an.

Lösung
Es ist normal, dass sich Extensions anfangs seltsam anfühlen. Dieses Gefühl sollte allerdings nach ein, zwei Tagen nachlassen, wenn die Spannung an der Kopfhaut abnimmt. Bleibt es unangenehm oder sogar schmerzhaft, müssen Sie die Haarteile professionell entfernen lassen und mindestens ein paar Monate pausieren. Stark spannende oder sogar schmerzende Kopfhaut kann ein Hinweis auf eine Verletzung der Haarfollikel sein, was wiederum zu vorübergehendem oder dauerhaftem Haarausfall führen kann. Dieses Risiko sollten Sie auf keinen Fall eingehen. Weg mit den Extensions!

Problem
Bei Ihnen halten keine Locken.

Lösung
Egal, ob Sie Naturwellen oder aalglattes Haar haben – Finger weg von Silikonen, wenn Sie sich Locken wünschen. Silikone sind in vielen Haarprodukten enthalten. Sie sind großartig, wenn es darum geht, das Haar zu glätten. Offen gestanden tun sie das allzu gut: Sie sorgen dafür, dass sich Locken schnell »aushängen«. Silikone verbergen sich hinter Worten, die auf »cone« enden (Dimethicone beispielsweise). Es kann auch helfen, den Conditioner wegzulassen. Das ist zwar nicht besonders gut für die Haare, gibt ihnen aber bei besonderen Anlässen mehr Halt. Einen altmodischen Haarfestiger ins feuchte Haar geben, bevor Sie es trocknen und locken.

Problem
Ihr Shampoo lässt Ihr Haar zunehmend platt und fettig aussehen, obwohl es lange großartig funktioniert hat.

Lösung
Daran sind wieder die Silikone schuld! Es ist ein Ammenmärchen, dass sich Haare oder Haut zu sehr an ein Produkt gewöhnen und deshalb nicht mehr darauf reagieren. Ich höre das ständig, dabei liegt es eher an einer zu starken Anreicherung des Produkts, dass das Endergebnis zu wünschen übrig lässt. Eben weil es zu lang benutzt wurde. Wie gesagt, schuld daran ist meist das Silikon – anfangs eine tolle Sache, doch irgendwann nervt es nur noch. Verzichten Sie cinc Weile darauf.

Problem
Ihr rotes Haar verblasst schnell.

Lösung
Rote Haarfarbe verblasst schneller als jede andere. Ist Ihnen das Nachfärben zu mühsam, sollten Sie sich vielleicht für eine andere Farbe entscheiden. Sie können gefärbtes oder natürliches Rot intensivieren, indem Sie Shampoos und Conditioner mit roten Farbpigmenten benutzen (zum Beispiel »Madder Root« von Aveda). Fehlt es Ihrem roten Haar einfach an Glanz, nehmen Sie Shampoos und Conditiner für blondes Haar. Ich weiß, das klingt widersprüchlich, aber ich finde, Blondprodukte (wie »Sheer blonde« von John Frieda) sorgen bei Rothaarigen für tollen Glanz.

Problem
Ihre Haare laden sich statisch auf, sobald Sie vom Kalten ins Warme kommen.

Lösung
Das ist weit verbreitet, auch bei Haar, das sich sonst nicht elektrisch auflädt. Die heiß-kalten Wechselbäder im Winter lassen Ihre Frisur aussehen, als hätten Sie in die Steckdose gefasst. Die Lösung ist ganz einfach: Führen Sie ein zusammengefaltetes Trocknertuch in der Handtasche mit sich. Laden sich die Haare auf, fahren Sie damit sanft übers Haar. Das bändigt es sofort. Sie können ein Tuch mehrmals benutzen. Apropos Tricks ...

FÜNF UNCOOLE HAARPRODUKTE, DIE GARANTIERT FUNKTIONIEREN

Diese Stylingprodukte mögen aus der Mode gekommen sein, aber sie erfüllen ihren Zweck besser als alles andere:

STYLINGMOUSSE

In meiner Jugend war mein Haar dermaßen voller Schaumfestiger, dass es ganz hart war. Aber jetzt, wo ich weiß, wie man damit umgeht, liebe ich ihn noch viel mehr. Er schenkt mehr Volumen als jedes andere Produkt, fixiert Wellen und Locken und funktioniert bei jedem Haartyp. Eine golfballgroße Menge in die Handfläche geben und mit gespreizten Fingern am Oberkopf verteilen. Ich persönlich lasse die Spitzen aus, da sie schnell etwas stachelig aussehen können.

FLÜSSIGER HAARFESTIGER

Ja genau, das Zeug, das Ihre Oma für ein paar Cent beim Drogisten gekauft hat. Eine fantastische Erfindung, auch wenn es ein bisschen stinkt. Man soll es auf einzeln abgeteilte Strähnen geben, bevor man sie aufdreht, aber das ist mir viel zu umständlich und verschwenderisch. Ich kippe das Ganze in einen Reisezerstäuber und gebe es ins fast trockene Haar, wenn ich es anschließend aufdrehen will. Man kann es aber auch gleich als Spray kaufen.

LOCKENCREME

Die Curly-Girl-Bewegung im Internet (googeln Sie sie ruhig) hat meinen vollen Respekt, da sie der Welt in Erinnerung ruft, wie toll altmodische Lockencreme in gewelltem, lockigem oder Afro-Haar aussieht. Es ist eine ziemlich dicke Creme (normalerweise in einem schönen Fifties-Pastellrosa), die ins klatschnasse Haar gegeben wird, bevor man es in ein Handtuch wickelt. Es verhindert krisseliges Haar und fixiert Locken, ohne sie zu beschweren. Fantastisches Zeug – und noch dazu günstig!

BEHEIZBARE LOCKENWICKLER

Ich wüsste nicht, wie ich ohne beheizbare Lockenwickler auskommen sollte. Die Leute geben Unsummen für kompliziertes Zubehör und Volumenprodukte aus, die letztlich doch nur enttäuschen. Dabei ist der Effekt 100-mal besser, wenn man die Haare einfach nur auf ein paar ordinäre Lockenwickler dreht. Nichts schenkt ein so überzeugendes, haltbares Volumen wie Lockenwickler. Noch dazu sind sie wirklich kinderleicht anzuwenden, wenn man weiß, wie. Früher musste man sie eine Ewigkeit aufheizen (und hat sich die Finger daran verbrannt). Heutige elektrische Lockenwickler dagegen sind in buchstäblich zwei Sekunden heiß, fassen sich aber kühl an. Nicht vergessen: je größer der Lockenwickler, desto weniger Locken. Wer glattes Haar mit mehr Volumen will, dreht das Haar auf etwa sechs große Lockenwickler (nach innen aufrollen). Das dauert zwei Minuten. Im Haar auskühlen lassen, während Sie sich schminken, dann herausnehmen und die Locken mit den Fingern voneinander trennen. Dann kommt noch etwas obendrauf, nämlich…

HAARSPRAY

Das nützlichste Stylingprodukt überhaupt. Haarspray verhindert elektrisches Aufladen (von Haaren und Strumpfhosen), fixiert die Frisur samt Locken oder Wellen, sorgt für Glätte und wirkt schmutz- und fettabweisend. Ich gehe nie ohne aus dem Haus – doch auch ich habe meine Grenzen. Haarspray bitte niemals –ich wiederhole, niemals! – ins Gesicht sprühen, um das Make-up zu fixieren. Ich habe bereits vor Jahren von diesem Trend gehört und bin entsetzt, wie sehr er sich inzwischen durchgesetzt hat. Abgesehen davon, dass Haarspray die Haut austrocknet und stresst, macht es sie klebrig und starr. Verwenden Sie stattdessen lieber einen Primer als Make-up-Unterlage.

SCHÖNHEITSIKONEN

»Egal, wer du bist,
egal, was du getan hast,
egal, woher du kommst:
Du kannst dich jederzeit ändern
und zu einer besseren Version
deiner selbst werden.«

Madonna

Jeder, der sich auch nur ansatzweise für Schönheit interessiert, braucht eine Ikone. Damit meine ich nicht, dass erwachsene Frauen ihre Zimmerwände mit Postern zupflastern sollten, so als wäre ein Star ein höheres Wesen, an das man niemals herankommt. Sondern nur, dass man sich die Frauen aus dem eigenen Umfeld, dem Fernsehen, der Film- und Musikindustrie oder der Politik suchen sollte, die einen dazu inspirieren, nach Höherem zu streben, Neues auszuprobieren und das Beste aus sich zu machen. Das können ganz unterschiedliche Frauen sein, frei nach meiner Philosophie, dass Schönheit bedeutet, die Dinge nach Lust und Laune zu mischen – je nachdem, was man gerade kommunizieren will. Es gibt Tage, an denen ich meine Augen dramatisch umrande wie einst Ronnie Spector von den Ronettes oder Brigitte Bardot, andere, an denen ich völlig ungeschminkt rumlaufe wie Janis Joplin. Einige meiner Schönheitsikonen sind Frauen, die stolz und kompromisslos »Gesicht zeigen«. Andere scheinen gar nicht zu bemerken, wie außergewöhnlich sie sind. Für manche sind Frisur und Make-up eine Spielwiese, auf der sie sich kreativ austoben. Andere wurden von der Natur dermaßen begünstigt, dass es fast schon eine Unverschämtheit ist. Einige meiner Schönheitsikonen liebe ich, seit ich vier Jahre alt bin (Sie wissen schon, damals, als ich zum selben Herrenfriseur geschleift wurde wie meine Brüder). Andere sind Neuentdeckungen, die mich darin bestärken, dass Schönheit nicht auf das Klischee vom jungen blonden Püppchen mit Riesenbrüsten beschränkt bleibt. Wenn ich mir die Gesichter meiner Schönheitsikonen ansehe, bin ich glücklich – ganz so, als würde ich einen Henry Moore bewundern. Und gleich darauf greife ich zum Schminktäschchen.

CHRISTY TURLINGTON

Das Supermodel Christy Turlington, das Modedesigner Isaac Mizrahi einmal als »Sixtinische Kapelle aller Gesichter« beschrieben hat, ist für mich einfach nur ein Quell der Freude, den ich nicht genug bestaunen kann. Ihr Gesicht ist in jeder Hinsicht erlesen: Wangenknochen, die aussehen, als wären sie in Stein gemeißelt und anschließend mit Pergament bezogen worden, Lippen, die den perfekten Schmollmund bilden, wie ihn kein Schönheitschirurg modellieren kann, dazu riesige Rehaugen – beseelt und hellwach. Ich werde niemals aussehen wie sie, und das ist auch völlig in Ordnung. Niemand wird aussehen wie sie. Sie ist eine Ausnahmeerscheinung, ein regelrechtes Kunstwerk, das man bestaunen sollte wie eine seltene Orchidee.

ELIZABETH TAYLOR

Elizabeth Taylor erinnert mich immer wieder daran, dass ein gepflegtes Äußeres plus eine gehörige Portion Glamour eine gewaltige Wirkung entfalten kann. Ja, die Taylor war mit einer so außergewöhnlichen natürlichen Schönheit gesegnet, dass man mit Fug und Recht behaupten kann, sie hätte das schönste Gesicht der Welt. Aber von ihren guten Genen mal abgesehen ist diese Frau vor allem deshalb so inspirierend, weil sie die Macht der Weiblichkeit so ungeniert zelebriert hat. Ein Blick in ihr Gesicht genügt, um sofort Mitleid mit der Männerwelt zu bekommen, die keine solche Auswahl an Schminktechniken und Frisuren zur Verfügung hat. Taylors Weiblichkeit und Glamour besaßen eine unglaubliche Macht. Nie kam sie schwach, unentschlossen oder fertig daher. Dank Elizabeth Taylor freue ich mich unbändig darüber, eine Frau zu sein.

JOSEPHINE BAKER

Die US-amerikanisch-französische Sängerin, Tänzerin und Schauspielerin hat einmal gesagt: »Ich habe einen intelligenten Körper.« Ein schöneres Kompliment kann man eigentlich niemandem machen – erst recht nicht sich selbst. Josephine Baker war nicht nur außergewöhnlich schön, stylish, talentiert und clever, sondern ihrer Zeit auch weit voraus. Als Beinahe-Nackttänzerin thematisierte sie ihre Sexualität, Jahrzehnte bevor Madonna überhaupt geboren wurde. Ihr Look – Kurzhaarfrisur, dramatisches Make-up und eng anliegende Kleider – war modern und sexy. Sie war eine schamlos glamouröse Feministin, eine stolze schwarze Frau, die sich niemandem beugte. (So weigerte sie sich zum Beispiel, in Music Halls mit Rassentrennung aufzutreten, und sagte dem Ku-Klux-Klan, der sie bedrohte, dass sie keine Angst vor ihm habe. Und dann hat sie während des Zweiten Weltkriegs auch noch die französische Resistance unterstützt.) Josephine Baker wurde inzwischen von Diana Ross (noch so eine Schönheitsikone von mir) und Beyoncé verkörpert und wird in Kürze in einem Film über ihr Leben von Rihanna gespielt werden. Ernest Hemingway hat Josephine Baker einfach nur »die sensationellste Frau überhaupt« genannt.

KIM DEAL

Deal ist die fantastische Bassistin und Sängerin der Band The Breeders, früher war sie bei den Pixies. Ich habe eine Schwäche für Frauen in Männerbands, die ihre Weiblichkeit ausleben, ohne ihr toughes Bad-Girl-Image aufzugeben. (Chrissie Hynde und Debbie Harry sind weitere Schönheitsikonen von mir aus dieser Kategorie.) Als ich die Pixies das erste Mal spielen sah, merkte ich nach der Hälfte des Konzerts, dass ich seit dem ersten Akkord wie hypnotisiert von Kim Deals wunderschönem Gesicht war. Ihr anbetungswürdiger Pixie-Cut war einfach perfekt. Sie hat herrlich markante Wangenknochen, aber ihr Gesicht ist warm, weich, freundlich, fröhlich und unglaublich sexy! (Fragen Sie einen beliebigen männlichen Indie-Fan, und er wird es Ihnen sofort bestätigen.) Kim Deal ist meist ungeschminkt und sieht stets fantastisch aus. Sie inspiriert mich dazu, auch ungeschminkt erhobenen Hauptes durch die Welt zu gehen. Obwohl sie erst Anfang 50 ist, sieht man schon jetzt, dass einmal eine wundervolle alte Dame aus ihr werden wird.

ANNE-MARIE DUFF

Das Gesicht der britischen Schauspielerin Anne-Marie Duff raubt mir schlichtweg den Atem. Diese Kombination aus markanten Wangenknochen, riesigen Augen, kleinem Mund und milchweißer Haut ist einfach einzigartig. Vielleicht etwas seltsam und ätherisch, aber so unglaublich hübsch, dass ich sie stundenlang anstarren könnte. Obwohl sie so besonders aussieht, ist sie eine fantastische Schauspielerin, der man wirklich jede Rolle abnimmt. Über ihre Gesichtsausdrücke transportiert sie Gefühle auf eine Art, dass man wie hypnotisiert davon ist. Anne-Marie Duff hat eines von den Gesichtern, die eine perfekte Leinwand zum Experimentieren mit Make-up bilden. Ich habe so den Verdacht, dass man es mit Margarine zukleistern könnte, und es würde immer noch toll aussehen. Ich kenne Duff nicht persönlich, aber mir kommt sie immer so vor, als wüsste sie gar nicht, wie großartig sie ist. Etwas, das ich sehr charmant und sympathisch finde. Sie ist eines der Mädchen, die zu Schulzeiten bestimmt eher unauffällig waren, sich dann aber zu jemand völlig Unvergesslichem entwickelt haben.

ALABAMA WHITMAN

Alabama Whitman ist keine reale Person, sondern die weibliche Hauptfigur im Film »True Romance«, gespielt von der strahlenden Patricia Arquette. Ihr platinblondes Haar hat eine billige Föhnwelle, ihr Lippenstift ist feuerwehrautorot und ihr sinnlicher Körper in grelles Spandex gezwängt. Sie ist der beste Beweis dafür, wie viel Spaß es machen kann, schön zu sein. Alabama hat mich gelehrt, dass manches ein bisschen daneben sein muss, um richtig gut auszusehen. Selbst guter Geschmack braucht eine Prise Vulgarität, um wirklich interessant zu werden.

ZADIE SMITH

Noch so eine Christy Turlington, die man anstarren muss wie ein Öl-gemälde, nicht ohne ein klein wenig zu sabbern. Als ich Zadie Smith bei einer Party auf dem Damenklo traf, musste ich sofort denken, wie verdammt ungerecht das Leben ist. Ich fürchte, das geht vielen so, die ihr zum ersten Mal begegnen. Ihr Haar ist stets zurückgebun-den oder unter einem Schal versteckt, so als würde sie sich kaum damit abgeben. In der Regel trägt sie eine dicke Brille. Ich wage es kaum zu sagen, dass sie einfach perfekt aussieht, weil das fast schon so klingt, als wäre sie eine Langweilerin. Dabei ist das genaue Ge-genteil der Fall. Mal ganz im Ernst: Sie ist wirklich hübscher, als die Polizei erlaubt.

COCO CHANEL

Ich bewundere Coco Chanel aus mehreren Gründen. Von ihren sonderbaren politischen Ansichten einmal abgesehen war sie eine beeindruckende, inspirierende Frau. Sie, die offen gestanden keine klassische Schönheit war, beweist, dass Schönsein nichts mit Hübschsein zu tun hat. Das allein wäre langweilig. Sondern damit, elegant, stilvoll, selbstbewusst, gepflegt und intelligent zu sein. Sie war eine atemberaubende Frau mit der Mission, ihren Geschlechts-genossinnen das Gefühl zu geben, gut auszusehen und mit sich im Reinen zu sein. Und das in einer Zeit, in der Frauen von männlichen Modeschöpfern in Korsetts gezwängt wurden, sodass sie kaum auf-recht stehen konnten. Als Erneuerin des Schönheitsbegriffs ist sie unvergleichlich. Sie brachte gebräunten Teint in Mode, und als sie aus einer Reihe von Duftmustern die »No. 5« auswählte, hat sie mehr oder weniger das moderne Designerparfüm erfunden.

BARBRA STREISAND

Wow. Barbras Schönheit ist einfach phänomenal. Das Inspirierendste daran ist, dass sie ganz von ihr allein geprägt wurde. Zu einer Zeit, in der ein jüdisches, etwas eigenartiges Äußeres normalerweise das Aus für jede Showbusiness-Karriere gewesen wäre, wurde Barbra zu einem der größten Stars – ohne je versucht zu haben, sich mithilfe eines Schönheitschirurgen oder Visagisten Zutritt zu dieser Welt zu verschaffen. Mit ihren tief liegenden Mandelaugen, ihrer kräftigen Adlernase, den markanten Wangenknochen und dem breiten Mund ist sie der beste Beweis dafür, dass man nicht aussehen muss wie alle anderen, um schön zu sein, sondern einfach nur wie man selbst. Gut geschminkt ist sie einfach nur hinreißend, und dass sie sich schminken kann, hat sie während ihrer Karriere oft genug bewiesen. Heute, mit Anfang 70, ist sie nach wie vor absolut atemberaubend.

JOAN COLLINS

Ich habe Joan mal in einer Talkshow erlebt, als sie übers Älterwerden sprach. Die anderen Gäste rieten dazu, sich zurückzunehmen, sich weniger zu schminken, sich die Haare abzuschneiden und so natürlich und geschmackvoll wie möglich auszusehen. Als Joan an die Reihe kam, sagte sie: »Man muss sich stärker schminken!« Obwohl ich finde, dass jeder auf die Weise alt werden sollte, wie er das möchte, finde ich Joans Weigerung, sich an die Regeln zu halten, sowie ihre aufwendige Herangehensweise an das Thema Schönheit wahnsinnig inspirierend. Vor ein paar Jahren habe ich sie in ihrer Londoner Wohnung besucht, um sie für die Zeitschrift *Red* zu interviewen. Sie ist fraglos eine der schönsten Frauen, die ich je gesehen habe – und zwar in jedem Alter. Da ihre Haut seit 50 Jahren konsequent vor der Sonne geschützt wurde, ist sie in einem erstaunlich guten Zustand, und auch kein Skalpell hat sich daran vergriffen. Ihr Make-up, das Joan in gerade mal zehn Minuten aufträgt, ist makellos, dramatisch und glamourös: knallige Lippen und Smokey Eyes. Sie hat Ausstrahlung und ist von einer beneidenswerten Gesundheit, die allerdings auch hart erarbeitet ist. Doch das, was Joan Collins so jugendlich wirken lässt, ist ihre mädchenhafte Art: Sie ist frech und witzig, sexy und verspielt. Sie liebt gutes Essen, Männer und das Leben. Und darin sollten wir es ihr alle nachtun.

LAUREN BACALL

Hollywoodikone Lauren Bacall ist ein Beweis dafür, dass man mit markanten Wangenknochen einfach fantastisch aussehen *muss* – egal, wie viele Martinis, Zigaretten und Männer man konsumiert hat. Ihr außergewöhnliches, reifes Gesicht ist kein bisschen weniger schön als ihr junges und zeigt die Spuren eines gelebten Lebens: Jeder Krähenfuß ein Zeichen dafür, dass man über einen dreckigen Witz gelacht hat. Jeder Sonnenfleck die Erinnerung an einen fantastischen Urlaub mit Bogey. Jede Falte die Hinterlassenschaft einer außergewöhnlichen Erfahrung. Ihr jüdisches Aussehen (trotz einer vom Studio erzwungenen Nasen-OP) ist smart, raffiniert, stilvoll und elegant. Ich finde es toll, dass sie noch mit über 90 dunklen Lippenstift und lange Haare getragen hat. (Ich bin extrem gegen die weit verbreitete Auffassung, dass ältere Frauen sich die Haare abschneiden sollten, so als dürften sie nicht mehr so viel Platz in der Welt beanspruchen. Pfui Teufel!) Ihre Augenbrauen sind die besten, die ich je gesehen habe, vor allem wenn Sie sie in Talkshows bedrohlich zusammenzog, um Moderatoren zu verwarnen, die es wagten, sie an Schlagfertigkeit übertreffen zu wollen. Sie war einfach genial!

MADONNA

Mein Ein und Alles! Sie müssen Madonna nicht lieben (na ja, irgendwie schon), aber eines müssen Sie ihr lassen, nämlich, dass sie das Konzept Schönheit maximal ausreizt. Niemand ist solch eine Verwandlungskünstlerin wie sie in puncto Frisur und Make-up. Sie inspiriert mich immer wieder, mit neuen Looks zu experimentieren, und hat sich nie darum geschert, dass manche finden, in ihrem Alter sollte man sich eine praktische Kurzhaarfrisur und roséfarbenen Lippenstift zulegen. Das Geniale an Madonna ist, dass sie immer wie Madonna aussieht – egal, ob sie eine schwarze Geisha-Perücke trägt und sich das Gesicht knallweiß schminkt oder mit dunklem Augen-Make-up im Zwanziger-Jahre-Stil, kurzem platinblonden Haar und aufgeklebten Goldzähnen daherkommt. Sie ist außerdem der beste Beweis für eine Frau, die nicht als konventionelle Schönheit zur Welt kam, es aber als ihr gutes Recht betrachtet, schön zu sein. Sie macht das Beste aus dem, was die Natur ihr mitgegeben hat – und das sollten wir auch tun!

BEAUTY
FÜR MÜTTER

»Mutter sein hat eine unglaublich
normalisierende Wirkung.
Auf einmal ist alles
aufs Wesentliche reduziert.«

Meryl Streep

Während meiner beiden Schwangerschaften habe ich mich großartig gefühlt und auch so ausgesehen. Nach dem ersten Trimester voller Erschöpfung und Übelkeit schien alles schier übermenschliche Qualitäten anzunehmen: Mein feines Haar besaß auf einmal Volumen und Spannkraft, meine Haut war ausgeglichen, unglaublich ebenmäßig und rosig. Und wie das eben so ist, waren alle Ängste um meine Figur im Nu verflogen, kaum dass ich nicht mehr so aussah wie mit Hamburgern vollgestopft, sondern definitiv schwanger.

Diese göttlichen Monate entpuppten sich als grausamer Trick der Natur, der mich kein bisschen darauf vorbereitete, wie furchtbar ich nach der Geburt meines ersten Kindes aussehen würde. Wirklich, ich sah von heute auf morgen einfach nur scheiße aus. Die strahlende Haut wurde stumpf, und zum ersten Mal in meinem Leben bekam ich Pickel. Mein Teint war völlig dehydriert, weil ich rund um die Uhr stillte, dazu aschfahl wegen des Schlafmangels. Mein wunderbares neues Haar verabschiedete sich büschelweise im Abfluss, falls ich überhaupt einmal das Vergnügen hatte, duschen zu können, weil das Kind ausnahmsweise schlief. Über der Nase und auf den Wangen erschienen dunkle Flecken, da meine Hormone meine Hautpigmentierung völlig durcheinandergebracht hatten. Ich roch ständig nach saurer Milch und hatte das Gefühl, nur wenige Sekunden am Tag zu haben, um mich wieder einigermaßen vorzeigbar zu machen. Jeder Vorsatz, mich unkompliziert zu schminken und mir eine lässige Frisur zuzulegen, endete damit, dass ich mir irgendwann nicht mal mehr das Gesicht wusch – aus Angst, das Wasserrauschen könnte das Baby wecken. Falls Sie sich fragen sollten, ob ich an einer postnatalen Depression litt, haben Sie den Nagel auf den Kopf getroffen. Es ging mir tatsächlich gar nicht gut. Aber unabhängig davon, ob ich nun seelisch gesund war oder nicht: Ich kenne nur wenige Frauen, die sich nach der Geburt ihres ersten Kindes selbstsicher in Bezug auf ihren Körper fühlen – was eigentlich ein Witz ist, wenn man bedenkt, welche Höchstleistungen dieser gerade vollbracht hat. Diese negative Sicht der Dinge hat natürlich viel mit den enormen körperlichen und hormonellen Veränderungen zu tun. Gleichzeitig glaube ich, dass die Zeit nach der Geburt die verwirrendste für eine Frau ist. Nach dem ersten Kind habe ich meiner Kariere und meinem Sozialleben hinterhergetrauert und wusste nicht mehr, wer ich eigentlich war. Deshalb wusste ich auch nicht, wie ich mein Äußeres gestalten sollte – obwohl es das Einzige war, das ich bis dahin instinktiv beherrscht hatte.

Mein Mann war überglücklich und eine große Stütze, auch durch seinen lockeren Umgang mit meinem mitgenommenen Aussehen. Andere waren so freundlich, mein verändertes Äußeres zu übersehen, oder bemerkten es tatsächlich nicht. Aber die Frauen, die mich wirklich kannten, wussten sofort, dass irgendwas nicht stimmte. Als mich einmal eine Freundin besuchte, war mein älterer Sohn gerade vier Wochen alt. Um ihr zu beweisen, dass alles in Ordnung war und ich vorbildlich mit meiner Rolle als Mutter zurechtkam, legte ich das Baby auf ein Handtuch auf den Badezimmerboden, föhnte mir die Haare, schminkte mich und entschied mich dann für ein geeignetes Outfit. Meine Freundin und ich saßen im Wohnzimmer und tranken Tee, sie war ganz hingerissen von meinem Sohn. Ich sagte all die richtigen Sachen und tat so, als würde ich problemlos stillen. Erst als sie gegangen war und ich gerade die Rollläden runterließ und dann erneut in Tränen ausbrach, schickte sie mir noch vom Bus aus eine SMS. Darin stand, sie werde gleich morgen wiederkommen, da mit mir eindeutig etwas ganz und gar nicht nicht stimme. Warum? Weil ich einen pastellfarbenen Pulli von Boden trug. Sie hatte recht: Zum ersten Mal in meinem Leben trug ich Pastelltöne, weil ich dachte, sie würden mir dabei helfen, mich in meiner neuen Rolle zurechtzufinden. Nach Jahrzehnten mit hochhackigen Schuhen, Skinny Jeans und Killer-Make-up versuchte ich, ahnungslos wie ich war, eine andere zu sein: eine Frau, die wie eine richtige Mutter aussah. Dieses schreckliche, bestickte minzgrüne Oberteil hatte mich gegenüber meiner Freundin, die mich einfach zu gut kannte, verraten.

Diese plötzliche Identitätskrise ist problematisch. Denn auch wenn sich eine frischgebackene Mutter etwas verloren, ja sich um ihr altes Leben gebracht fühlt, hat sie weder die Zeit noch die Kraft, ihm hinterherzujagen. Hinzu kommt, dass man vielen Frauen das Gefühl gibt, unsichtbar zu sein, nur weil sie gerade ein Kind auf die Welt gebracht haben. Einmal war ich auf einer Hochzeitsfeier und hatte mein Neugeborenes auf dem Schoß. Amüsiert sah ich zu, wie eine andere Frau die Runde machte und jeden Einzelnen am Tisch fragte, was er oder sie denn beruflich so mache – »Oh, Krankenschwester! Wie interessant!«, »Project Management! Erzählen Sie weiter!« … Als sie mit dem Mann zu meiner Rechten fertig war, ließ sie mich einfach aus und machte mit dem Gast zu meiner Linken weiter. Warum sollte ich einen Beruf, eine Karriere oder irgendetwas Interessantes zu berichten haben, wo ich doch offensichtlich »bloß Mutter« war? Es war, als würde sie mich nicht einmal wahrnehmen – was besonders ärgerlich war, da ich mich gerade in Formwäsche gezwängt und zum ersten Mal seit Monaten einen dunklen Lidstrich aufgetragen hatte. Extra zu diesem Anlass! Mein Triumph kam später, als ich auf der Damentoilette neben ihr am Waschbecken stand und sie die Frau auf ihrer anderen Seite fragte, ob sie Schminkzeug dabeihabe, sie hätte ihres auf dem Hotelzimmer vergessen. Mich unsichtbares Wesen fragte sie gar nicht erst. Um aus »Pretty Woman« zu zitieren: »Ein blöder Fehler. Blöd!«

Obwohl ich damit auf keinen Fall sagen will, dass Sie um die Anerkennung solcher Idioten kämpfen sollten, empfehle ich doch, am früheren Ich – wenn es sich denn nach der Geburt zu verabschieden droht – mithilfe von Frisur, Make-up und Kleidung so lange festzuhalten, bis man sich neu erfunden hat. Schminken und Beinerasieren kann tröstend-vertraut sein – gerade wenn alles andere so neu ist. Wenn es Ihnen Ihr neuer Zeitplan erlaubt, sollten Sie deshalb unbedingt versuchen, optisch zu Ihrem früheren Selbst zurückzufinden.

Aber wenn Sie es richtig genießen – oder es zumindest vorhaben –, unbeschwert Ihre Brüste zu entblößen, nur noch in Pyjamahosen zu leben und sich nicht mehr zu schminken, dann tun Sie es bitte! (Ich habe festgestellt, dass ich das beim zweiten Kind durchaus konnte, weil ich mich da deutlich kompetenter und gelassener fühlte.) Für manche Frauen sind die Monate direkt nach der Geburt ein Geschenk, eine entspannte Zeit, in denen sie keinen äußerlichen Erwartungen entsprechen müssen und sich nur auf die Mutterrolle konzentrieren können. Sollte das auf Sie zutreffen, halten Sie den Pflegeaufwand in Grenzen, und genießen Sie es! Aber wenn Sie sich wie ich etwas verloren vorkommen, das Gefühl haben, sich unfreiwillig aufzulösen, habe ich ein paar Ratschläge für Sie, wie Sie sich rasch wieder in Form bringen.

HÄUFIGE SCHÖNHEITSPROBLEME NACH DER GEBURT

CHLOASMA

Das sind dunkle Pigmentflecken, die sich während der Schwangerschaft entwickeln (bei mir war das bei beiden Kindern der Fall). Sie treten meist schmetterlingsförmig um Nase, Wangen und Schläfe auf, können Frauen jeder Hautfarbe heimsuchen und verschwinden nach der Geburt häufig von selbst. Manchmal jedoch auch nicht – dann werden sie vermutlich für immer kommen und gehen (so wie bei mir). Chloasma kann extrem verstörend sein, eine Therapie dagegen gibt es nicht. Seren und Cremes, die die dunklen Flecken aufhellen sollen, helfen nicht, da sie für extreme Pigmentierung aufgrund von zu starker Sonneneinstrahlung und für Altersflecken entwickelt wurden – nicht für den Fall, dass die Zellen verrücktspielen, wozu es bei Chloasma (auch Melasma genannt) kommt. Manchmal spricht die Haut gut auf teure Peelings und Laserbehandlungen an, manchmal jedoch auch nicht. Die zuverlässigste Methode besteht darin, einen starken Breitbandsonnenschutz aufzutragen (Sonne verschlimmert das Problem) und Camouflage-Cremes zu benutzen, zum Beispiel von Vichy Dermablend. Die Einnahme bestimmter Verhütungsmittel kann ebenfalls Melasma verursachen.

STUMPFE, FEUCHTIGKEITSARME HAUT

Das ist sehr häufig und liegt normalerweise an einer Mischung aus mangelnder Pflege (zum Beispiel, weil man zu müde ist, die Haut vor dem Schlafengehen ordentlich zu reinigen und einzucremen), zu wenig Wasser (vor allem, wenn man stillt) und heftigem Schlafentzug. Die Lösung ist offensichtlich, aber auch leichter gesagt als getan: Vielleicht hilft es Ihnen, wenn Sie die abendliche Pflegeroutine etwas vorziehen, auf einen Zeitpunkt, an dem Sie noch nicht ganz so müde sind. (Wenn Ihr Partner das Baby vor dem Zubettbringen badet, beispielsweise.) Benutzen Sie eine Feuchtigkeitspflege mit Hyaluronsäure, um so viel Wasser wie möglich in der Haut zu speichern. Investieren Sie in eine hübsche Einliter-Trinkflasche (Sigg stellt schöne her), und denken Sie daran, sie zweimal am Tag zu leeren. Denn wenn man immer mal wieder aus kleinen Gläsern trinkt, verliert man schnell den Überblick. Ich habe beschlossen, jedes Mal aus dieser Flasche zu trinken, wenn ich meine Beckenbodenübungen gemacht oder eine SMS geschrieben habe. Sollten Sie ebenfalls süchtig nach Ihrem iPhone, Twitter, Facebook oder Instagram sein, ist diese Methode auch sehr hilfreich. Das Schlafproblem ist am schwierigsten zu lösen. Ich fand es extrem nervig, mir anzuhören, ich solle doch schlafen, wenn das Baby schläft. Als hätte ich dann nicht eine Million andere Dinge zu tun, wie Milch abpumpen, vollgekotzte Strampler waschen, duschen oder aufs Klo gehen. Ich bin ein großer Fan des Konzepts, dass der Partner gegen halb elf Uhr abends noch mal das Fläschchen gibt, damit man gegen neun ins Bett gehen kann. Aber ich bin auch ein Fan von Gesichtsöl, Concealer und Rouge – denn mit diesem bewährten Trio lässt sich Schlafmangel am besten kaschieren.

AKNE

Kommt es zu Akne, hat das normalerweise etwas mit den Hormonschwankungen zu tun, denen Mütter unterworfen sind – entweder während der Schwangerschaft, nach der Geburt oder wenn sie abstillen. Diese Phase lässt sich zeitlich nicht so genau einschränken, dauert aber in der Regel drei Monate. Die beste Behandlung besteht aus einer guten Hautpflege (siehe auch das Kapitel »Akne«). Zu Akne kann es auch kommen, wenn Sie die Pille absetzen. Aber auch das sollte sich nach drei Monaten wieder legen.

HÄNGEBUSEN

Ich spreche das Thema Brüste an, weil ich Ihnen unbedingt eine Empfehlung mit auf den Weg geben möchte: Alle, die finden, man sollte stets einen weichen Still-BH tragen, wenn man dem Kind die Brust gibt, haben meiner Erfahrung nach jene kleinen straffen Brüste, die darin nicht einfach nur furchtbar aussehen, so wie meine. Diese schrecklichen Dinger haben meinem Selbstwertgefühl mehr geschadet als alles andere. Deshalb bin ich losgezogen, um eine Alternative zu finden. Anita ist eine amerikanische Firma, die Still-BHs mit Bügel herstellt – und zwar bequeme, vorn zu schließende, gut sitzende und schmeichelhafte BHs, die die Brüste daran hindern, bis zum Bauchnabel zu hängen, und einem das Gefühl geben, wenigstens einigermaßen in Form zu sein. Sie sind fantastisch, und ich kann sie jedem, der mehr als ein B-Körbchen braucht, nur wärmstens empfehlen. Diese BHs beeinträchtigen weder den Milchfluss noch das Stillerlebnis und sind über eBay oder spezielle Dessoushändler im Internet erhältlich.

HAARAUSFALL

Nach der Geburt (falls Sie Fläschchen geben) oder nach dem Abstillen wird das herrliche Haar, das Sie während der Schwangerschaft dazugeschenkt bekommen haben, wieder ausfallen. Das ist schwer bedauerlich, aber leider die Regel. Das Gute daran ist, dass es aller Voraussicht nach nicht dünner sein wird als vor der Schwangerschaft. Es ist nur fies, es wieder hergeben zu müssen, wenn man sich erst mal an diese Fülle gewöhnt hat. Sie werden sich also damit abfinden müssen, können Ihrem Haar aber mithilfe von Trockenshampoo oder Haarpuder mehr Volumen geben, oder indem Sie es mit dem Kopf nach unten föhnen. (Das dauert nicht länger als sonst und ist eine einfache, schnelle Methode.) Sie werden feststellen, dass flaumige Härchen an den Schläfen nachwachsen, die fast so aussehen wie ein kleiner Pony. Die können Sie kaschieren, indem Sie Ihren Friseur bitten, Ihnen wirklich einen Pony zu schneiden, bei dem viel Haar vom Scheitel nach vorn gekämmt wird.

DEHNUNGSSTREIFEN

Ich bin nicht davon überzeugt, dass tägliches Einölen oder Eincremen Dehnungsstreifen verhindern kann. Schaden tut es jedenfalls nichts. Ich persönlich habe das Gefühl, dass sich Dehnungsstreifen, wenn man dazu neigt, leider nicht vermeiden lassen. Bereits bestehende kann man jedoch mit gewissem Erfolg behandeln. Wenn Sie Ihre Dehnungsstreifen als störend empfinden (mir geht es nicht so), behandeln Sie sie, indem Sie eine Vitamin-E-Kapsel aufstechen und sich die darin enthaltene Flüssigkeit einmassieren. Eine nicht ganz so günstige Methode besteht darin, Bioöl zu verwenden (sehr gut) oder »Prolagène Gel« von Decléor (ausgezeichnet). Blasse Haut reagiert am besten auf diese Behandlung. Das Wichtigste bei all diesen Methoden ist, es täglich zu tun. Mir persönlich war das zu mühsam, und irgendwann habe ich meine Dehnungsstreifen einfach nicht mehr wahrgenommen.

BEHANDLUNGEN, DIE MAN SICH VOR DER GEBURT ÜBERLEGEN KANN

SCHRÄGER PONY

Ponys müssen häufig nachgeschnitten und täglich gewaschen werden. Mit blanker Stirn kann ein Pferdeschwanz etwas langweilig oder streng aussehen (und den werden Sie sich oft binden, wenn Sie sich um ein kleines Baby kümmern müssen). Ein schräger Pony ist weniger pflegeintensiv und wirkt raffinierter. Wurde er gut geschnitten, fällt er perfekt, ohne dass man ihn föhnen muss. Bitten Sie Ihren Friseur, einen Seitenscheitel zu machen und einen langen Pony zu schneiden: Die untere Schicht muss kürzer sein als das Deckhaar. Auf diese Weise fällt der Pony automatisch zur Seite. Das ist herrlich praktisch!

WAXING

Ich weiß, dass sich viele Frauen vor der Geburt die Schamregion waxen lassen. Wenn Sie auch sonst waxen und sich damit besser fühlen, sollten Sie das etwa eine Woche vor dem errechneten Geburtstermin erledigen. Bei der Gelegenheit können Sie auch gleich die Beine mitmachen lassen, da Sie sich vermutlich nur noch schlecht zum Rasieren vorbeugen können und keine große Lust darauf haben werden, wenn das Kind erst mal da ist. Doch egal, was Sie jetzt denken, und egal, wie wichtig Ihnen so etwas normalerweise ist: Wenn Sie erst mal in den Wehen liegen, wird Ihnen Ihr Schamhaar ziemlich egal sein, das kann ich Ihnen versprechen. Spätestens wenn man nachschaut, wie weit der Muttermund bereits geöffnet ist, wird sich Ihre Würde verabschieden und frühestens nach 36 Stunden wieder zu Ihnen zurückkehren – Schamhaar hin oder her.

ANSÄTZE NACHFÄRBEN

Wenn Sie sich die Haare färben, sollten Sie die Ansätze kurz vor der Geburt nachfärben lassen. Oder aber Sie entscheiden sich für eine Nuance, die Ihrer natürlichen Haarfarbe mehr entspricht, damit der nachwachsende Ansatz nicht so auffällt. Leute, die behaupten, Haarefärben könnte Ihr Ungeborenes schädigen, können Sie getrost ignorieren. Diese Information ist seit 50 Jahren veraltet. Diese Herrschaften sollten sich a) endlich richtig informieren und b) um ihren eigenen Kram kümmern. Sie können problemlos weiterfärben – vorausgesetzt Sie machen regelmäßig einen Allergietest, was eigentlich jeder tun sollte.

GELPEDIKÜRE

Natürlich braucht das kein Mensch, aber es hebt unheimlich die Stimmung, sich so etwas in den letzten mühsamen Schwangerschaftswochen zu gönnen. Denn das ist das letzte Mal, dass man sich ganz egoistisch verwöhnen kann. Gelnägel lohnen sich, weil sie mindestens einen Monat lang perfekt bleiben. So haben Sie was Schönes zum Angucken, wenn Sie um vier Uhr früh wach sind und sich nicht trauen, den Fernseher einzuschalten – aus Angst, das Baby zu wecken.

PRODUKTE, DEREN ANSCHAFFUNG SICH VOR DER GEBURT LOHNT

GESICHTSÖL

Ich bin ohnehin ein großer Fan von Gesichtsöl – aber für frischgebackene Mütter ist es wirklich genau das Richtige. Ein gutes Pflanzenöl versorgt die Haut abends mit Nährstoffen und Feuchtigkeit, bringt sie wieder zum Strahlen und reizt sie auch nicht, wenn sie empfindlicher geworden ist. Es riecht angenehm und lässt sich im Gegensatz zu Seren und Nachtcremes besonders rasch auftragen.

Ich mag »Neroli« von Decléor, »Blue Orchid« von Clarins, »Rosehip« von Trilogy und viele andere. Außerdem lohnt es sich, das Perineum vor den Wehen mit einem Öl geschmeidig zu halten. Avocadoöl (günstiges aus dem Supermarkt) ist dafür ideal.

CC-CREAM

Die ist ideal für frischgebackene Mütter, da sie Feuchtigkeit spendet, einen guten Sonnenschutz bietet, Chloasma-Flecken lindert (jene dunklen Pigmentflecken, die aufgrund von hormonellen Veränderungen entstehen können) und relativ gut deckt.

Die mit Abstand besten CC-Creams sind die von Origins, Darphin, Smashbox und Clinique.

CONCEALER-STIFT

Ein Concealer lässt jeden besser aussehen – vor allem, wenn man an Schlafmangel leidet. Investieren Sie in einen, der sich rasch und problemlos auftragen lässt und Flecken genauso kaschiert wie dunkle Augenringe. Aus meiner Sicht ist das am besten ein Stift mit Klickmechanismus und nichts, wofür Sie einen Pinsel brauchen. Nehmen

Sie ein Produkt, das gut deckt und über eine cremige Textur verfügt. Ich benutze immer Concealer-Stifte von Clarins, Nars (für die meisten Haufarben erhältlich) oder By Terry. Aber ich mag auch die von Estée Lauder, L'Oréal Paris und Lancôme.

TROCKENSHAMPOO

Mutters bester Freund – dieses Produkt muss extra für Frauen entwickelt worden sein, die auch nach der Geburt schön aussehen wollen. Es erfüllt gleich zwei Funktionen, und die hervorragend: Erstens ermöglicht es, die Frisur in einem geeigneten Moment wieder aufzufrischen. Zweitens schenkt es leblosem Haar, das luftgetrocknet wurde, wieder mehr Fülle, sodass es aussieht wie geföhnt. Außerdem ist es in Reisegrößen erhältlich, die perfekt in jede Windeltasche passen.

So gut wie jede Firma scheint inzwischen welches herzustellen. Die von Batiste, Klorane und Oribe sind die besten.

EINE CREME FÜR LIPPEN UND WANGEN

Und zwar in einem hübschen Rosa-, Rot-, Pfirsich- oder Nudeton, den man schnell mit dem Finger auf Wangen und Lippen auftragen kann, um nicht mehr ganz so zombiemäßig auszusehen (auch wenn es sich so anfühlt). Es gibt diese Cremes in Kompaktform oder als Stift (beides ist prima) – Pinsel werden so überflüssig. Außerdem spart man sich so die Überlegung, welcher Lippenstift zu welchem Rouge passt.

Die besten sind die von Stila, Revlon und Bobbi Brown.

PFLEGENDER LIPPENBALSAM

Wenn Sie stillen, werden Sie merken, dass Ihre Lippen rasch austrocknen, da der Körper der Haut Wasser entzieht. Es ist natürlich extrem wichtig, in dieser Phase mehr zu trinken als sonst, aber Sie können die Lippen zusätzlich mit einem guten Balsam aus pflanzlichen Ölen statt Paraffinölen feucht halten. Ein solcher Lippenbalsam eignet sich auch hervorragend als Creme für die Brustwarzen, wenn diese wund werden sollten.

Ich mag Lippenbalsam von Korres, REN, Decléor, Body Shop, Clinique, Dr Lipp und Sisley.

EIN NEUES PARFÜM

Düfte, die Sie absolut geliebt haben, bevor Sie schwanger wurden, können auf einmal Übelkeit hervorrufen. Glauben Sie mir, die negative Assoziation werden Sie vermutlich nie wieder los: Ich muss nach wie vor den Raum verlassen, sobald ich »Cristalle« von Chanel rieche. Was wirklich tragisch ist, da mein früheres Ich, bevor ich Mutter wurde, noch genau weiß, wie gut das riecht. Nutzen Sie die Gelegenheit, sich ein neues Parfüm zu gönnen, das Ihre Nase auch während der Schwangerschaft und danach zufriedenstellt. Ein Parfümeur hat mir mal erzählt, dass ein Duft, der in der Schwangerschaft gefällt, das Baby später nicht ablenken oder stören wird. Das ist bestimmt Humbug oder Aberglaube, aber mir gefällt die Vorstellung. (Mehr darüber, wie man seinen Duft findet, erfahren Sie im Kapitel »Parfüm«.)

FRISCH GESCHMINKT
IN FÜNF MINUTEN

Das Haar nach dem Duschen
kopfüber kämmen und so in ein
Handtuch wickeln.

....

Wenn möglich, ein hyaluronhaltiges Serum
auftragen und der Haut mithilfe einer
CC-Cream Feuchtigkeit zuführen.
Nehmen Sie eine, die genau Ihrem Hautton
entspricht oder höchstens einen halben Ton
dunkler ist.

....

Concealer unter die Augen und auf Pickelchen tupfen,
dann mit dem Ringfinger einblenden.

....

Eine Creme für Lippen und Wangen (zum Beispiel in Rosa)
zunächst mit dem Mittelfinger auf die Wangen
tupfen und die Farbe dann mit einem sauberen Finger
tränenförmig verblenden. Dieselbe Creme dann mit dem
Ringfinger auf die Lippen geben, darüber etwas Balsam
auftragen.

....

Nach unten in einen Spiegel schauen, das Lid
mit dem Daumen anheben. Schwarze, schwung-
verleihende Mascara zickzackförmig vom Wimpernansatz
bis in die Spitzen verteilen. Die unteren Wimpern tuschen,
ohne neue Farbe aufzunehmen, den Vorgang mit den
Wimpern des anderen Auges wiederholen.

....

Das feuchte Haar vom Handtuch befreien, bei glattem Haar Volumenspray in die Ansätze, bei Locken Silikon in die Spitzen geben. Pony zur Seite kämmen und föhnen, den Rest einfach an der Luft trocknen lassen.

DIE PERFEKTE MANIKÜRE
UND PEDIKÜRE

»Eine Frau ist nur dann hilflos,
wenn ihr Nagellack trocknet.
Und selbst dann könnte sie noch
den Abzug drücken, wenn es sein muss.«

Anonym

Nägel sind der größte Beauty-Trend der letzten Jahre. Nail Art, Nagelstudio-Maniküre, Gelnägel, Acrylnägel – die Auswahl ist schwindelerregend, und viele sind einfach nur verwirrt. Sogar ich, die ich mit den hässlichsten Händen ganz Großbritanniens geboren worden bin, bin bei diesem Thema erst sehr spät eingestiegen. (Lange Krallen waren vielleicht etwas für Alexis Carrington Colby, aber doch nichts für die Asbesthände der Urenkelin eines Hufschmieds!)

Trotzdem bin ich froh, dass ich doch noch auf diesen Zug aufgesprungen bin. Nagellack lässt sich nämlich relativ leicht auftragen und kann eine geradezu therapeutische Wirkung entfalten. Er gehört zu den Beauty-Produkten, die am meisten Laune machen, weil er den Look sofort verändert, und zwar unabhängig davon, ob man geschminkt ist, etwas Tolles anhat oder sich auch nur die Mühe gemacht hat, die Haare zu kämmen. Es reicht ein Blick auf die Hände, die einen Bericht tippen oder das Bad schrubben, und schon hat man angesichts der farbenfrohen Nägel gute Laune!

Sich die Nägel zu lackieren birgt außerdem keinerlei Risiko: Nagellack steht jedem, die Farbe lässt sich leicht ändern oder neu auftragen, und selbst Frauen ohne jedes Stilempfinden tun sich schwer, hier farblich danebenzugreifen. Außer sie entscheiden sich für Rosa mit schneeweißen Spitzen (tut mir leid, aber French Manicure ist so was von überholt! Ganz zu schweigen von French Pedicure – mir rollen sich die Fußnägel auf, wenn ich auch nur daran denke!)

Ich lackiere meine natürlichen, kurz geschnittenen Fingernägel ein- bis zweimal die Woche. Nach etwa drei Tagen platzt der Lack ab. Dann lackiere ich neu oder lasse sie nach dem Nagellackentfernen drei oder vier Tage unlackiert. (Bitte nie vergessen, den Nagellack zu entfernen, wenn sich die Farbe langsam verabschiedet. Gar kein Nagellack ist immer besser als abgeplatzter Nagellack!) Meine Zehennägel sind wahrscheinlich schon seit 25 Jahren nicht mehr unlackiert. Sie sind der einzige Körperteil, der nie natürlich ist, und ich muss gestehen, dass ich leises Entsetzen verspüre, wenn ich am Strand von Brighton bin und irgendwo gelbliche, unlackierte Fußnägel entdecke. Ich verstehe nicht, warum man sich die Fußnägel *nicht* lackiert, schließlich hält der Lack Wochen. (Würde ich meine Füße sich selbst überlassen, würde er vermutlich eher rauswachsen als absplittern).

Und wie lackiert man sich die Nägel? Wenn ich mir die Bilder auf Instagram so ansehe (was ich jedem Beauty-Fan nur empfehlen kann, denn das macht verdammt viel Spaß!), verzweifle ich angesichts der Lackierkünste von Leuten, die angeblich ganz genau wissen, wie's geht. Lackpfützen im Nagelbett, Patzer auf Fingerkuppen, Nagelhaut, die so rau und trocken ist, dass sie aussieht wie eine tote Motte … Manchmal denke ich, sogar mein sechsjähriger Sohn würde das noch besser hinkriegen! (Meiner Erfahrung nach können sich übrigens Mädchen *und* Jungen für lackierte Nägel begeistern. Eine Maniküre oder Pediküre in allen Regenbogenfarben ist einfach ideal, um einen verregneten Nachmittag rumzubringen.) Nagellackkatastrophen sind fast immer auf zu viel Farbe, zu wenig Zeit und den Versuch, zu sehr der eigenen Nagelform zu folgen, zurückzuführen. Letzteres mag Sie erstaunen, doch ich will Ihnen gern erklären, warum das so ist.

SO LACKIEREN SIE SICH ORDENTLICH DIE NÄGEL

Es geht hier nicht um eine anständige Maniküre oder Pediküre wie beim Profi. Wenn Sie die Zeit und das Geld für ein Nagelstudio erübrigen können – wunderbar! (Zumindest in Großbritannien kostet so etwas ein kleines Vermögen.) Aber man kann auch darauf verzichten. Was auf Maniküre oder Pediküre folgt, ist das Lackieren und Polieren der Nägel – etwas, das viele von uns höchstens ein- bis zweimal die Woche machen. Im Folgenden schildere ich die Technik, die ich selbst benutze. Mit etwas Übung ist sie kinderleicht und garantiert ein perfektes Ergebnis. Bevor Sie loslegen, suchen Sie sich eine Fernsehsendung aus, die 60 Minuten dauert. Die schauen Sie sich bitte an, während Sie Ihre Nägel machen. Sollte sie jede Woche ausgestrahlt werden und sich für regelmäßige Nagelpflege reservieren lassen, umso besser! Das scheint die einzige todsichere Methode zu sein, nicht zu früh nach dem Lackieren den Alltag wiederaufzunehmen. Denn dann bekommt der Lack garantiert Macken, die einen in den Wahnsinn treiben können. (Aus demselben Grund sollten Sie auch sämtliche Snacks bereitlegen, *bevor* es losgeht. Ich nehme Stapelchips, damit ich nicht in eine Tüte fassen muss, wenn der Nagellack noch feucht ist.) Aus meiner Sicht sind Quizsendungen das beste Nagelprogramm – sie haben genau die richtige Länge, und man muss nicht dauernd auf den Bildschirm schauen – es reicht zuzuhören. (Und ehrlich gesagt, verbessert das die Sendung drastisch, glauben Sie mir!)

ALTEN NAGELLACK ENTFERNEN UND HÄNDE WASCHEN

Ich persönlich bevorzuge diese Tiegel zum Eintauchen der Fingernägel. Nur für die Fußnägel benutze ich mit Nagellackentferner getränkte Wattepads. Nach dem sorgfältigen Ablackieren wasche ich Hände oder Füße gründlich, creme sie aber nicht ein.

NÄGEL SCHNEIDEN UND FEILEN

Nagelknipser sind altmodisch, aber die schnellste und sauberste Methode, die Nägel in Form zu verbringen. Ich kann die Leute nicht verstehen, die sie links liegen lassen. Sie müssen allerdings scharf und von guter Qualität sein – nichts, was aussieht wie eine Gratisbeigabe. (Ich benutze nur Knipser von Muji, es gibt zwei Versionen, eine für Finger- und eine für Fußnägel.) Scharfe Knipser hinterlassen so glatte Kanten, dass man oft gar nicht mehr feilen muss. Wenn doch, sollten Sie stets eine biegsame Sandfeile und keine Metallfeile benutzen. Immer nur in eine Richtung feilen, kein Hin-und-her-Sägen! Sie sollten sich auf jeden Fall für eine rechteckige Nagelform entscheiden. Wenn Sie spitze Fingernägel wollen – bitte sehr, das ist allerdings deutlich aufwendiger, und ich beschreibe hier eine Technik für Anfänger.

UNTERLACK AUF FINGER- UND FUSSNÄGEL AUFTRAGEN

Hier können Sie relativ schlampig vorgehen, Unterlack ist schließlich durchsichtig. Aber bitte nicht zu dick auftragen! Er soll nämlich schnell trocknen und eine gute Unterlage bilden. Wenn Sie Ihre Nägel zusätzlich behandeln wollen, dann jetzt. Das geht mit einem Unterlack, der auch Nagelhärter oder Rillenfüller ist.

FARBE AUSWÄHLEN

Lackieren Sie Finger- und Fußnägel in verschiedenen Farben. Das macht deutlich mehr Laune und ist weniger spießig. Als Faustregel gilt, dass man für die Fußnägel ruhig eine gewagtere Farbe nehmen darf. Sie ist schließlich nicht immer zu sehen und vor allem im Winter reines Privatvergnügen. Meine Farben können alles Mögliche sein – Knallpink und Rot, Marineblau und Orange, Lila und Smaragdgrün, Glitter und Matt, Glänzend und Metallic … Es gibt hier wirklich so gut wie keine Regeln. Ich habe nur Vorbehalte gegen pastellfarbenen Perlmuttlack. (Cremelila = genial, Perlmuttlila = grauenhaft!) Wenn Sie sich nicht besonders geschickt beim Lackieren anstellen, sollten Sie eine Marke mit breiten Pinseln wählen wie Essie, L'Oréal Paris, Dior oder YSL. Damit lässt sich der Lack leichter auftragen.

FINGER- UND FUSSNÄGEL LACKIEREN

Den Pinsel aus dem Lack ziehen und auf beiden Seiten am Flaschenrand abstreifen. Der Pinsel sollte niemals tropfen. Damit drei Striche machen – links, in der Mitte und rechts. Seien Sie nicht versucht, der Form Ihres Nagelbetts zu folgen. Ja wirklich, das ist mein voller Ernst: Ignorieren Sie Ihre natürliche Nagelform, und halten Sie großzügig Abstand zu den Rändern. Auf diese Weise bleiben schmale, unlackierte Lücken zwischen Nagel und Haut. Das macht aber nichts, sondern sieht langfristig deutlich besser aus. In dieser Phase müssen Sie sich noch keine Sorgen um Schlieren machen. Bei dieser Schicht geht es einzig und allein um die Farbdichte, nicht um eine perfekte Oberfläche. Den Lack mehrere Minuten trocknen lassen und den Vorgang dann mit der zweiten Farbe bei den Fußnägeln wiederholen.

EINE ZWEITE SCHICHT AUFTRAGEN

Überschüssigen Lack wieder am Rand des Fläschchens abstreifen, aber diesmal dürfen Sie etwas mehr davon aufnehmen. Sorgfältig darauf achten, dass keine Schlieren entstehen. Behalten Sie die Form der ersten Farbschicht bei, und halten Sie sich vom Nagelbett fern! Lassen Sie auf allen Seiten eine Lücke zur Haut. Das bisschen mehr Lack, das Sie verwenden, sollte für eine glatte Oberfläche sorgen. Arbeiten Sie zügig. Auf keinen Fall noch feuchten Nagellack übermalen! Stattdessen lieber eine dritte Schicht auftragen, wenn es nötig sein sollte.

Ein paar Minuten warten, den Vorgang dann mit der zweiten Farbe bei den Fußnägeln wiederholen.

ÜBERLACK AUFTRAGEN

Nach etwa zehn Minuten den transparenten Überlack auftragen – entweder matt oder glänzend, so wie es Ihnen gefällt. (Wenn Sie nicht warten, bis der farbige Lack getrocknet ist, wird sich der Überlack im Fläschchen verfärben.) Schnell trocknender Überlack ist toll, wenn Sie wirklich umgehend losmüssen. Ich bin allerdings der Meinung, dass die Maniküre dann nicht so lange hält. Benutzen Sie ihn also nur, wenn es wirklich nötig ist. Diesmal malen Sie über die Ränder des farbigen Lacks hinaus in Richtung Nagelbett. Das versiegelt ihn. Ein paar Sekunden warten und den Vorgang bei den Fußnägeln wiederholen.

PATZER BESEITIGEN

Mit einem Nagelkorrekturstift (das geht am einfachsten) oder einem mit Nagellackentferner getränkten Wattestäbchen sämtliche Patzer von der Haut entfernen. Dabei bitte nicht mit den frisch lackierten Nägeln in Kontakt kommen! Entspannen Sie sich noch mindestens 20 Minuten vor dem Fernseher, bevor Sie Ihren Alltag wiederaufnehmen.

HÄNDE UND FÜSSE EINCREMEN

Wenn Ihre Nägel vollkommen getrocknet sind, eine reichhaltige Handcreme einmassieren – auch in die Nagelhaut. Vor dem Schlafengehen können Sie außerdem noch etwas Öl einmassieren (es lohnt sich, das täglich vor dem Zubettgehen zu erledigen).

ERSTE HILFE FÜR NÄGEL

Nägel befinden sich anatomisch gesehen an vorderster Front, deshalb überrascht es nicht weiter, dass sie besonders anfällig für Dellen und Kratzer sind. Viele Schäden lassen sich jedoch gut reparieren.

ABGEBROCHENER FINGERNAGEL

Kürzen Sie ihn, und stutzen Sie die restlichen Nägel auf dieselbe Länge. Es gibt keine andere Methode – außer Sie verwenden eines von diesen Nagelpflastern, die allerdings nicht besonders gut funktionieren. Oder aber Sie suchen ein Nagelstudio auf. Aber wer hat schon die Zeit und das Geld dafür? Unterschiedlich lange Nägel sehen seltsam aus. Geben Sie sich geschlagen, und entscheiden Sie sich für hübsche kurze Nägel in Dunkelrot oder Schwarz.

NAGELRILLEN

Die sind weit verbreitet. Sind sie nur oberflächlich und lassen sich wegpolieren (entsprechende Feilen gibt es in jedem Drogeriemarkt). Tiefe Rillen sind dagegen richtige Nagelschäden, die an denselben Stellen vermutlich immer wieder auftauchen. (Bei mir ist eine an dem Finger, an dem ich mir als Kind Nietnägel rausgerissen habe.) Um die Oberfläche vorübergehend zu glätten, einen Unterlack mit Rillenfüller auftragen. Die meisten guten Nagellackfirmen stellen so etwas her.

NÄGELKAUEN

Abgekaute Nägel sehen schlimm aus, Sie sollten diese schlechte Angewohnheit unbedingt aufgeben. Es gibt bitter schmeckenden Lack, der Nägelkauen verhindern soll, aber aus meiner Sicht besteht die effektivste Methode darin, sich in einem Nagelstudio Acryl- oder Gelnägel machen zu lassen. Die sind so hart, dass das Nägelkauen fast unmöglich wird. Außerdem werden Ihre Nägel so toll aussehen, dass es Ihnen das Herz brechen wird, daran zu kauen!

EINGERISSENE NÄGEL

Das kann an dauerhaften Nagelschäden liegen, und dann sollten Sie die Nägel kurz halten und vor dem Lackieren einen Unterlack mit Rillenfüller auftragen. Oder aber an sehr trockenen Nägeln und ebensolcher Nagelhaut (was deutlich häufiger vorkommt). Verwenden Sie jeden Abend vor dem Schlafengehen Nagelöl (am besten, Sie haben es griffbereit auf dem Nachttisch) und massieren es gründlich in Nagelhaut und -bett ein.

SPLITTERNDE NÄGEL

Auch das liegt meist an sehr trockenen Nägeln. Tragen Sie zweimal am Tag Nagelöl auf, und achten Sie darauf, nach jedem Händewaschen eine reichhaltige Handcreme zu benutzen. Auch wenn Sie draußen in der Kälte waren. Handschuhe sind ebenfalls hilfreich. Innerhalb von zwei bis drei Wochen sollten Sie eine Verbesserung feststellen.

RAUE NAGELHAUT

Öl, Öl und nochmals Öl! Ich halte absolut nichts davon, sich die Nagelhaut zu schneiden. Es ist schmerzhaft und setzt das Nagelbett Infektionen aus. Manche Nageltanten machen das, weil sie ein besonders sauberes Erscheinungsbild erzielen wollen – doch glauben Sie mir, Sie werden es bitter bereuen! Bei rauer Nagelhaut massieren Sie diese vor dem Baden dick mit Öl ein und schieben sie anschließend sanft mit einem Holzstäbchen zurück (diese Stäbchen sind überall erhältlich).

BRÜCHIGE NÄGEL

Kaufen Sie einen härtenden Lack mit Kalzium. Es gibt ihn überall, und teuer ist er auch nicht. Diesen Nagelhärter vor dem farbigen Nagellack auftragen. Manche sind transparent und können täglich aufgetragen werden, auch über farbigem Lack. Doch nach ein paar Tagen wird er vermutlich abplatzen. Nach einem Monat sollten Sie deutliche Verbesserungen erkennen können.

DIE FARBE BLÄTTERT ZU SCHNELL AB

Die Qualität des Nagellacks ist wichtig, aber meiner Erfahrung nach passiert das, wenn man ihn zu dick aufträgt. Überschüssigen Lack stets am Flaschenhals abstreifen. Niemals schnell trocknenden Überlack verwenden, wenn es nicht unbedingt sein muss, da dieser schrumpft und nach ein, zwei Tagen abblättert.

GLITTERLACK LÄSST SICH NICHT ENTFERNEN

Es kann ein Albtraum sein, Glitterlack zu entfernen. Damit er wirklich abgeht, ein Wattepad in acetonhaltigen Nagellackentferner tränken (gibt es überall). Das Wattepad zehn Sekunden auf den Nagel drücken, ohne es zu bewegen, damit auch der Lack unter den Glitterpartikeln aufweicht. Dann mit Wischbewegungen alles entfernen.

FURCHTBAR TROCKENE HÄNDE

Der Winter und Hausarbeit setzen Händen brutal zu, aber das lässt sich rasch ändern: Vor dem Schlafengehen eine großzügige Portion Peeling auf die trockenen Hände auftragen und so einmassieren, als wollten Sie sie waschen. Abspülen. Jede Menge Fersenbalsam einmassieren und anschließend Baumwollsocken anziehen wie Fäustlinge. Das Abend für Abend wiederholen, bis die Hände nicht mehr so trocken sind. Tagsüber zusätzlich eine reichhaltige Handcreme auftragen.

NAIL ART

Ich habe aufrichtigen Respekt vor Frauen, die diese Kunst am Nagel beherrschen. Ich könnte mir ihre kreativen Ideen stundenlang anschauen: Nägel, die aussehen wie Katzen, Wassermelonen, Hamburger oder aber wie gebatikt oder mit Leopardenmuster bedeckt – unglaublich! Ich persönlich mache so etwas allerdings fast nie, da ich keine Zeit habe, mir mit etwas, das nur wenige Tage hält, so viel Mühe zu machen. (Außerdem bin ich mir ehrlich gesagt nicht sicher, ob dieser Look wirklich zu mir passt.) Trotzdem trage ich manchmal Nagelsticker (geht ganz einfach!) und bin dafür bekannt, mir manchmal Pünktchen aufzumalen. (Sticker aufzukleben sowie die Punkte mit einem Nagelstift aufzumalen ist wirklich leicht. Es gibt sie in den meisten Drogeriemärkten und Millionen von Onlineshops.) Aber wer Anleitungen für kompliziertere Nail Art sucht, sollte sich auf Instagram und Pinterest umschauen und sich schon mal seelisch darauf vorbereiten, Stunden seines Lebens damit zu verbringen.

NÄGEL FÜR FORTGESCHRITTENE

Zwei Nagelbehandlungen, die die Fähigkeiten eines Nichtprofis übersteigen:

GELNÄGEL

Shellac, Gelish und OPI GelColor sind alles Nagelstudio-Farbbehandlungen für Finger- und Fußnägel. Sie werden auf eine kompliziertere Art und Weise aufgetragen als normaler Nagellack: Die Nageloberfläche wird zunächst durch Feilen aufgeraut, dann werden mehrere Schichten aus verschiedenen Lacken aufgetragen, von denen jede unter einer UV-Lampe trocknen muss. Das Tolle an Gelnägeln ist, dass sie superglänzend und ordentlich sind und drei bis vier Wochen halten, ohne abzublättern. Für den Urlaub, Hochzeiten und solche Dinge ist das ideal. Außerdem sind sie definitiv getrocknet und können nicht verschmieren, nachdem Sie das Nagelstudio verlassen. Sie werden die natürlichen Nägel nicht beschädigen – außer Sie versuchen, den Lack mit der falschen Methode zu entfernen. Gelnägel müssen in Aceton getaucht werden. Anschließend entfernt man das Gel sanft mit einem Holzstäbchen.

ACRYLNÄGEL

Acrylnägel sind im Grunde künstliche Nagelspitzen. Das ist eine tolle Sache, wenn Sie auf sehr lange Nägel stehen oder ambitionierte Nail Art zur Schau stellen wollen. Nachdem der natürliche Nagel gekürzt und die Oberfläche glatt gefeilt wurde, werden die Kunststoffnägel aufgeklebt und dann mithilfe einer Acrylmischung mit dem Nagel verbunden. Unter einer UV-Lampe härtet das Ganze aus. Anschließend werden sie ganz normal gefeilt, in Form gebracht und lackiert. Wie Gelnägel müssen auch sie in reines Aceton getaucht werden, wenn man sie entfernen will. Sie sind nicht unbedingt mein Geschmack, da ich die Nägel gern kürzer trage und keine Lust habe, ständig ins Nagelstudio zu müssen. Aber viele Frauen sind regelrecht süchtig danach, und sie können wirklich großartig aussehen. Die besten Acrylnägel bekommt man in Vierteln, in denen viele Schwarze wohnen, denn sie haben die meiste Erfahrung damit.

DIE KUNST, KOMPLIMENTE ZU MACHEN UND ANZUNEHMEN

»Ich finde es einfach albern, mit Komplimenten zu knausern.
Wenn du jemanden siehst, den du irgendwie schön findest,
warum sagst du es ihm dann nicht?«

Jill Scott

Mindestens dreimal die Woche spreche ich eine Wildfremde an und sage ihr, dass sie fantastisch aussieht. Egal, ob mich ihre Haarfarbe oder ihr Make-up begeistert, ihr Teint oder ihre Schuhe – ich meine es stets aufrichtig (ansonsten kann man sich das sparen!). Ich übertreibe nicht und trete auch niemandem zu nahe. Mir fällt etwas Positives auf, ich fasse es kurz in Worte und setze meinen Weg anschließend fort. Ich habe allen Ernstes darüber nachgedacht, kleine Kärtchen drucken zu lassen, auf denen steht: »Sie sehen fantastisch aus« oder: »Ich finde Ihren Look wirklich großartig« – einfach, um Zeit zu sparen. Auch wenn mich manche sicherlich für verrückt halten (einige reagieren belustigt oder drehen sich suchend nach jemandem um, der das Kompliment eigentlich verdient hat), scheint sich die überwältigende Mehrheit doch sehr darüber zu freuen. Nur um mir nach einem kurzen Moment des Geschmeicheltseins zu sagen, dass ich mich täusche, dass der Ansatz dringend nachgefärbt werden muss, die Nacht wirklich sehr kurz war oder dass sie einen Pickel oder ein Herpesbläschen haben. Damit wollen sie anscheinend sagen: »Nein, hören Sie, Sie irren sich, und zwar gewaltig: Ich bin alles andere als makellos!« Ich finde es traurig, dass Frauen so sehr darauf bestehen, Lob abzubiegen, oder glauben, es gar nicht erst zu verdienen.

Komplimente sind wie Medizin: Gut möglich, dass Sie sie nicht (an)nehmen wollen, aber letzten Endes tun Sie Ihnen gut! Natürlich verteile ich auch deshalb so gern Komplimente, weil ich selbst gern welche bekomme. Ich weiß, wie sehr es meine Laune hebt, wenn ein Wildfremder etwas sagt wie: »Cooles Tattoo!« oder: «Ihr Lippenstift sieht toll aus!« – vor allem, wenn es sich dabei um eine Frau handelt. Einerseits, weil Geschlechtsgenossinnen sich mit Frisur oder Make-up in der Regel besser auskennen. Andererseits, weil sie es eher nicht tun, um an meine Telefonnummer zu kommen oder mich ins Bett zu kriegen. Sie haben keinen Grund, mir zu schmeicheln, sondern sind einfach nur aufrichtig.

In erster Linie mache ich jedoch deshalb Komplimente, weil es auch mir guttut, anderen ein gutes Gefühl zu geben. Das funktioniert allerdings nur, wenn sie wirklich ehrlich gemeint sind. Die Leute wittern Schleimer meilenweit gegen den Wind, und genau aus diesem Grund werfe ich auch nicht mit Komplimenten um mich. Sagen Sie Ihrer Freundin nicht, sie hätte abgenommen, wenn das nicht stimmt. (Eine Frau weiß nämlich genau, wann sie fett aussieht und wann nicht.) Und sagen Sie ihr auch nicht, wie toll ihre Frisur ist, wenn sie so aussieht wie Monica auf Barbados in »Friends«. Jeder hat schöne und positive Seiten, also warten Sie, bis Sie wirklich ein echtes Kompliment machen können. Das tun Sie am besten ganz direkt. Sagt man dagegen Ihnen etwas Nettes, sollten Sie nicht gleich abwiegeln. Es ist unhöflich, ein Kompliment abzulehnen. Außerdem scheut sich derjenige, der es macht, anschließend vermutlich davor, weitere Komplimente zu machen. Lächeln Sie einfach, und bedanken Sie sich, nehmen Sie sich die Zeit, das Kompliment wirklich zu genießen. Und das nächste Mal, wenn Sie das Bedürfnis haben, jemandem ein Kompliment zu machen, geben Sie es weiter!

UNVERZICHTBARES FEEDBACK

Genauso wichtig wie Komplimente sind die Bemerkungen, die andere Frauen davon abhalten, scheiße auszusehen. Das bedeutet nicht, ihnen zu sagen, dass sie abnehmen müssen oder eine grauenvolle Frisur haben. Sondern ihnen freundlich, diskret und möglichst rasch die Möglichkeit zu geben, etwas in Ordnung zu bringen, bevor diejenige sich selbst im Spiegel sieht und am liebsten in Tränen ausbrechen würde. Dazu gehört:

»Sie haben Lippenstift an den Zähnen.«
Das sieht doof aus und ist niemals Absicht. Hat eine Frau rote Zähne, bitten Sie sie, einen kurzen Blick in den Spiegel zu werfen. Sollte

Ihnen so etwas auch öfter passieren, spiegeln Sie sich nach dem Essen am besten kurz in der Klinge Ihres Messers. Auf diese Weise sehen Sie sofort, wenn irgendwas nicht stimmt, und können unbemerkt Abhilfe schaffen.

»Sie haben da was zwischen den Zähnen.«
Sie sollten andere stets darauf hinweisen, wenn sie Spinat oder Fleischfasern zwischen den Zähnen haben. Niemand will aussehen wie ein Höhlenmensch. Niemand will, dass die Umsitzenden einem nur noch wie hypnotisiert auf den Mund starren. Seien Sie solidarisch, und geben Sie Bescheid!

»Sie haben da Klopapier am Schuh.«
Nach dem Besuch von grässlichen öffentlichen Toiletten kommt das durchaus vor. Bitte gehören Sie nicht zu den Frauen, die zulassen, dass andere einen Kometenschweif aus Klopapier hinter sich herziehen. Nehmen Sie die Betreffende diskret beiseite, und weisen Sie sie daraufhin. Oder aber Sie treten auf die unerwünschte Schleppe, damit seine unfreiwillige Trägerin entkommen kann.

»Ihre Wimperntusche ist verlaufen.«
Am Ende einer langen Nacht passiert das den meisten Frauen. Wenn man sich mit Waschbäraugen auf der Damentoilette wiederfindet, ohne zu wissen, wie lange man so bereits herumgelaufen war, ist das einfach nur schrecklich. Es ist ein Gebot der Höflichkeit, darauf hinzuweisen, bevor es so weit kommen kann.

»Sie haben da einen Blutfleck am Rock.«
Auch wenn Sie sonst nichts für Ihre Geschlechtsgenossinnen tun – das hier ist Pflicht! Die Natur kann manchmal extrem grausam sein, und manchmal schlägt die Periode unbemerkt zu. Sagen Sie der Betreffenden um Himmels willen Bescheid, und ersparen Sie es ihr, sich monatelang in Grund und Boden zu schämen. Wenn Sie beson-

ders viele Karmapunkte sammeln wollen (und dafür gibt es wirklich einige), bieten Sie ihr Ihre Strickjacke an. Die kann sie sich dann um die Taille binden.

SCHÖNSEIN
TROTZ KRANKHEIT

»Lächeln Sie.
Und tragen Sie weiterhin Lippenstift.«
Diane Keaton

Ich kann mich noch lebhaft daran erinnern, dass ich mit zwölf »Die Glücksritter« im Fernsehen sah und plötzlich einen lauten Schrei ausstieß, so sehr krümmte ich mich vor Nierenschmerzen. Meine Brüder starrten mich fassungslos an, während meine Mutter und Tante Ursula in der irrigen Annahme hereinstürmten, eine weitere Rauferei beenden zu müssen. Stunden später, als der Arzt wieder weg war – nachdem er eine Nierenbeckenentzündung diagnostiziert hatte –, also Stunden später, als mir alle Kissen in den Rücken stopften, Energy Drinks einschenkten und den Film »Gregory's Girl« für mich einlegten, fühlte ich mich am meisten dadurch getröstet, dass Ursula meine Füße auf ihren breiten Schoß nahm und mir mit ihrem roten Revlon-Nagellack die Zehennägel lackierte. Daraufhin ging es mir schlagartig besser – auch wenn ich darauf spekulierte, noch ein paar Tage zu Hause bleiben zu dürfen, statt zur Schule gehen zu müssen.

Eine Freundin von mir musste sich neulich einer schweren OP unterziehen (Krebs im Unterschenkel). Und was war das Erste, das sie tat, als sie erfuhr, dass ihr Bein gerettet werden konnte? Sie lackierte sich die Fußnägel. Ich finde es unglaublich inspirierend und kein bisschen verwunderlich, dass Schönheit bei Krankheit eine ganz besondere Bedeutung bekommen kann. Frauen, denen der Körper entgleitet, können immerhin noch bestimmen, was mit ihrem Gesicht und ihrer Frisur passiert. Ich habe schon mit vielen Frauen in schlimmen Krankheitsphasen zusammengearbeitet und ihnen gezeigt, wo sie eine Perücke bekommen, mit der sie nicht aussehen wie eine Oma aus den Siebzigern. Ich habe ihnen Gesichtsserum empfohlen, damit sich die Leute auf der Straße nicht umdrehen und sagen: »Meine Güte, sehen Sie erschöpft aus!« Und ich habe ihnen ein einfaches, kurzes Schminkritual gezeigt, das ihnen das Gefühl gibt, endlich wieder sie selbst zu sein, auch wenn alles andere nicht mehr so ist wie zuvor.

Jeder, der das Thema Beauty als überflüssigen Schnickschnack für eitle Fatzkes abtut, versteht nicht das Geringste von Frauen, und auch nicht von den vielfältigen Auswirkungen von Krankheiten. In finsteren Zeiten bekommt Beauty eine besondere Bedeutung – für viele wird sie zu einer wichtigen Bewältigungsstrategie. Unser äußeres Erscheinungsbild ist ein wichtiger Bestandteil unserer Identität. Wenn es sich aufgrund eines Unfalls oder einer Krankheit drastisch ändert, folgt eine Trauerphase, und man muss lernen, damit zu leben. Gut möglich, dass Sie so schwer krank sind, dass das Gesicht Ihr geringstes Problem ist. Aber falls Schönheit schon immer eine wichtige Rolle in Ihrem Leben gespielt hat, wird auch eine schwere Krankheit nichts daran ändern.

Wir alle wissen, wie vernichtend sich körperliche Beschwerden auf unser Aussehen auswirken können, aber eine ernste Erkrankung kann besonders grausame Spuren hinterlassen. Krebstherapien führen in der Regel zu extrem dünnem Haar oder vollständigem Haarausfall. Haut und Nägel spielen verrückt, und man nimmt stark zu oder ab. Für den Patienten kann der Verlust seiner äußeren Identität hochtraumatisch sein und sein gesamtes Körpergefühl beeinträchtigen. Eine klinische Studie ergab, dass der Haarverlust 77 Prozent der Krebspatientinnen psychisch sehr belastet. Viele empfinden ihn sogar als schlimmer als die Amputation einer Brust und schlimmer als alle anderen Nebenwirkungen wie Übelkeit, Schlaflosigkeit und Panikattacken. Das dürfte nicht weiter verwunderlich sein, wenn man weiß, dass Haare zu unseren wichtigsten äußeren Merkmalen zählen. Nicht umsonst beschreiben einen viele als »Blondine« oder »Rotschopf«: Haare sind wichtig.

Letztes Jahr wurde bei C., einer Freundin, Krebs festgestellt. Sie musste monatelang regelmäßig für eine aggressive Chemotherapie ins Krankenhaus. Sie lag im Bett und war hauptsächlich von uralten Damen im Nachthemd umgeben. Obwohl es verführerisch gewesen sein muss, nur noch im Pyjama zu leben, hat sie sich geweigert, auf ihr gepflegtes Äußeres zu verzichten. Jeden Morgen nach dem Duschen zog sie ihre normalen Sachen an und schminkte sich sitzend im Bett. Auch auf eine dezente Maniküre und Pediküre achtete sie. Während ihres Krankenhausaufenthalts enthielt C.s Kosmetiktasche fünf Lippenstifte, drei Lip Stains und zwei Lippenbalsame. Ich persönlich finde das noch bescheiden.

Obwohl unsere Gesundheit selbstverständlich oberste Priorität haben sollte, wirkt sich das äußere Erscheinungsbild stark darauf aus, wie sich eine kranke Frau tagtäglich fühlt. Jetzt, wo ihr Leben dermaßen auf den Kopf gestellt wurde, finde ich es nur logisch, dass viele Frauen das Bedürfnis haben, sich ganz normal fühlen und auch so aussehen zu wollen. Selbst ein tägliches Schminkritual hilft, so etwas wie Alltag herzustellen – auch wenn nichts mehr so ist wie zuvor. Dass man sich etwas Gutes tut – egal, ob das bedeutet, kurz zu duschen und danach Lippenbalsam aufzutragen oder das volle Programm mit falschen Wimpern und Selbstbräuner durchzuziehen –, ist nicht zu unterschätzen.

Über die Jahre habe ich miterlebt, wie wichtig es für Frauen ist, die Kontrolle zu behalten. Das Ritual, sich zu schminken und auch weiterhin auf sein Äußeres zu achten, gibt einem die Würde zurück und trägt auch dazu bei, den Körper zumindest gefühlsmäßig dem Krebs und der Krankenhausumgebung zu entreißen. In einer Studie aus dem Jahr 1997 gaben 70 Prozent der Krebspatientinnen an, dass es für sie extrem wichtig sei, eine gewisse Form von Kontrolle über ihr durch die Krankheit verändertes Äußeres zu haben. Meine Freundin C. sagte neulich: »Ständig wird über meinen Körper geredet, ständig wird irgendetwas mit ihm veranstaltet. Und so sympathisch und fähig all diese Experten auch sind, scheinen sie doch manchmal zu vergessen, dass es sich immer noch um *meinen* Körper handelt. Wenn ich mir die Fußnägel lackiere, erinnert mich das daran, dass ich nach wie vor beide Beine habe und dass sie zu mir gehören. Insofern fand ich es doch ziemlich irritierend, als mir die Ärzte sagten, ich solle bei meinem Gipsbein auf Nagellack verzichten, da sie meine Fußnägel im Auge behalten wollen, um die Durchblutung zu kontrollieren. Für mich kommt es einfach nicht infrage, barfuß und ohne Nagellack herumzuhumpeln. Auch ich habe meine Grenzen.« Ich konnte sehr gut verstehen, was sie meinte.

Vielen Patientinnen hilft Schminke auch, nicht aufzufallen, wenn die körperlichen Auswirkungen der Krebstherapie zu drastisch sind. Obwohl sich niemand dafür schämen muss, Krebs zu haben, hat er ein Recht darauf, nicht nur noch dadurch definiert zu werden. Niemand sollte gezwungen sein, seine Krankheit öffentlich zu machen, sobald er die Wohnung verlässt, um sich auch nur eine Zeitung zu kaufen. Es gibt schließlich noch so etwas wie Privatsphäre. Wenn man sich während einer schweren Krankheit schminkt, geht es meist weniger darum, aufzufallen, sondern darum, *nicht* aufzufallen. Frauen möchten genauso wahrgenommen werden wie vorher. Und oft geht das nur, wenn man sich einen gesunden Look »anmalt«.

UNVERZICHTBARE PRODUKTE FÜR EINEN GESUNDEN LOOK

HYALURONSÄUREHALTIGES GESICHTSSERUM

Chemotherapie und andere starke Medikamente trocknen die Haut oft aus und hinterlassen feine Knitterfalten, Schuppen und einen blassen, grauen Teint. Ein hyaluronsäurehaltiges Serum, das nach der Gesichtsreinigung aufgetragen wird, speichert Wasser in Ihrer Haut und macht sie praller, ja bringt Ihren ganzen Teint zum Strahlen. Clarins, Vichy, Eucerin und Chanel stellen alle fantastische Seren her. Aber jedes andere Serum, das einen hohen Anteil an Hyaluronsäure hat (ein harmloser, natürlicher Wirkstoff, der in gesunden Zellen vorkommt und die ohnehin empfindliche Haut nicht reizt) ist ebenso gut geeignet.

GETÖNTE FEUCHTIGKEITSCREME

Wenn Sie krank sind, ist eine gute getönte Feuchtigkeitscreme unverzichtbar. Sie versorgt die Haut, die trockener ist als sonst, mit Feuchtigkeit, schenkt fahlem Teint wieder ein gesundes Strahlen und schützt in der Regel auch vor Sonne. So gesehen ist sie ideal, wenn Sie sich schwach fühlen und nicht die Kraft haben, mehrere Produkte aufzutragen. Widerstehen Sie der Versuchung, zu BB-Creams zu greifen. Meiner Erfahrung nach sehen sie furchtbar auf Haut aus, die nicht in Hochform ist. Die besten getönten Feuchtigkeitscremes gibt es von Laura Mercier, Origins, Nivea, Nars und Bobbi Brown.

CONCEALER

Jeder braucht einen guten Concealer, aber niemand so sehr wie Kranke. Eine gute, dicke Abdeckcreme kaschiert rote Narben, dunkle Augenringe, weil man zu wenig oder zu viel geschlafen hat, und Flecken aufgrund von Hormoneinnahmen. Nehmen Sie einen mit lichtreflektierenden Partikeln, der die Haut wieder schimmern lässt und Schwachpunkte kaschiert. Ich liebe Concealer von Nars, Clinique, Bobbi Brown, Clarins und Charlotte Tilbury.

ROUGE

Nichts hilft besser gegen fahlen Teint. Entscheiden Sie sich für einen fröhlichen (aber nicht zu zuckrigen) Rosaton, und zwar für ein Cremerouge, da es gesünder und natürlicher wirkt als Puderrouge. Mit dem Mittelfinger tupfen Sie ein wenig davon auf den höchsten Punkt der Wangen. (Sollten Ihre Wangen durch die Krankheit eingefallen sein, lächeln Sie übertrieben, um die richtige Stelle zu finden.) Die Konturen mit der Fingerkuppe verblenden, bis keine klaren Ränder mehr zu sehen sind. Die besten Cremerouges sind die von Bourjois, Benefit, Body Shop und Bobbi Brown.

BRAUNER KAJALSTIFT

Wenn Sie Augenbrauen und Wimpern verloren haben, ist er unverzichtbar. Umranden Sie die Augen mit einem warmen Braunton, bekommen sie wieder Tiefe und Kontur. Das sieht natürlicher aus als falsche Wimpern, die sehr seltsam wirken, wenn die echten fehlen.

Benutzen Sie denselben Stift, um sich die Brauen dichter zu »stricheln«. Wenn Sie aussehen wie Cruella de Vil, gönnen Sie sich Brauenschablonen. Das ist idiotensicher, und außerdem geht es schnell. Meine Lieblingskajalstifte sind die von Elizabeth Arden, Rimmel, Urban Decay, Charlotte Tilbury und Bourjois.

LIPPENSTIFT

Wenn Sie eher keinen Lippenstift benutzen, nehmen Sie einfach Balsam. Aber ansonsten ziehen Sie sich bitte auch weiterhin die Lippen nach! Der Tag, an dem ich meinen Lippenstift endgültig beiseitelege, ist auch der Tag, an dem ich endgültig den Löffel abgebe. Es ist völlig okay, krank auszusehen, wenn Sie sich auch so fühlen. Oder ohne Perücke auf dem Sofa rumzulümmeln und über eine Schachtel Donuts herzufallen, wenn Sie gerade Lust drauf haben. Aber wenn es ein Tag ist, an dem Sie so tun wollen, als wären Sie gesund, gibt es kaum etwas Besseres, um Sie in Ihr eigentliches Selbst zurückzuverwandeln. Gönnen Sie sich ein teures Produkt – Sie haben es verdient! Versuchen Sie es mit Chanel, Estée Lauder, Nars, Bobbi Brown oder Tom Ford.

EXTREM FEUCHTIGKEITSSPENDENDE GESICHTSMASKE

Krankheiten gehen meist mit trockener Haut einher und zwingen einen, untätig herumzuliegen. Eigentlich ideal für eine Gesichtsmaske! Einmal die Woche sollten Sie Ihre gründlich gereinigte Haut mit einer dicken Maske versorgen. Legen Sie 20 Minuten lang die Beine hoch, und nehmen Sie das Produkt anschließend ab (oder aber Sie massieren es ein – je nachdem, was auf der Verpackung angegeben ist). Halten Sie nach feuchtigkeitsspendenden Wirkstoffen wie Hyaluronsäure und Glyzerin Ausschau oder aber nach einer sanften, natürlichen Feuchtigkeitspflege wie Rosenöl. Meiden Sie alles, das AHAs und BHAs enthält, schließlich wollen Sie Ihre Haut durch solche Säuren nicht zusätzlich reizen. Einige der besten Masken sind die von Clarins, Body Shop, Kiehl's, Lush, Clinique und Origins.

MIZELLENLOTION

So bezeichnet man die Reinigungslotion, die Profivisagisten backstage bei Modeschauen verwenden. Ist man krank, ist sie einfach fantastisch! Das Tolle an Mizellenlotion ist, dass sie die Haut gründlich reinigt – und das ganz ohne fließend Wasser. Insofern ist sie ideal für Krankenhausaufenthalte oder bei langer Bettlägerigkeit. Sie ist viel sanfter und gründlicher als ein Reinigungstuch (das den Dreck einfach nur im Gesicht verteilt), lässt die Haut vollkommen sauber und ohne Rückstände zurück und bereitet sie also perfekt auf die Hautpflege vor. Meine Lieblingslotions sind die von Avène (vor allem, wenn die Haut superempfindlich geworden ist), La Roche-Posay, L'Oréal Paris und Bioderma. Die kosten alle nicht viel. Außerdem benötigen Sie Wattepads.

VERWÖHNENDER BADEZUSATZ

Jede Krankheit erfordert, dass Sie sich etwas Gutes tun, um sie irgendwie erträglich zu machen. Ein Badezusatz oder Badeöl ist da ideal, denn jetzt haben Sie ausgiebig Zeit, in der Wanne zu liegen. Nehmen Sie ein Produkt, das die Haut weich macht und sie mit Feuchtigkeit versorgt. Honig ist immer eine gute Wahl, genauso wie Mandelöl – beides reizt entzündete Haut nicht, außer Sie leiden an einer Nussallergie. Geizen Sie bloß nicht damit – das ist nicht der richtige Moment, vernünftig zu sein. Wenn ich krank bin, gönne ich mir immer ein Honigbad von Laura Mercier oder ein Milchbad von Elemis – Letzteres ist ideal für alle, die keine allzu parfümierte Hautpflege vertragen.

EINE PERÜCKE KAUFEN

Wenn Sie Ihre Haare verloren haben, aber nicht darauf verzichten möchten, werden Sie sich eine Perücke zulegen müssen. Und das geht so:

EINEN HÄNDLER AUSSUCHEN

Oft liegen die besten Perückengeschäfte in Vierteln mit einem hohen jüdischen oder schwarzen Bevölkerungsanteil. Dort finden Sie Experten, die Tausenden von Frauen natürlich wirkende Perücken verkaufen. Große Kaufhäuser haben ebenfalls ausgezeichnete Perückenabteilungen, die modische Frisuren und eine gute Beratung anbieten. Machen Sie einen Termin unter der Woche aus, damit Sie Zeit haben, viele verschiedene Perücken anzuprobieren. Oft wird dafür eine Kaution verlangt, die allerdings beim Kauf verrechnet wird und sich absolut lohnt, wenn man auf professionelle Beratung Wert legt.

MIT KLAREN VORSTELLUNGEN LOSZIEHEN

Egal, ob Sie nach etwas suchen, das an Ihr früheres Haar erinnert, oder beschließen, ein neues Experiment zu wagen – sagen Sie klar und deutlich, was Sie wollen, wie hoch der Pflegeaufwand sein darf. Nylonperücken sind preiswerter und pflegeleichter, sehen aber nicht ganz so echt aus. Echthaarperücken sind teurer, pflegeintensiver, aber dafür leichter zu stylen und wirken wirklich täuschend echt.

Es geht schließlich um Ihre neue Frisur, und Sie müssen sich damit wohlfühlen. Lassen Sie sich vom Personal nicht irgendwas verpassen – erst recht keine »Pseudohaare für Krebskranke«, wie ich sie nenne, mit anderen Worten eine spießige Kurzhaarfrisur in einer Farbe, die einen glatt in den Selbstmord treiben könnte. Sie sind krank, aber nicht 104 Jahre alt. Wenn Sie sich mit langem Haar am wohlsten fühlen, mit glamourösen Wellen oder einer wasserstoffblonden Pornofrisur, sollen Sie genau das bekommen! Es geht schließlich darum, dass Sie sich endlich wieder wie Sie selbst fühlen. Falls Sie verständlicherweise nervös sind, nehmen Sie eine Freundin mit, die in der Lage ist, Ihnen die Wahrheit zu sagen.

SICH ZEIT NEHMEN

Stellen Sie sich darauf ein, mindestens 45 Minuten lang Perücken anzuprobieren und Handyfotos von allem zu machen, was gut sitzt. (Eine gute Perücke sitzt eng und hat ein straffes, aber bequemes Gummiband.) Dann diskutieren Sie mit Ihrer Freundin die Optionen durch. Vergessen Sie nicht, dass die Perücke nur ein Anfang ist: Sie lässt sich stylen und schneiden, wie es Ihnen gefällt.

AUFMERKSAM ZUHÖREN

Nachdem Sie sich für eine Perücke entschieden haben, sollten Sie darauf bestehen, dass Ihnen der Verkäufer ganz genau zeigt, wie man sie aufsetzt und das verbliebene Haar wegsteckt (falls Sie noch welches haben). Kaufen Sie gleich zwei Haarnetze, damit Sie eines in Reserve haben, wenn das andere in der Wäsche ist. Eine anständige Perücke kostet verdammt viel Geld, und bei jedem guten Geschäft ist dieser Service im Preis inbegriffen.

SICH STYLEN LASSEN

Gehen Sie auf die Seite der Organisation »DKMS Life – Look Good Feel Better«, und schauen Sie nach, wo es einen Partnerfriseur in Ihrer Nähe gibt. Lassen Sie sich einen Termin für ein Perückenstyling geben, und erkundigen Sie sich, ob es einen Privatbereich gibt, wenn Sie Wert darauf legen. Nehmen Sie Fotos von Frisuren mit, die Ihnen gefallen. Erklären Sie, wie Ihre Perücke aussehen soll. Vieles ist möglich – ein Perückenspezialist kann weiche Stufen hinzufügen, die Länge kürzen, ja sogar Strähnchen in Echthaarperücken färben. Lassen Sie sich Tipps geben, wie Sie den neuen Look zu Hause stylen können.

ORGANISATIONEN, DIE IHNEN DABEI HELFEN, BEI KRANKHEIT BESSER AUSZUSEHEN

Look Good Feel Better (lookgoodfeelbetter.de)
Die Organisation hilft Frauen mit Krebs, indem sie ihnen Qualitätskosmetik schenkt und Seminare gibt, wie man damit das Beste aus sich macht. Viele Frauen sagen, diese Kampagne hätte Ihnen enorm geholfen, die Kontrolle über ihren Körper zurückzugewinnen und sich weiblicher, normaler und optimistischer zu fühlen.

Nana – Recover your Smile e. V. (recoveryoursmile.org)
Der gemeinnützige Verein wendet sich an Krebspatienten. Durch kostenfreie Schmink- und Stylingkurse sowie Fotoshootings soll das durch die Krankheit verloren gegangene Selbstbewusstsein gestärkt und geholfen werden, wieder Freude am Aussehen zu finden.

Inka – Das Informationsnetz für Krebspatienten und Angehörige (inkanet.de/leben-mit-krebs/body-soul/haare)
Netzwerk mit Informationen für Krebspatienten und Kontakten zu Friseuren, Stylisten und Perückenspezialisten.

Cicatrix – Gemeinschaft für Menschen mit Verbrennungen und Narben (cicatrix.de)
Mediziner, Therapeuten, Juristen, Organisationen, Forschung und Industrie engagieren sich gemeinsam mit Betroffenen und Angehörigen in diesem Verein.

FARBENLEHRE:
WAS PASST ZU WEM?

»Wenn du dich immer nur an die Regeln hältst,
verpasst du jede Menge Spaß.«

Katharine Hepburn

Eigentlich hasse ich Farbregeln: Sie verhindern Kreativität und spielerisches Ausprobieren und sollten deshalb spießigen Anstandsdamen überlassen werden. Ich muss gestehen, dass ich richtige Beklemmungen bekomme, wenn mich Frauen wiederholt fragen, ob sie blauen Lidschatten zu blauen Augen, Bronzepuder zu hellem Teint oder braunes Augen-Make-up zu braunen oder grünen Augen tragen dürfen. Das Leben ist so kurz! Ich hatte mal das zweifelhafte Vergnügen, an einer Kreuzfahrt teilzunehmen. Eines Morgens machte ich aus reiner Neugier bei einer »Farbberatung« mit und musste mit ansehen, wie Leute jeden Alters und Hauttyps auf die Bühne trotteten, wo man ihnen billige bunte Stoffe ans Gesicht hielt und ihnen dann ausnahmslos empfahl, grelle Farben zu meiden und stattdessen freudlose Nuancen verdünnten Cappuccinos zu tragen. Was für ein ausgemachter Schwachsinn!

Im Großen und Ganzen sollten Sie die Farben tragen, die Sie glücklich machen. (Wenn Sie eine neue Farbe ausprobieren, die Ihnen steht, werden Sie automatisch strahlen, kaum dass Sie einen Blick in den Spiegel geworfen haben. Wenn Sie jedoch versuchen, sich etwas einzureden, dürfte sie Ihnen eher nicht stehen.) Es gibt allerdings Ausnahmen, die einen extrem entstellen können. Generell bin ich sehr dafür, Merkmale, die man an sich mag, farblich zu unterstreichen. Manche Farbtöne stehen bestimmten Typen einfach sensationell, und es gibt bewährte Kombinationen für wunderbare Looks. Manche Farben lassen graue Augen intensiv grün wirken und bringen wässrig-blaue Augen zum Strahlen, während andere dunkler Haut den Graustich nehmen oder heller ihre kränkliche Blässe. Finger- und Fußnägel in unterschiedlichen Farben sind absolut empfehlenswert, farblich nicht aufeinander abgestimmte Lippen und Wangen sehen dagegen aus, als wäre man einem Robert-Palmer-Video aus den Eighties entsprungen.

Sind Sie jetzt endgültig verwirrt? Hier finden Sie ein paar Regeln, an die ich mich normalerweise halte.

Bitte nicht: Rosa Lidschatten bei heller Haut tragen.
Rosa Lidschatten – sei er nun Pink, Pastellrosa oder Kirschblütenrosa – verwandelt so gut wie alle Hellhäutigen in Labormäuse. Oder aber, was noch schlimmer ist, in uralte Matronen. (Das gilt vor allem für hellere Nuancen.) Rosa Lidschatten ist einfach nicht sexy, außer es handelt sich um ein sehr kompromissloses Knallpink, das von einer Farbigen aufgetragen wird. (Blassrosa dagegen kann dunkle Haut fahl wirken lassen.) Dann ist er ein Fashion Statement – aber auch nur dann!!!

Bitte nicht: Pfirsichfarbenen oder violetten Lippenstift verwenden, wenn Sie rauchen.
Wenn Sie sich nicht regelmäßig die Zähne bleichen lassen, ist pfirsichfarbener oder violetter Lippenstift keine gute Idee. Beide machen die Zähne noch gelbstichiger. Möchten Sie einen Lippenstift aus diesen Farbfamilien tragen, nehmen Sie lieber ein kräftiges Korallen- oder Orangerot, und ersetzen Sie Violett durch Beeren- und Rosentöne. Selbst wenn Ihre Zähne strahlend weiß sind, ist pfirsichfarbener Perlmuttlippenstift das Allerletzte. Nehmen Sie lieber ein mattes oder cremiges Finish.

Bitte nicht: Rosa- und Blautöne kombinieren.
Das ist mehr oder weniger die einzige Farbkombination, bei der ich mich zuverlässig grusele. Ganz einfach, weil sie aussieht, als hätte sich ein kleines Mädchen an den Schminkutensilien seiner Mutter vergriffen. Es wirkt süßlich, irgendwie billig und unreif. Wenn Sie rosa Lippenstift tragen und kühle Lidschattenfarben mögen, nehmen Sie Schiefer- oder Kohlegrau. Stehen Sie dagegen auf blauen Lidschatten, passen korallenrote, braune, karamell- oder pfirsichfarbene Lippen dazu.

Bitte nicht: Angst vor Lidschatten in einer ähnlichen Farbe wie Ihre Augen.

Eine uralte Faustregel lautet, dass Blauäugige niemals blauen Lidschatten, Braunäugige niemals braunen usw. tragen sollten, da sich die Farben gegenseitig auslöschen. Unsinn! Sie müssen nur darauf achten, dass Ihr Lidschatten nicht genau dieselbe Farbe wie Ihre Iris hat, was sowieso fast nie der Fall ist. Meine Augen sind blassgrün, und ein dunkles Smaragd- oder Flaschengrün sieht toll dazu aus, weil es meine Augen betont. Dunkelblau und Braun sind neutrale Lidschattenfarben, die jedem stehen. Ersteres lässt das Gesicht elegant und raffiniert wirken, Letzteres verleiht ihm eine warme Tiefe.

Bitte nicht: Dunkler Lippenstift bei sehr schmalen Lippen.

Ja, das Leben ist ungerecht! Jede, die davon betroffen ist, hat deshalb auch mein größtes Mitgefühl. Aber dunkler Lippenstift lässt schmale Lippen nun mal noch schmaler aussehen, außerdem wird er mit Sicherheit ausbluten. Entscheiden Sie sich stattdessen für hellere Töne. Wenn Sie einen kräftigen Farbakzent setzen möchten, dann bitte nur mit Gloss. Der lässt einen ohnehin schon kleinen Mund wenigstens nicht noch mehr schrumpfen.

Bitte nicht: Mit Foundation für einen dunklen Teint sorgen.

Foundation soll Ihren natürlichen Hautton nachahmen. Sie können ihn etwas wärmer gestalten, wenn Sie eine gelbliche Grundierung wählen. Sollten Sie jedoch versuchen, Ihren Teint mit einer Foundation auf dunkel zu trimmen, sieht das einfach bloß schmuddelig und künstlich aus. Ich kann gut verstehen, dass man das Bedürfnis hat, nicht leichenblass auszusehen – mir geht es nämlich oft genauso. Aber diese Aufgabe bleibt Bronzepuder und Rouge vorbehalten, die in mehreren Lagen über der Grundierung aufgetragen werden.

Bitte nicht: Wangen und Lippen, die farblich nicht zusammenpassen.
Eine der Hauptaufgaben von Rouge besteht darin, einen schönen Übergang von den Lippen zu den Augen zu schaffen, aber nicht grell hervorzustechen. Ich sage nicht, dass Sie Rouge und Lippenstift farblich peinlich genau aufeinander abstimmen müssen – wenn Ihnen allerdings danach ist oder wenn Sie ein Produkt für Wangen und Lippen verwenden, ist das absolut in Ordnung. Ich sage nur, dass Sie bei Lippen und Wangen innerhalb derselben Farbfamilie bleiben sollten, weil das am schmeichelhaftesten und modernsten aussieht. Ich trage meist pfirsich-, korallen- oder apricotfarbenen Lippenstift zu einem Rouge derselben Farbe. Zu rosa, pinkfarbenen oder roten Lippen nehme ich ein Rouge mit einem rosafarbenen Unterton. Blockstreifenartiger Blush in Knallorange gepaart mit rosa oder rotem Lippenstift sieht aus, als wäre man in den Achtzigerjahren stecken geblieben, und wirkt außerdem ein bisschen billig.

Bitte nicht: Die Kombi Schwarz und Dunkelblau vermeiden.
Meine Güte! Leute, die behaupten, dass Schwarz und Dunkelblau nicht zusammenpassen, sind echte Vollidioten und verpassen wirklich eine der elegantesten Farbkombis überhaupt! Das gilt für Kleider übrigens genauso wie für Schminkprodukte. Dunkelblauer Lidschatten und schwarzer Kajal sehen einfach hinreißend zusammen aus, ja die Kombination ist sogar ein echtes Muss. (Schwarz ist nämlich die einzige Kajalfarbe, die gegen dunkle Lidschattentöne anstinken kann.) Außerdem erzeugt diese Kombi den sexy Pariser Look, den ich so liebe.

Bitte nicht: Auf roten Lippenstift verzichten, weil Sie keine perfekten Zähne haben.
Auch wenn Sie etwas gelbliche Zähne haben, können Sie roten Lippenstift tragen. Sie brauchen bloß einen mit einem bläulichen statt mit einem orangestichigen Grundton. So wird Ihr Mund zum Hingucker und bildet einen schönen Kontrast zu Ihren Zähnen. Weitere

Ratschläge zu diesem Thema finden Sie im Kapitel »Roter Lippenstift«.

Bitte nicht: Rosastichige Foundation auftragen.
Die kommt nur infrage, wenn die hellsten Gelbtöne immer noch zu dunkel für Sie sind (was maximal bei etwa fünf Prozent aller Frauen der Fall sein dürfte). Ansonsten sollten Sie rötliche (Schwarze) und rosastichige (Asiatinnen und Weiße) Foundation meiden. Das sieht einfach nicht gut aus und sorgt für einen wächsernen, kränklichen Teint. Sehen Sie Begriffe wie »Rosa«, »Rosé« oder »Rouge« im Namen, empfiehlt es sich, die Finger von dieser Foundation zu lassen.

Bitte nicht: Glauben, dass Violett bloß anderen steht.
Es gibt unendlich viele Violetttöne, und es ist für jeden einer dabei. Wenn Ihnen Violett nicht steht (Mädchen mit dunklem Teint sehen einfach atemberaubend damit aus, blasse Typen brauchen Nerven wie Drahtseile und ein großes Selbstbewusstsein dafür), greifen Sie einfach zu dezenteren Varianten. Superblassen Mädels steht ein Heidekrautton mit Graunuancen oder aber ein zartes Mauve, während Asiatinnen und Afrikanerinnen Auberginen- und Granatapfeltöne ausgezeichnet stehen. Ich bin verrückt nach Pflaume – angeblich der Farbton für Dunkelhäutige. Das behaupten allerdings ausschließlich Leute, die einfach zu faul sind zu gucken, was tatsächlich funktioniert. Lila sollte allerdings für jeden tabu sein, der seinen neunten Geburtstag bereits hinter sich hat.

Bitte nicht: Glauben, dass Blondinen braune Mascara verwenden müssen.
Blonden Frauen wurde von Frauenzeitschriften jahrelang eingeredet, dass sie braune Mascara tragen müssen – alles andere wäre »zu hart«. Das ist einfach bloß Schwachsinn. Ja, braune Mascara kann bei echten Blondinen oder Hellhaarigen einfach toll aussehen (ich persönlich liebe sie an jedem, wenn sie auf den unteren Wimpern-

kranz aufgetragen wird, während das traditionelle Schwarz dem oberen Wimpernkranz vorbehalten bleibt. Wenn Ihnen das nicht zu viel Aufwand ist, sieht es wirklich großartig aus). Aber Schwarz steht jedem – Blondinen ebenso wie Rothaarigen, außerdem sorgt es für ein klar definiertes, glamouröses Finish. Anders als Brauenstifte gibt es Mascaras in allen möglichen Farbtönen. Apropos farbige Mascara …

Bitte nicht: Ausschließlich farbige Mascara tragen.
Leute, die behaupten, farbige Mascara sähe einfach nur billig aus, täuschen sich gründlich. Ich besitze Mascara in Dunkelblau, Smaragdgrün, Bronzemetallic, einem tiefen Aubergineton, Grafitgrau – ja sogar in Silber. Ich benutze sie, um einen zusätzlichen Akzent zu setzen, wenn mir nicht nach Lidschatten ist, wenn ich mich vor einem bestimmten Kleidungsstück verneigen will, das ich trage – oder einfach nur so zum Spaß. Aber ich benutze sie nie ausschließlich. Für mich ist sie eine Art Accessoire und keine normale Wimperntusche. Wer schön definierte, dicke, glamouröse Wimpern will, sollte zu klassischem Schwarz greifen und den oberen und unteren Wimpernkranz damit tuschen. Darüber farbige Mascara auftragen – entweder nur auf dem oberen Wimpernkranz oder oben und unten. Beides sieht fantastisch aus.

Bitte nicht: Glauben, dass Sie helle Brauen zu Ihrem hellen Haar brauchen.
Schauen Sie sich einen beliebigen Hitchcock-Film an. Dann werden Sie sehen, dass kaum etwas so elegant wirkt wie eine Blondine mit dunklen Augenbrauen (siehe auch Sharon Stone, Madonna oder Naomi Watts). Viele echte Rothaarige und echte Blondinen haben von Natur aus dunkle Brauen und Wimpern, und wenn sich die Natur schon nicht an Farbregeln hält, müssen Sie es beim Schminken erst recht nicht tun! Färben Sie Ihre Brauen dunkel, wenn Sie Lust dazu haben. Oder lassen Sie sie hell, und betonen Sie sie je nach Lust und Laune mit einem dunklen Brauenstift oder Brauenpuder.

Bitte nicht: Pastellfarbenen Lidschatten zu Kleidung in kräftigen Farben tragen (mit Ausnahme von Schwarz).

Ich bin generell kein Fan von Pastelltönen an erwachsenen Frauen, außer man trägt sie zu dunklem Eyeliner oder aber zu heller oder schwarzer Kleidung. (Pastelltöne wie Pistazie oder Hellblau passen übrigens gut zu Schokoladenbraun.) Umgekehrt sehen Kleider in einem kräftigen Rot, Pink, Orange, Gelb, Lila oder Kobaltblau furchtbar zu pastellfarbenem Make-up aus, da sie das Gesicht dann regelrecht »erschlagen«. Auf diese Weise verbannen sie es in den Hintergrund und lassen es blass und kränklich wirken, während das Kleidungsstück ins Rampenlicht rückt. Ein knalliger Lippenstift, dunkler Eyeliner und viel schwarze Wimpertusche dagegen sorgen dafür, dass sich Ihr Gesicht nicht unterkriegen lässt.

Bitte nicht: Ton in Ton tragen.

Ein rotes Kleid und ein knallrosa Lippenstift ist nicht nur eine gelungene, sondern eine höchst erstrebenswerte Farbkombination! Dasselbe gilt für ein rosa Kleid und knallorange oder rote Lippen. Ein solch beabsichtigter Kontrast wirkt raffiniert und verhindert, dass man so aussieht, als hätte man wochenlang an seinem Outfit gefeilt. Ein bisschen mehr Mut bei der Farbwahl wirkt einfach lässiger und unbekümmerter. Eine Theorie, die übrigens auch für Finger- und Fußnägel gilt. Meine passen farblich nie zusammen. Wieso sich auf eine Farbe beschränken, wenn man auch zwei haben kann?

KOMPLIZIERT?
VON WEGEN!

»Sich zu schminken ist kinderleicht.
Wir machen es erst kompliziert.«
Val Garland

Ich habe sehr zittrige Hände und kann schlecht zeichnen. Aber seit ich sechs Jahre alt bin, ist die Kunst des Schminkens ein Rätsel für mich, dem ich nur zu gern auf den Grund gehe. Ein geschwungener schwarzer Lidstrich scheint zunächst ein Ding der Unmöglichkeit zu sein, aber das stimmt gar nicht! Es reicht zu wissen, dass man nur einen Kajal unter dem Flüssig-Eyeliner verwenden muss, um nichts zu verzittern. Genauso schwierig scheint es zu sein, einen Riesenpickel abzudecken. Stimmt nicht! Bekommen Sie einen Ballerinadutt hin? Sie brauchen dazu nichts weiter als eine alte Socke! Ich habe mit der Zeit jede Menge solcher Beauty-Tricks gelernt, die vermeintlich Kompliziertes ganz easy machen – auch für Anfängerinnen. Hier nur ein paar davon:

DER GESCHWUNGENE LIDSTRICH

Diese legendären Katzenaugen, wie sie die Bardot, die Monroe, Margot Fonteyn und andere Glamour-Frauen so geliebt haben, werden nie aus der Mode kommen. Ich habe jahrelang so einen geschwungenen Lidstrich getragen, und obwohl ich diesen Look stets lieben werde, lege ich gerade eine Pause ein, bis er nicht mehr ganz so omnipräsent ist. Meiner Meinung nach ist ein geschwungener Lidstrich nämlich etwas ganz Besonderes. Er erfordert einen gewissen Aufwand, viel Geduld und Pflege, den richtigen Anlass und ein halbwegs anständiges Outfit. Ich will ihn nicht tragen, wenn er gerade überall zu sehen ist. Doch es gibt nach wie vor Momente, in denen es unbedingt ein geschwungener Lidstrich sein muss, und ich bin sehr dankbar, dass ich ihn inzwischen mühelos hinkriege. Am besten lernt man ihn schrittweise, genau wie Fahrradfahren: Anfangs braucht man noch Stützräder, doch ist das nötige Selbstvertrauen erst mal da, kann man sie weglassen. Als Stützräder fungiert in diesem Fall ein schwarzer Kajalstift. Er wird komplett übermalt, ist aber klebrig genug, um den Eyeliner-Pinsel davon abzuhalten, aus dem Ruder zu laufen.

Zunächst einmal fangen Sie an, den Kajal ganz normal am oberen Wimpernkranz aufzutragen: Beginnen Sie am inneren Augenwinkel, und malen Sie von dort nach außen. Wenn Sie drei Viertel des Oberlids umrandet haben, halten Sie inne und setzen einen winzigen Punkt an der Stelle, wo Ihr Lidstrich enden soll. Wenn man sich den inneren Augenwinkel auf neun und den äußeren auf drei Uhr denkt, platziere ich meinen Punkt circa fünf bis zehn Minuten in Richtung zwölf. Dann legen Sie den Kajal weg und tauschen ihn gegen einen flüssigen Eyeliner oder einen Pinsel, den Sie in Gel-Eyeliner tauchen. Jetzt übermalen Sie den Kajalstrich und verbinden ihn mit dem Punkt. Mit dem anderen Auge genauso verfahren. Schließen Sie die Lider, und lassen Sie die Farbe trocknen. Falls nötig, gleichen Sie anschließend beide Augen aneinander an. Mascara auftragen – fertig! Mit der Zeit werden Sie so geschickt mit dem Eyeliner umgehen können, dass Sie gar keinen Kajal mehr brauchen. Aber nichts überstürzen!

PS: Dieser Look funktioniert nicht, wenn Sie sehr knittrige Lider oder Schlupflider haben. Erzwingen Sie nichts! Es gibt zig andere Make-up-Looks, die Sie ausprobieren können.

DER BALLERINADUTT

Sie müssen sich keines von diesen billigen Duttkissen aus Nylon kaufen. Sie brauchen nur eine alte Socke, von der Sie das Fußteil abschneiden, sodass nur noch eine längliche Röhre bleibt. Binden Sie Ihr Haar zum Pferdeschwanz, und zwar so, dass er dort sitzt, wo später der Dutt hinsoll. Fixieren Sie ihn mit einem Haargummi. Ziehen Sie den Pferdeschwanz durch die Sockenröhre. Das Sockenende an der Spitze des Pferdeschwanzes nach außen aufrollen, so als würden Sie eine Strumpfhose ausziehen. Die Haare über der Socke verteilen, um diese zu verbergen. Lose Enden unter den Dutt stecken. Sobald nichts mehr von der Socke zu sehen ist, können Sie den Dutt an der Basis mit ein paar Haarnadeln fixieren.

DIE BETONTE LIDFALTE

Die Leute machen sich völlig verrück, wenn es darum geht, Lidschatten zu applizieren. Dabei ist es viel einfacher, als man denkt. Wenn Sie einen dunkleren Bogen über der Lidfalte hinkriegen, ist die Sache mehr oder weniger erledigt: Ist der Lidschattenton über dem Lid etwas dunkler, wirkt das Auge größer und ausdrucksvoller. Der Trick besteht darin, den Pinsel ein Stück über der natürlichen Lidfalte anzusetzen und nicht direkt darin, denn sonst verschwindet die Farbe, sobald Sie die Augen öffnen. Nachdem Sie das Lid in einem neutralen Ton grundiert haben (Elfenbein steht jedem), greifen Sie zu einem kleinen, kuppelförmigen Pinsel. (Die Nummer 219 von MAC ist wirklich unübertroffen – ich besitze mindestens sechs solcher Pinsel.) Bedecken Sie ihn großzügig mit einem etwas dunkleren Lidschatten. Das kann Taupe sein, Bronze, Braun, Khaki – egal, was, Hauptsache, die Farbe ist dunkler als die Grundierung und heller als der Kajal. Den Pinsel auf dem Handrücken ausklopfen, um überschüssige Farbe zu entfernen. Die Hand dann bei aufgestütztem Ellbogen wie einen Scheibenwischer hin- und herbewegen, und zwar von der äußeren Augenhöhle nach innen, einige Millimeter über der natürlichen Lidfalte. Stets außen beginnen, denn hier soll der meiste Lidschatten landen. Je weiter Sie nach innen kommen, desto blasser wird er. Das war's auch schon!

KLUMPENFREIE WIMPERNTUSCHE

Ich muss zugeben, dass ich zu manchen Anlässen klumpige Wimperntusche mag, aber im Alltag sollen die Wimpern einfach nur dunkler und dicker wirken, dabei aber sorgfältig getrennt bleiben. Der Trick besteht darin, die Spitze des Mascarabürstchens an einem Kosmetiktuch oder am Rand des Röhrchens abzustreifen, bevor Sie die Wimperntusche damit auftragen. Ansonsten verteilen Sie das Farbklümpchen am Ende auf Ihren Wimpern und verkleben sie. Haben Sie Ihr Bürstchen von Farbklumpen befreit, schauen Sie nach unten in einen Spiegel und heben Sie falls nötig Ihr Lid mit dem Daumen. Führen Sie das Bürstchen vom Ansatz bis in die Spitzen, und zwar in leichten Zickzackbewegungen von links nach rechts. Auf diese Weise wird ein Maximum an Farbe verteilt, ohne dass diese klumpt. Nach dem Auftragen der ersten Schicht tauchen Sie das Bürstchen erneut in die Farbe und wiederholen die Prozedur beim anderen Auge. Dann kommt wieder das erste Auge dran, dessen Wimpern mit derselben Methode eine zweite Farbschicht erhalten. Befindet sich fast keine Farbe mehr am Bürstchen, mit derselben Zickzackbewegung die unteren Wimpern tuschen.

CONTOURING

Im Moment sind alle ganz verrückt nach Contouring. Auf YouTube und Instagram wimmelt es nur so von Tutorials, die Leute ins Netz gestellt haben, die das deutlich besser können als ich. Googeln Sie sie, diese Videos entfalten eine fast schon hypnotische Wirkung! Charlotte Tilbury und die Pixiwoo Sisters sind wunderbare Visagistinnen mit einer sehr sympathischen Ausstrahlung. Ich persönlich halte allerdings nichts davon, sich eine völlig andere Gesichtsform zu schminken: Denn wenn man einmal damit anfängt, ist man jeden Morgen ewig damit beschäftigt, und das wäre es mir nicht wert. So toll können die betonten Wangenknochen gar nicht aussehen, dass ich ihnen zuliebe auf mein Frühstück verzichte! Ich kann jedoch gut verstehen, dass man das Bedürfnis hat, das Gesicht ein wenig zu modellieren, deshalb hier ein paar grundlegende Tipps:

Contouring bedeutet, Licht und Schatten zu setzen. Für die Schatten verwendet man einen Farbton, der dunkler ist als die eigene Haut. Er lässt optisch zurücktreten, was schmaler oder weniger hervorstehend wirken soll. Das kann ein cremiger Concealer oder ein Foundation-Stick sein (MAC, Laura Mercier, Illamasqua und Firmen für Theaterschminke stellen empfehlenswerte Produkte her).

Der Farbton kann durchaus drei oder vier Nuancen dunkler sein als Ihr natürlicher Teint. Wichtig ist hier die Textur, denn Sie müssen genau arbeiten und die Farbe auf einen bestimmten Bereich beschränken können, ohne dass sie verschwimmt. Für das Setzen von Highlights benutzen Sie dagegen einen Ton, der heller ist als Ihre natürliche Hautfarbe. Damit akzentuieren Sie bestimmte Bereiche und lassen sie optisch hervortreten. Geeignet sind hier matte oder leicht schimmernde Cremes, die einige Nuancen heller sind als der eigene Teint. Perlmuttfarbene Highlighter passen zu blassen Gesichtern, auf dunklem Teint wirken sie allerdings seltsam metallisch – ganz so, als wären Sie aus einem Science-Fiction-Film entsprungen. Ein bronzefarbener Highlighter passt dagegen am besten zu natürlichem Teint, der dunkler als olivfarben ist. Sie benötigen einen kleinen runden Pinsel, mit dem sich die Farbe einarbeiten lässt. Mir gefallen die DuoFibre-Pinsel von MAC (eine Mischung aus synthetischen Fasern und Naturborsten).

Wenn Sie alles haben, was Sie brauchen, und Ihre normale Foundation aufgetragen haben, bedecken Sie den Pinsel mit der dunklen Creme und saugen die Wangen ein. Ziehen Sie eine diagonale Linie in den Wangenhöhlen, und verblenden Sie die Farbe dann nach unten, aber nur an den Seiten. Die Kinnregion unbedingt aussparen! Dieselbe Technik können Sie auch an den Schläfen verwenden. Die Farbe gut einarbeiten und verblenden – es dürfen keinerlei Streifen oder Pinselspuren mehr zu sehen sein. Anschließend werden Highlights gesetzt, das geht ganz einfach. Nehmen Sie die hellere Creme, und tupfen Sie sie mit dem Mittelfinger auf die Wangenknochen, über die dunkel getönten Wangenhöhlen. Das lässt die Wangen schmaler erscheinen und betont die Wangenknochen. Alles mit Puder fixieren.

FALSCHE WIMPERN ANKLEBEN

Falsche Wimpern erfreuen sich zunehmender Beliebtheit, trotzdem glauben viele Frauen, dass es fast unmöglich ist, sie richtig anzukleben. Für mich ist das genauso einfach, wie eine Schleife zu binden. Auch wenn man nur selten falsche Wimpern trägt, lohnt es sich doch, diese Technik zu beherrschen. Dabei gelten zwei goldene Regeln: Sie müssen die falschen Wimpern immer erst auf die richtige Länge kürzen und dann von außen nach innen ankleben. Wimpern, die auch nur ein winziges bisschen zu lang sind, stoßen an der Nasenwurzel an und lösen sich dadurch gleich wieder ab (wahrscheinlich noch bevor Sie das Haus verlassen). Die zweite Regel lautet, dass Sie niemals versuchen dürfen, die Wimpern anzukleben, wenn der Kleber noch nass ist. Dann verrutschen sie nämlich, wellen sich und gehen sofort wieder ab. Sie brauchen Kleber, der fast schon getrocknet ist und sich so anfühlt wie damals, als Ihre Hände mit Klebestift verschmiert waren. Wenn die Wimpernlänge stimmt und der Kleber die richtige Konsistenz hat, lassen sich die Wimpern problemlos ankleben und bleiben dort, wo sie sein sollen.

EINEN PICKEL KASCHIEREN

Wenn man weiß, wie es geht, gibt es kaum etwas Befriedigenderes, als einen Pickel zu kaschieren. Die genaue Anleitung finden Sie im Kapitel »Beauty für Bräute«.

EIN PAAR BEMERKUNGEN ZU PINSELN

Gute Pinsel sind ihr Geld wirklich wert. Sie erleichtern einem das Schminken beträchtlich und sorgen für einen sauberen Farbauftrag. Ich habe festgestellt, dass die meisten Frauen den Fehler machen, den

Pinsel mit großen Armbewegungen zu führen, obwohl sie eigentlich nur kleine Bewegungen aus dem Handgelenk machen müssten. Die Anordnung der Haare, ihr Material, die Form des Griffs, sein Gewicht und seine Länge – all das wurde dahingehend ausgesucht, was der Pinsel können soll. Bilden Sie sich nicht ein, Sie wüssten es besser – halten Sie einfach nur den Pinsel, und vertrauen Sie ihm. Meine Pinselkollektion umfasst verschiedene Marken (genau wie Hi-Fi-Equipment stellt man sich sein Pinselequipment am besten selbst zusammen: Keine Marke ist auf jedem Gebiet die Nummer eins). Aber unabhängig davon, wo Sie einkaufen, brauchen Sie Folgendes:

1. Einen dicken, etwa 1,5 cm breiten Lidschattenpinsel. Ich mag Naturhaar oder eine Mischung aus Echthaar und synthetischen Fasern. Der Pinsel sollte gerundet sein. Er dient dazu, die Grundierung aufzutragen und verschiedene Farben nahtlos miteinander zu verblenden.

2. Einen kleineren, etwa 1 cm breiten Lidschattenpinsel. Nehmen Sie einen mit Naturborsten in einer runden Form. Er dient dazu, die Farbe auf die Lider aufzutragen.

3. Einen Lidfaltenpinsel oder Pencil Brush. Das ist ein kleiner, schlanker, kurzer Echthaarpinsel, dessen Spitze kegelförmig zuläuft. Er erfüllt gleich mehrere Zwecke, vor allem den, die Lidfalte zu betonen. Das beste Beispiel dafür ist die Nummer 219 von MAC – die Anschaffung lohnt sich wirklich!

4. Einen dicken Puderpinsel mit abgerundeten Borsten. Er dient dazu, eine hauchdünne Schicht Gesichts- oder Bronzepuder aufzutragen oder überschüssigen Puder zu entfernen, der mit einer Puderquaste aufgetragen wurde. Er ist auch extrem hilfreich, wenn es darum geht, ein Übermaß an Rouge oder Bronzepuder einzublenden – dazu die Spitze einfach erst in transparenten Puder tauchen. Der Puderpinsel muss nicht teuer sein, seinen Job erledigt er auch so. Trotzdem sollten Sie wirklich einen mit abgerundeten Borsten neh-

men und keinen, der so gerade abgeschnitten ist wie der Pony von Louise Brooks.

5. Einen dicken Rougepinsel. Die meisten Rougepinsel, die ich kenne, sind viel zu klein. Ein guter Rougepinsel ist also ziemlich dick und hat abgerundete Borsten (deshalb sind die bei Puderrouge mitgelieferten Pinsel auch ausnahmslos totaler Mist und sollten sofort entsorgt werden). Die Borsten sollten aus Echthaar sein. Ein stabiler Griff sorgt dafür, dass sich der Pinsel gut führen lässt.

6. Einen Concealer-Pinsel. Ich trage meinen Concealer nie ohne Pinsel auf. Auf diese Weise können Sie Dinge viel genauer abdecken als mit den Fingerspitzen. Ich persönlich benutze Concealer-Pinsel aus Natur- und Kunsthaarborsten, die eher klein sind. Der »Duo Fibre Tapered Blending Brush« von MAC (Nummer 286) ist meine erste Wahl, aber viele bevorzugen einen eher flachen Pinsel, der an Lippenpinsel erinnert, um dunkle Ringe und Unreinheiten zu kaschieren. Jedem das Seine!

7. Ein Mascarabürstchen. Das ist nichts anderes als ein sauberes Mascarabürstchen mit Pinselgriff. Sie können aber genauso gut ein altes Bürstchen waschen, wenn Sie kein neues kaufen wollen. Wie dem auch sei – Marke und Budget sind im Grunde egal.

Optionale Extras
Ein Foundation-Pinsel (ich benutze einen, weil ich auf diese Weise eine höhere Deckkraft erziele als mit den Fingerspitzen), ein Lippenpinsel (ich benutze nie einen, wirklich nie), ein extra Pinsel für Bronzepuder, ein Eyeliner-Pinsel (je nachdem, ob Sie Liner Gel, Eyeliner-Stifte oder flüssigen Eyeliner verwenden), Kunsthaarpinsel oder Pinsel aus Echthaar und synthetischen Fasern für Cremelidschatten oder Cremerouge (ich benutze sie, aber Sie können genauso gut Ihre Fingerspitzen verwenden) und ein kurzer, synthetischer, abgeschrägter Brauenpinsel. (Ich gehe nie ohne aus dem Haus, aber was soll ich sagen? Ich bin besessen von Augenbrauen!)

BEAUTY FÜR BRÄUTE

»Es ist wunderschön, du selbst zu sein.«
Jean Paul Gaultier

Ich liebe Hochzeiten und fühle mich immer sehr geehrt, wenn ich eine Braut schminken darf. Es ist extrem aufregend, anschließend die Fotos anzuschauen und zu wissen, dass ich dazu beigetragen habe, die Braut so gut aussehen zu lassen, wie sie sich an diesem Freudentag gefühlt hat.

Trotzdem finde ich das Thema Beauty für Bräute etwas seltsam. Für mich ist es einfach nur ein weiteres Make-up für einen besonderen Anlass (zugegebenermaßen für einen *sehr* besonderen Anlass). Und so sollte man auch an die Sache herangehen. Eine Braut sollte an ihrem schönsten Tag im Leben immer noch so aussehen wie sie selbst. Ihr natürlicher Teint sollte bestenfalls makellos sein, ihre Frisur bestenfalls perfekt und ihr Make-up bestenfalls ohne Patzer. Ein Mann oder eine Frau wird sie heiraten, und wann, wenn nicht jetzt, sollte man so aussehen wie die Person, in die sich der Partner verliebt hat?

Deshalb staune ich immer wieder, wie viele Bräute kaum wiederzuerkennen sind, wenn sie zum Altar schreiten. Plötzlich sehe ich Löckchen an Glatthaarfetischisten, Pseudobräune auf blasser Haut, süßliche Pastellfarben an Frauen, die sonst nie ohne knallroten Lippenstift und dunklen Lidschatten aus dem Haus gehen, wattierte BHs an Hühnerbrüsten und falsche Haarteile an Kurzhaarfrisuren. Schluss damit! Nur weil man heiratet, muss man sich noch lange nicht in eine flachsblonde Prinzessin aus einem Disney-Film verwandeln. Stattdessen geht es einfach nur darum, sich in Bestform zu zeigen.

Damit will ich nicht sagen, dass Sie Alltags-Make-up tragen und so tun sollen, als würden Sie gleich mit dem Bus ins Büro fahren. Es gibt durchaus ein paar Besonderheiten zu beachten: Ihr Alltags-Make-up muss nur so lange gut aussehen, bis Sie sich wieder abschminken. Hochzeits-Make-up muss auch noch nach 30, 40 oder 50 Jahren gut aussehen. Und bei einem normalen Ausgehabend werden auch nicht Hunderte, manchmal sogar Tausende von Fotos gemacht, genauso wenig wird man von Gästen scharenweise angestarrt. Braut-Make-up muss extrem haltbar, makellos, zeitlos und ein Hingucker sein!

Und wie kriegt man das hin? Immer mehr Frauen buchen eine professionelle Visagistin für diesen großen Tag, was eine sehr intelligente Entscheidung sein kann. Aber aus irgendwelchen unerfindlichen Gründen (vermutlich aus dem Irrglauben heraus, an meinem eigenen Hochzeitstag nicht auch noch »arbeiten« zu müssen) habe auch ich eine Topvisagistin dafür gebucht, was ich ehrlich gesagt noch heute bereue. Die Frau war fantastisch, unerschütterlich, begabt und sympathisch, aber darum geht es nicht. Sie kannte mich einfach nicht. Sie hat zartrosa Lipgloss aufgetragen, obwohl mein Rosenbukett und das sichtbare Futter meines Kleides knallrot waren. Sie hat nach allen Regeln der Kunst warmen, terrakottafarbenen Lidschatten aufgetragen – nichtsahnend, dass ich 13 Jahre später immer noch finde, dass er sich mit meinem silbergrauen Vintage-Kleid aus Seide gebissen hat. Meine Augenbrauen waren mehr oder weniger »nackt« und nicht so betont, wie ich das mag. Ich hatte eine frische Gesichtsfarbe, obwohl ich hauptsächlich auf ebenmäßigen Teint Wert lege. Und meine ohnehin kleinen Augen sahen noch kleiner aus. Am Ende hatte ich ein perfekt geschminktes Gesicht, das ich an jeder anderen kritisiert hätte. Lernen Sie aus meinen Fehlern!

Wie gesagt, es kann durchaus eine gute Idee sein, einen Profi hinzuzuziehen – sei es nun ein Visagist, eine Kosmetikerin oder eine Kosmetikberaterin. Vor allem, wenn Sie nicht die Ruhe und die Übung haben, sich selbst perfekt zu schminken. Oft kann jedoch eine talentierte, aufrichtige Freundin dasselbe Ergebnis erzielen. (Ich biete meine Dienste meist Freundinnen an: als Hochzeitsgeschenk.) Umgekehrt sollten Sie so ein Angebot niemals annehmen, wenn Sie auch nur den geringsten Zweifel an ihren Fähigkeiten haben. Sie heiraten hoffentlich nur einmal, und da können Sie den Stress, schlecht geschminkt zu sein, nicht auch noch gebrauchen.

Egal, ob Sie einen Profi buchen oder eine Freundin um den Gefallen bitten – ein Probelauf vor der Hochzeit ist unverzichtbar. Dabei können Sie mit verschiedenen Looks spielen, über Ihren persönlichen Stil und Ihre Vorlieben sprechen und die Haut auf allergische Reaktionen testen, damit am eigentlichen Hochzeitstag alles klappt wie am Schnürchen und nur das aufgetragen wird, was sich bewährt hat. Dieser Probelauf sollte etwa einen Monat vor der Hochzeit stattfinden – allerdings erst, wenn das Kleid und die Blumen feststehen. Vereinbaren Sie den Probelauf an einem Tag, an dem Sie abends noch was Schönes vorhaben. Für mich gibt es nichts Schlimmeres, als tolles Make-up zu verschwenden!

Am Hochzeitstag sollten Sie eine Stunde für das Make-up und 45 Minuten für Ihre Frisur einplanen. Gut möglich, dass Sie nicht so lange brauchen, aber mit diesem Zeitpolster haben Sie garantiert weniger Stress. Sorgen Sie dafür, dass alles, was Sie brauchen, vorhanden ist, und packen Sie alles in eine transparente Tasche oder Tüte. (Sollten Sie einen Profi engagiert haben, ist es seine Aufgabe, dafür zu sorgen.)

Waschen Sie Ihre Pinsel vorher aus, und nehmen Sie anschließend ein Foto vom Probelauf mit, als Gedächtnisstütze. Sorgen Sie dafür, dass die Brautjungfern wissen, ob sie sich selbst schminken sollen oder nicht – Missverständnisse in letzter Minute können Sie ganz bestimmt nicht gebrauchen. Tragen Sie Bademantel oder Schlafanzug zum Schminken. Nur die Lippen kommen erst dann an die Reihe, wenn Sie bereits angezogen und auch sonst fertig sind. Keine Experimente! Halten Sie sich an das, was erprobtermaßen toll aussieht, was Sie oder Ihr Profi beherrschen. An etwas, womit Sie sich einfach fantastisch fühlen.

BEAUTY-BEHANDLUNGEN FÜR BRÄUTE

Diese Termine lohnen sich wirklich:

ZWEI BIS DREI GESICHTSBEHANDLUNGEN

Optimalerweise eine im Monat (wenn Sie sich das leisten können), beginnend drei Monate vor der Hochzeit. Die letzte Behandlung sollte einige Tage davor stattfinden, auf keinen Fall zeitnah zum großen Tag. Es könnte schließlich sein, dass die Haut gereizt darauf reagiert. Diesen Termin also lieber in die Woche davor legen.

ZUR MANIKÜRE GEHEN

Eine Farbmaniküre, die einen Monat lang hält, ist für Hochzeiten ideal und sollte auch noch die Flitterwochen überstehen. Sie sorgt für ein glattes, superglänzendes Finish, das sich ausgezeichnet auf Nahaufnahmen macht und in den nächsten Wochen nicht absplittert. Außerdem reduzieren Gelnägel das Risiko, dass die Nägel im letzten Moment abbrechen, weil sie so superhart werden. Entfernt werden Gelnägel, indem man sie in Aceton taucht. Auf keinen Fall daran herumzerren, sonst ruinieren Sie sich Ihre natürlichen Fingernägel!

PROFESSIONELLES FÖHNEN

Lassen Sie Ihren Friseur zu sich nach Hause oder ins Hotel kommen. Oder aber Sie vereinbaren einen frühen Salontermin am Hochzeitsmorgen. Besser können Sie 40 bis 80 Euro gar nicht anlegen! Wollen Sie die Haare offen tragen, waschen Sie sie, ohne anschließend Conditioner hineinzugeben. Lassen Sie sie dann so föhnen, wie Sie es gern jeden Morgen hätten. Wollen Sie eine Hochsteckfrisur, erkundigen Sie sich im Vorfeld, ob Ihr Stylist Erfahrung damit hat. Lassen Sie sich nirgendwo Locken machen, wo keine sind, und versuchen Sie auch nicht, dort für Glätte zu sorgen, wo sich die Haare normalerweise wellen. Haben Sie Afro-Locken, gehen Sie zu einem Afro-Stylisten, haben Sie europäisches Haar, gehen Sie zu einem … Ich glaube, Sie wissen, was ich meine.

WIMPERNVERLÄNGERUNGEN

Wenn Sie ein Fan von tollen Wimpern sind, kann das eine lohnenswerte Investition sein. In diesem Fall werden die künstlichen Wimpern auf Ihre eigenen geklebt, um sie länger und dichter zu machen. Mit ihnen braucht man sich die Wimpern nicht mehr zu tuschen – was perfekt ist, wenn Tränen fließen. Auch auf Fotos sieht das wunderbar aus, vorausgesetzt sie sind gut befestigt. Wimpernverlängerungen sind teuer (70 bis 200 Euro), sollten aber bis zum Ende Ihrer Flitterwochen halten.

HOCHZEITSKATASTROPHEN UND IHRE LÖSUNG

Shit happens! So retten Sie sich aus folgenden Beauty-Katastrophen:

Katastrophe: Bräunungsstreifen
Viele Bräute, die im Sommer heiraten, versäumen es im Vorfeld ihrer Hochzeit, sich vor der Sonne zu schützen und haben dann … Bikinistreifen. Ist das der Fall, benötigen Sie eine Bodyfoundation oder ein abwaschbares Body-Make-up, mit dem Sie die weißen Streifen kaschieren können.

Die Rettung

Wählen Sie eine Bodyfoundation aus, die dunkler ist als Ihr natürlicher Hautton (MAC und Fake Bake stellen tolle Produkte her) und zu ihrem gebräunten Teint passt.

Auf die gereinigte, nicht eingecremte Haut auftragen. (Bodylotion führt zu unschönen Streifen, außerdem kann die Foundation dann auf die Kleidung abfärben.) Die weißen Streifen mit der Foundation kaschieren und die Konturen sorgfältig verblenden. Die Foundation kurz trocknen lassen und den Vorgang bei Bedarf wiederholen.

Den Bereich mit einem dicken Pinsel abpudern. Ein paar Minuten warten, bevor Sie sich anziehen. Eine saubere Serviette oder ein Geschirrtuch um den Ausschnitt Ihres Kleides legen, bevor Sie hineinsteigen.

Katastrophe: Herpes

Herpes nervt wahnsinnig, und ich kann Ihnen nur die Daumen drücken, dass Sie an Ihrem Hochzeitstag nicht davon heimgesucht werden. Wenn doch, tun Sie bitte Folgendes.

Die Rettung

Ich kann die »Avert Cold Sore«-Maschine von Boots gar nicht genug loben: Sie hat mein Leben eindeutig verbessert. Ein in Deutschland erhältliches Äquivalent ist der »elektronische Lippenstift gegen Herpes« von Herpotherm. Wenn Sie zu Herpes neigen, kaufen Sie sich sofort so einen und behandeln Sie die Lippen zweimal die Woche damit – und zwar unabhängig davon, ob sich nun ein Herpesbläschen ankündigt oder nicht. Wenn Sie das Pech haben, kurz vor dem großen Tag etwas auszubrüten, bekämpfen Sie die Bläschen alle paar Stunden mit diesem Gerät.

Nachts Herpespflaster aufkleben, um eine Neuinfektion sowie eine weitere Ausbreitung zu verhindern. Das Pflaster sofort nach dem Aufstehen abziehen und die Stelle mit dem elektronischen Lippenstift sowie mit einer entsprechenden Salbe weiterbehandeln.

Ist das Bläschen nach wie vor sichtbar, hat aber noch keine Kruste gebildet, gehen Sie so bald wie möglich zum Hautarzt und lassen sich eine Kortisonsalbe verschreiben, um die Röte, den Schmerz und die Schwellung zu lindern.

Am Tag der Tage benutzen Sie ein sauberes, neues Herpespflaster. Das lässt sich überschminken, außerdem können Sie Ihre Liebsten auf diese Weise küssen, ohne Angst haben zu müssen, sie anzustecken. Das Pflaster in regelmäßigen Abständen erneuern.

Bitten Sie den Fotografen, das Bläschen samt Pflaster aus Nahaufnahmen wegzuretuschieren. Jeder halbwegs anständige Fotograf sollte das eigentlich beherrschen.

Katastrophe: Pickel

Im Extremfall, zum Beispiel wenn der Pickel am Kinn die Ausmaße eines Wohnzimmers angenommen hat, sollten Sie sich Kortisontabletten vom Hautarzt verschreiben lassen. Das müssen Sie allerdings bereits zwei Tage vor der Hochzeit tun. Der Pickel wird dann bis zum großen Tag abgeheilt sein. Eine Kortisonsalbe hilft auch. Bei kleineren, weniger entstellenden Pickeln tun Sie bitte Folgendes.

Die Rettung

Nehmen Sie ein Antihistaminikum. Reinigen Sie Ihr Gesicht gründlich, und benutzen Sie ein Flüssigpeeling auf BHA-Basis. Schenken Sie der Haut mit einer ölfreien Pflege Feuchtigkeit oder aber mit einem Gesichtsöl, das für fettige oder Mischhaut entwickelt wurde.

Wenn Sie am Vorabend der Hochzeit Gelegenheit dazu haben, rühren Sie eine Gesichtsmaske aus Aspirin an und tragen Sie diese ausschließlich auf den betroffenen Bereich auf: Dazu fünf Aspirintabletten mit einem Nudelholz pulverisieren und einen Esslöffel Joghurt (3,5 % Fett) sowie einen Esslöffel Honig hinzufügen. (Falls Sie eine Milchallergie haben, lassen Sie den Joghurt bitte weg!) Die Maske einmassieren, 10 bis 15 Minuten einwirken lassen und dann mit einem warmen Waschlappen abnehmen. Anschließend eine ölfreie Feuchtigkeitspflege auftragen. Diese Maske natürlich nicht anwenden, wenn Sie gegen Aspirin allergisch sind. Ich glaube nicht, dass diese Maske Sie von Ihrem Pickel befreien wird, aber die Röte und die Schwellung sollten dadurch reduziert werden.

Am Hochzeitstag selbst ein paar Tropfen gegen müde, gereizte Augen direkt auf den gereinigten Bereich um den Pickel geben und ein paar Minuten warten.

Anschließend Primer und Foundation auftragen, den Pickel damit leicht betupfen.

Und danach machen Sie das »Sali-Hughes-Club-Sandwich«: etwas matten Concealer in Cremeform (keinen Highlighter-Stift!) auf den Pickel tupfen und verblenden.

Mit losem Puder abpudern.

Die vorher genannten Schritte so lange wiederholen, bis der Pickel vollständig kaschiert ist. Stets mit einer Puderschicht aufhören.

Katastrophe: Fleckiger Selbstbräuner
Ich kann gar nicht oft genug betonen, dass Ihre Hochzeit absolut ungeeignet ist, um Neues auszuprobieren. Wenn Sie nicht geschult im Umgang mit Selbstbräuner sind oder wenn alle Leute Sie ohnehin blass kennen, lassen Sie lieber die Finger davon! Sollten Sie oder ein Salon den Selbstbräuner trotzdem so schlecht aufgetragen haben, dass Sie jetzt orangefarbene Ellbogen, Knie und Füße haben, können Sie wie folgt Abhilfe schaffen.

Die Rettung
So früh wie möglich nach der falschen Behandlung eine reichhaltige Feuchtigkeitslotion auftragen. Den ganzen Körper damit einmassieren, und zwar mit kreisförmigen Bewegungen. Das verdünnt die Bräunungswirkstoffe, sodass Patzer deutlich weniger auffallen. Die Lotion richtig dick auftragen – je verschwenderischer, desto besser!

Zwei frische Zitronen halbieren. Mit zwei Hälften über die fleckigen Bereiche fahren und den Saft nicht abspülen. Wenn Sie knallorangefarbene Ellbogen haben, die verbliebenen zwei Zitronen-hälften mit der Schnittseite nach oben auf den Tisch legen, und die Ellbogen darauf stützen. 15 bis 20 Minuten so verharren.

Die verbliebenen Flecken mit Body-Make-up kaschieren (siehe *Katastrophe: Bräunungsstreifen*).

Katastrophe: Verlaufenes Augen-Make-up
Normalerweise wird auf Hochzeiten ziemlich viel geflennt. So schüt-zen Sie Ihr Make-up vor heftigen Gefühlsausbrüchen.

Die Rettung
Unter dem Hochzeits-Make-up immer einen Primer auftragen. So wird alles schön ebenmäßig und hält besser. Starkes Augen-Make-up erfordert einen extra Primer für die Augen: Er sorgt dafür, dass sich Eyeliner oder Kajal nicht auf den Lidern ausbreitet. Viele Firmen stellen inzwischen solche Primer her. Mit dem Ringfinger auftup-fen, und zwar nach der Foundation, aber vor dem Augen-Make-up.

Auch wenn Sie davon überzeugt sind, nicht weinen zu müssen, soll-ten Sie unbedingt wasserfeste Mascara verwenden oder eine wasser-feste Versiegelung über Ihrer normalen Mascara auftragen. Oder aber Sie lassen sich die Wimpern verlängern, färben oder benutzen künst-liche Wimpern: Dann können Sie komplett auf Mascara verzichten.

Immer sicherstellen, dass einer der Hochzeitsgäste Wattepads und ölfreien Make-up-Entferner dabeihat: Auf diese Weise können Sie tagsüber immer mal wieder kleinere Reparaturen vornehmen.

Niemals irgendein Produkt erstmals am Hochzeitstag ausprobie-ren! Sie brauchen nur ein bisschen allergisch darauf zu reagieren und haben den ganzen Tag tränende Augen!

Am Abend vor der Hochzeit keine Reinigungstücher benutzen. (Ich bin felsenfest davon überzeugt, dass sie die Augen vieler Frauen am nächsten Tag tränen lassen.) Stattdessen eine anständige Reini-gungsmilch verwenden und diese mit einem heißen Waschlappen entfernen.

Früh zu Bett gehen. Müdigkeit führt zu tränenden Augen.

Genießen Sie ein Glas Wein oder Champagner mit Freunden am Vorabend Ihres großen Tages. Aber trinken Sie auf keinen Fall mehr, wenn die Haut am nächsten Morgen in Bestform sein soll.

DAS GEHÖRT UNBEDINGT IN DEN BRAUTBEUTEL

Folgende Dinge sollten Sie am Hochzeitstag stets bei sich tragen. Sollten Sie keinen Brautbeutel haben, vertrauen Sie sie Ihrer Brautjungfer oder Ihrer Mutter an.

LIPPENSTIFT

Egal, wie sehr Sie sich amüsieren – bitte, bitte, bitte kontrollieren Sie in regelmäßigen Abstand Ihren Lippenstift. Sie werden essen, Sie werden trinken, Sie werden den ganzen Tag Küsse verteilen – nicht einmal der erfahrenste Visagist ist in der Lage, Lippenstift so aufzutragen, dass er all das übersteht. Wenn Sie zulassen, dass er verblasst, werden Sie es später beim Betrachten der Fotos bitter bereuen (glauben Sie mir, ich schminke Bräute seit 20 Jahren und erlebe das immer wieder!) Das Nachziehen der Lippen dauert genau zwei Sekunden, es genügt, den Lippenstift alle paar Stunden aufzufrischen. Also bitte nicht vergessen!

PFEFFERMINZBONBONS

Es ist ein langer Tag, und Champagner sorgt nicht gerade für frischen Atem. Ein paar zuckerfreie Pfefferminzbonbons sorgen dafür, dass Sie sich stets frisch fühlen. (Aber bitte nicht Kaugummi kauen, das sieht im Hochzeitskleid einfach furchtbar aus. Dasselbe gilt für das Trinken von Alkopops.)

KOMPAKTPUDER

Gepresster Puder sorgt am schnellsten und zuverlässigsten dafür, dass das Make-up den ganzen Tag perfekt bleibt. Alle paar Stunden oder vorm Fotografiertwerden eine Puderquaste leicht damit betupfen und damit sämtliche glänzende Stellen beseitigen (normalerweise an Kinn und Nase). Eine rollende Bewegung mit der Puderquaste machen, so geht es am besten.

PARFÜM

Ich würde niemals ohne Parfüm aus dem Haus gehen – und schon gar nicht an meinem Hochzeitstag. Kaufen Sie einen kleinen Reisezerstäuber, zum Beispiel von Travalo, und füllen Sie ihn mit Ihrem Lieblingsduft. Das Parfüm erst nach dem mittäglichen Hochzeitsessen aufsprühen (alles andere ist nicht sehr rücksichtsvoll). Dann wieder vor der abendlichen Party, um den Duft aufzufrischen.

WATTESTÄBCHEN UND ÖLFREIER MAKE-UP-ENTFERNER IN REISEGRÖSSE

Beides ist unverzichtbar, wenn man verschmiertes Make-up, verlaufene Wimperntusche und Lippenstiftabdrücke entfernen will. Auch wenn aus Versehen etwas auf dem Kleid landet: Ölfreier Make-up-Entferner ist der beste Fleckentferner überhaupt! Man kommt sich vielleicht ein bisschen spießig vor, wenn man das im Brautbeutel hat, wird aber irgendwann extrem dankbar dafür sein.

BRILLE

Das klingt eigentlich selbstverständlich, aber wenn Sie eine Brille brauchen, um Ihr Make-up aufzufrischen, muss sie jemand für Sie aufbewahren (außer Sie tragen sie). Viel zu viele Bräute vergessen sie in der ganzen Hektik.

SECHS BRAUT-LOOKS, DIE EINFACH TOLL AUSSEHEN

Die besten Braut-Looks sind die, bei denen Sie Sie selbst bleiben. Meiner Erfahrung nach ist bei folgender Aufzählung für jeden etwas dabei. In den letzten 20 Jahren hatte ich mit diesen Looks großen Erfolg – zum einen, weil sie schmeichelhaft, feminin und zeitlos sind, zum anderen, weil sie auch beim späteren Betrachten der Hochzeitsfotos nicht veraltet wirken.

1. VINTAGE-FILMSTAR

Gesicht
Makellose Grundierung, goldener Lidschatten, schwarzer, geschwungener Lidstrich, bogenförmige Augenbrauen, roter Lippenstift, schwarze Mascara und pfirsichrosa Wangen.

Haare
Glamouröse Wellen oder eine sexy Hochsteckfrisur.

Geeignet für…
… alle Hautfarben, alle Altersgruppen.

2. KNABENHAFTE BALLERINA

Gesicht
Eine frische, strahlende Grundierung, Smokey Eyes in Taupe, weiche, natürliche Brauen, ein geschwungener schwarzer Lidstrich, Lippen in einem Rosa-, Nude- oder Rotton.

Haare
Kurz oder glatt zu einem Knoten oder Dutt zurückgenommen.

Geeignet für…
… alle Hautfarben, alle Altersgruppen.

3. SIXTIES-BRAUT

Gesicht
Eine matte Grundierung, Smokey Eyes, Wimpernverlängerungen, hellrosa Wangen, konturierte, matte Lippen in Nude- oder Rosatönen.

Haare
Toupiertes, leicht zerzaustes Haar – entweder offen oder zu einer modernen Banane hochgesteckt. (Haare bitte nicht zu sehr auftürmen, sonst sieht man einfach nur verkleidet aus.)

Geeignet für…
… Frauen unter 35, alle Hautfarben.

4. ROMANTISCH-VERSPIELT

Gesicht
Taufrische Grundierung, Augen in Braun-, Beeren- und Pflaumentönen, puderrosa Rouge und ein entsprechender Lippenstift.

Haare
Sanfte, lässige Wellen oder Locken.

Geeignet für …
… alle Hautfarben. Je dunkler die Haut, desto weniger pudrig sollten die Rosatöne sein – in diesem Fall lieber einen knalligeren Rosa-, Beeren- oder Pinkton wählen. Alle Altersgruppen.

5. SEXY BRONZE-LOOK

Gesicht
Strahlende Grundierung, brauner und goldener Lidschatten, dazu Kajalstift, pfirsichfarbene oder dunkle Wangen, goldener Highlighter und Nude-Gloss auf den Lippen.

Haare
Lässig, locker, sexy: offen oder hochgesteckt.

Geeignet für …
… einen olivfarbenen oder dunklen Teint, alle Altersgruppen. Ältere Frauen sollten allerdings vorsichtig mit Bronzeschimmer umgehen, da er Fältchen betonen kann. Auch für blasse Mädchen geeignet, aber dann eher in die goldene statt in die Bronzerichtung gehen!

6. JUNG UND FRISCH

Gesicht
Leichte, strahlende Grundierung, Lidschatten in Nudetönen, etwas Bronzepuder, rosa oder pfirsichfarbene Wangen und ein entsprechender Lippenstift, natürliche Augenbrauen, etwas Highlighter auf den Wangen.

Haare
Dazu passt jede Frisur.

Geeignet für…
… alle Hautfarben, alle Altersgruppen.

EINE BEMERKUNG ZU GLEICHGESCHLECHTLICHEN HOCHZEITEN

Sollen zwei Gesichter geschminkt werden statt nur eines, erfordert das durchaus etwas Planung. Beide Bräute sollten zwar sie selbst bleiben, sich aber im Interesse guter Fotos lieber für zwei verschiedene Make-up-Looks entscheiden. Am besten für solche, die sich gegenseitig ergänzen: Jung und frisch plus romantisch-verspielt, sexy Bronze-Look plus Vintage-Filmstar, Sixties-Braut plus knabenhafte Ballerina – all das kann ausgezeichnet funktionieren. Zwei völlig unterschiedliche Looks können dagegen dazu führen, dass die Partner nicht zusammenzupassen scheinen oder aussehen wie verkleidet.

EINE BEMERKUNG ZU DEN BRAUTJUNGFERN

Ich bin der Meinung, dass die Brautjungfern sich alle innerhalb einer Farbpalette bewegen sollten. Es sieht einfach blöd aus, wenn alle das gleiche Kleid, dieselbe Farbe oder denselben Stoff tragen, aber das Make-up nicht zusammenpasst. Das wirkt irgendwie chaotisch. Entscheiden Sie sich für eine bestimmte Farbpalette – zum Beispiel für Dunkelblau und Nude, Schwarz und Rot, Mauve, Rosa und Violett – und erlauben Sie den Brautjungfern dann, ihre jeweils eigene Interpretation zu tragen. Das sorgt für einen intelligenten, harmonischen Look. Kleine Mädchen schminke ich nie, außer sie bestehen darauf. In diesem Fall tupfe ich etwas getönten Lippenbalsam und ein bisschen Cremerouge auf – fertig! Verhindern Sie, dass Ihre Blumenmädchen aussehen wie kleine Schönheitsköniginnen. Das ist einfach nur gruselig!

BITTE UNBEDINGT VERMEIDEN!

Ich bin kein großer Fan von Beauty-Regeln, aber es gibt Dinge, die sind auf einer Hochzeit einfach tabu:

ZU DICK AUFGETRAGENER, LICHTREFLEKTIERENDER CONCEALER-STIFT

Solche Concealer-Stifte sorgen auf Fotos für seltsame weiße Balken unter den Augen und schenken Bräuten eine Art umgekehrtes Waschbärgesicht. Cremes mit Highlighting-Effekt sind deutlich besser geeignet – aber auch diese sparsam verwenden!

NEUESTE TRENDS

Ihr Look sollte zeitlos sein, damit die Hochzeitsfotos nach vielen Jahren auch noch gern angeschaut werden. Ein klassischer oder sogar Retro-Look wirkt auch noch nach Jahren aktuell. Das ist nicht der Moment, etwas total Angesagtes auszuprobieren.

RINGELLÖCKCHEN

Ringellöckchen, die mithilfe eines Brenneisens entstehen und eine ansonsten strenge Frisur einrahmen, stehen wirklich keiner Frau. Außerdem erinnern sie gefährlich an den Aufzug einer ältlichen Matrone aus dem 19. Jahrhundert. Fehlt nur noch die Haube! Nein, nein und nochmals nein!

ZU WENIG MAKE-UP

Hochzeiten sind etwas Außergewöhnliches – zum einen, weil es sich dabei um einen besonderen Anlass handelt, zum anderen, weil sie mit einem Fotoshooting einhergehen. Es mag ungewohnt sein, trotzdem: Etwas mehr Make-up als sonst wird beidem gerecht. Sie müssen Primer, Foundation, Concealer und Puder, Lidschatten, Eyeliner oder Kajal, Mascara, Brauenpuder, Lipliner, Lippenstift, Bronzepuder und Rouge verwenden, damit Sie das überzeugend hinkriegen. Sie finden, das klingt übertrieben? Wenn Sie eine intelligente Wahl treffen und die Produkte gekonnt auftragen, wirkt das Make-up auf Fotos garantiert nicht überladen, das verspreche ich Ihnen!

EXTREM GLÄNZENDE LIPPEN

Alle Welt wird Sie küssen. Klebriger Gloss verschmiert und verblasst schnell. Entscheiden Sie sich lieber für einen anständigen Lippenstift mit Satin-Finish, und befolgen Sie meine Tipps im Kapitel »Roter Lippenstift«.

ROSA LIDSCHATTEN

Es erstaunt mich immer wieder, dass sich so viele Bräute für rosa Lidschatten entscheiden. Wieso muss man als Braut bitte schön wie ein kleines Mädchen aussehen? Mal abgesehen davon, dass rosa Lidschatten jede Frau in eine Labormaus verwandelt.

FRENCH MANICURE

Keine Frau sollte jemals French Manicure tragen, erst recht nicht auf ihrer Hochzeit! Ich persönlich liebe dunkle Nägel, die zu kräftigen Blumenbuketts und funkelnden Ringen passen. Sollten Sie Pastellfarben bevorzugen, nehmen Sie Ballettrosa, Taupe oder Apricot, und lackieren Sie den kompletten Nagel damit.

SPEZIALGESCHÄFTE

»Igitt. In Kaufhäusern ist alles rosa.«
Lynne Easton

Ich war 15 oder 16, als ich das erste Mal einen Profishop für Kosmetikprodukte betrat. Ich assistierte der Visagistin Lynne Easton bei dem Pet-Shop-Boys-Video »Was It Worth It?«, und mein Auftrag lautete, über 20 Paar falsche Wimpern für die Drag Queens zu kaufen, die als Tänzer gecastet waren. Sie sollten gestylt werden wie mein Idol Elizabeth Taylor. Damals waren falsche Wimpern noch lange nicht so verbreitet wie heute. Die Drogeriemarktkette Boots hatte nur wenige im Angebot, die alle sehr fein und damit langweilig waren. Wir brauchten riesige, extravagante Wimpern, aber unser Budget war winzig. Das konnte nur eines bedeuten: Ich musste mich in einem Spezialgeschäft umsehen. Nie hätte ich gedacht, dass mich ein Besuch von Screenface in West London dermaßen entzücken würde! Herrliche Lippenstiftpaletten, die aussahen wie Malkästen, importierte Foundations mit gelblichem Unterton (damals noch wahnsinnig selten) und Profiabdeckstifte türmten sich in den Regalen – direkt neben Kunstblut, Schminksets für blaue Flecken, Glatzenperücken und Bartwachs. Ich war bestimmt zwei Stunden dort, um mit Make-up-Schwämmen, Stoppelpaste für falsche Dreitagebärte und seltsamen Pinseln zu spielen, deren Zweck mir damals ein Rätsel war.

Mehr als 20 Jahre später bin ich immer noch ein Riesenfan von solchen Läden. Wenn ich zwischen zwei Terminen eine Stunde Zeit habe, gehe ich in einen Profishop für Kosmetikprodukte (so etwas gibt es wirklich in jeder Stadt), spaziere durch die Gänge und kaufe Haarklammern im Hunderterpack, altmodische Lockenwicklernadeln, die sonst niemand mehr zu verkaufen scheint, Tiegel mit Heißwachs und den dazugehörigen Papierstreifen, mit deren Hilfe ich mir das Geld für Waxingstudio-Besuche spare, fantastische No-Name-Kajalstifte und Puder, die nur ein Viertel von dem kosten, was am Beauty-Counter dafür verlangt wird, leere Paletten, die ich mit alten Lidschatten füllen kann, die es kaum erwarten können, von ihren brüchigen Verpackungen befreit zu werden und ein neues Leben zu bekommen. Ein Großteil meiner Ausrüstung, zu der auch mein Visagistenkoffer von Zuca gehört, stammt aus solchen Profishops.

Sie müssen nicht in der Beauty-Industrie arbeiten, um dort einkaufen zu dürfen. Sie müssen bloß die Produkte lieben und dürfen sich von den Profis, die dort einkaufen, nicht einschüchtern lassen. Meiner Erfahrung nach ist das Personal in diesen Geschäften in der Regel sehr entgegenkommend, verfügt über ein riesiges Fachwissen, das es gerne weitergibt – und zwar so, dass es auch Laien verstehen. Ich kann Sie nur ermutigen, dorthin zu gehen. Diese Läden brauchen unsere Unterstützung und bieten wahre Schätze feil, die man sonst nirgendwo bekommt.

Unabhängige Drogerien sind ebenfalls fantastisch. Sie sind das Erste, das ich in einer neuen Stadt aufsuche. Dort findet man hübsche Seifen von Bronnley in Zitronenform, hochqualitative Toilettenartikel von Yardley, weiche Puderquasten, Bürsten von Mason Pearson (wer die ausprobiert hat, will nie mehr eine andere), Tablettendöschen, die sich perfekt dazu eignen, zu Paletten für Lippenstiftreste umfunktioniert zu werden, Gesichtspuder von Max Factor und Haarpflegeprodukte von Revlon Flex, die man anderswo schon lange vergeblich gesucht hat. Stellt mich in eine unabhängige Drogerie, und ich fühle mich eine Stunde lang wie im Paradies – bis das Personal zu dem Schluss gelangt ist, dass ich etwas seltsam bin, und ich mindestens 50 Euro dort gelassen habe.

Niemals ins Ausland reisen, ohne einer solchen Drogerie einen Besuch abzustatten! Es gibt nichts Aufregenderes für Fans von Beauty-Produkten als Gänge voller unbekannter Beauty-Schätze. Ich war noch nie in Amerika, ohne mir mindestens zwei Stunden für einen Besuch des örtlichen Drogeriemarkts oder Kosmetikfachgeschäfts zu reservieren. In New York landete ich bei Duane Reade (für Make-up von Neutrogena, Cover Girl, EOS – aber nicht nur!) sowie bei Ricky's am Broadway (für Magic-More-Haarcreme, kitschige Accessoires, Neon-Eyeliner und Reinigungstücher). In anderen amerikanischen Städten gehe ich zu Walgreens oder Target, um literweise tolle Shampoos, Handseifen und medizinische Hautpflegeprodukte zu kaufen, die einem mehr oder weniger nachgeschmissen werden. In Frankreich eile ich als Erstes in die Apotheke, um dort Hautpflegeprodukte im mittleren Preissegment von Firmen wie Nuxe, Phytologie, La Roche Posay, Bioderma und Klorane zu kaufen (niemand kann das günstiger und besser als die Franzosen!), bevor ich zu Make Up For Ever gehe, die die größte Auswahl an Farbpaletten und Pinseln überhaupt haben. Ich kann Ihnen auch nur raten, im Frankreich- oder Italienurlaub wenigstens einmal bei Sephora vorbeizuschauen.

Unabhängig von Ihrer Hautfarbe und Ihrem Haartyp sollten Sie auch auf keinen Fall Kosmetikläden für Afrikaner oder Asiaten außer Acht lassen: Streng genommen sind das natürlich keine Spezialgeschäfte, doch jetzt, wo die großen Drogerieketten zu Recht immer mehr Produkte für diese Zielgruppe aufnehmen und man in Onlineshops alles bekommt, was das Herz begehrt, befürchte ich, dass die Beautyshops für Afrikanerinnen und Asiatinnen immer mehr Kundinnen verlieren werden. Das wäre wirklich eine Schande, denn diese Läden verkaufen jede Menge fantastische Produkte, die man nirgendwo sonst findet: riesige Tiegel mit köstlich duftender Kakaobutter für wenig Geld, hochqualitative Kämme und Haarzubehör, besseres und billigeres Nagelzubehör als in jedem Drogeriemarkt, wunderbare Kokos-, Mandel- und Weizenkeimöle und reichhaltige, pflegende Sheabutter, günstige Schätze von altmodischen amerikanischen Marken wie Queen Helene und Dax … diese Läden sind wahre Fundgruben für Beauty-Fans! Wie alle diese Spezialgeschäfte oder Profishops sollte man sie nutzen, damit es sie noch möglichst lange gibt.

DAS BESTE SOFORT

»Immer guten Badezusatz verwenden.«
Nora Ephron

Mein großes Vorbild Nora Ephron hat oft gesagt, dass der Tod ihrer besten Freundin sie eines gelehrt hat: stets guten Badezusatz verwenden. Diese Aussage fasst meine Einstellung zum Thema Beauty perfekt zusammen, und ich will Ihnen auch erklären, warum: An Weihnachten vor zehn Jahren hatte mir La Mer die teuerste Geschenkbox überhaupt geschickt. Sie enthielt wunderbare Produkte, die ein Vermögen wert waren. Sie waren so schön, dass ich meine normale Pflegeroutine beibehielt und mir vornahm, die geschenkten Kosmetika erst dann anzubrechen, wenn ich mich so fühlen würde wie die Sorte Frau, die sich dick mit »Crème de la Mer« eincremt, nur um anschließend einen Baumarkt aufzusuchen.

Deshalb blieb die Box die nächsten vier Jahre dort, wo sie war. Bis sie mit mir von London nach Brighton umzog, wo sie weiterhin unbenutzt im Schrank stand und auf ihren Einsatz wartete. Als ich mich eines Tages für eine vornehme Hochzeitsfeier zurechtmachte und mich nach der Geburt meines Kindes ziemlich jämmerlich fühlte (siehe auch das Kapitel »Beauty für Mütter«), kam ich zu dem Schluss, dass die »Crème de la Mer« jetzt genau das Richtige wäre. Also holte ich die Box aus dem Schrank, schraubte den ersten hübschen Keramiktiegel auf… und nahm sofort einen höchst seltsamen Geruch wahr: Alles war schlecht geworden und damit reif für die Mülltonne.

Das war mir eine Lektion fürs Leben: Diesen Fehler würde ich bestimmt kein zweites Mal machen! Viel zu viele Frauen denken, dass auch sie sich eines Tages die Haare blondieren, sich teure Parfüms aufsprühen, mit luxuriöser Körpercreme eincremen oder die teure Duftkerze anzünden werden, die ihre Freundin ihnen geschenkt hat. Na, erkennen Sie sich wieder? Wir benutzen das Billigservice und sparen uns das Geschirr, das wir uns zur Hochzeit gewünscht haben, für irgendwelche eingebildeten besonderen Anlässe auf. Wir motten den hübschen Kaschmirpulli ein, in dem wir uns schön und sexy fühlen, woraufhin er im Schrank bleibt, wo er uns garantiert keine Freude bereiten wird. Stattdessen tragen wir das wenig schmeichelhafte, alte T-Shirt, wenn wir die Kinder zur Schule bringen. Schon unsere Mütter haben das so gehandhabt, genau wie deren Mütter und Großmütter. Doch was heißt das eigentlich? Dass wir unterschwellig glauben, nichts Schönes verdient zu haben? Dass das nur etwas für andere, raffiniertere Frauen ist oder für einen Anlass, zu dem wir uns ausnahmsweise dazu durchringen können, uns zu verwöhnen? Es ist schon erstaunlich, welchen Quatsch Frauen sich einreden können, nur um sich fertigzumachen!

Schönes für später aufheben, das ist in etwa so, als würden wir unser Leben auf einem in Schutzfolie verpackten Sofa verbringen und auf bessere Zeiten warten, die vielleicht niemals kommen werden. Und selbst wenn, wird das Sofa zu diesem Zeitpunkt aus der Mode und das Parfüm gekippt sein, sodass man es im besten Fall nur noch zum Beizen von Holz verwenden kann. Mal ganz abgesehen davon, dass man angebrochene Seren und Cremes täglich, mindestens aber einmal wöchentlich benutzen sollte, damit sie überhaupt wirken. Werden sie also nur zu besonderen Gelegenheiten aufgetragen, ist das eine Riesengeldverschwendung. Es gibt keine Generalprobe! Das Leben ist jetzt, und wir verdienen es, gut auszusehen und uns auch so zu fühlen. Kaufen Sie den neonfarbenen Lippenstift! Gehen Sie verschwenderisch mit dem luxuriösen Badezusatz um, zünden Sie die Duftkerze einfach an, und tragen Sie »Chanel No. 5«, auch wenn Sie nur kurz in den Supermarkt gehen. Schöne Dinge sind dazu da, gesehen und genossen zu werden, statt ein Schattendasein zu fristen. Und auch Sie verdienen es, im Hier und Jetzt gut zu leben, sich gut zu fühlen, und nicht erst in ferner Zukunft. Das Leben ist schließlich verdammt kurz, also hören Sie endlich auf, sich das Beste für später aufzuheben. Das ist wirklich totaler Schwachsinn!

WAS HÄLT WIE LANGE?

Die meisten Produkte haben ein Mindesthaltbarkeitsdatum, das gut sichtbar auf der Verpackung angegeben ist, in der Regel zusammen mit der Abbildung eines Tiegels und einer Angabe wie beispielsweise »18M«. Das bedeutet, dass das Produkt nach dem Anbrechen 18 Monate lang verwendet werden kann, bevor es verdirbt oder seine Inhaltsstoffe wirkungslos werden. Ansonsten gilt Folgendes:

BRAUENGEL

Kaufen Sie günstiges Brauengel (das im Grunde ohnehin nichts anderes ist als Haargel in einer Wimperntuschenhülse), und tauschen Sie es nach sechs Wochen aus. Brauengel kann man einfach nicht sauber halten – lose Make-up-Partikel bleiben im Bürstchen hängen und lassen das Gel rasch unappetitlich aussehen.

MASCARA

Angeblich soll man seine Mascara alle sechs Wochen wegwerfen. Aber wenn Sie sie täglich und ausschließlich selbst benutzen, hält sie, bis sie alle ist. Tragen Sie nur selten Mascara, sollten Sie diese nach etwa vier Monaten entsorgen. Am Austrocknen hindern Sie die Mascara, indem Sie das Bürstchen herausdrehen, statt damit zu »pumpen«. Dasselbe gilt für flüssigen Eyeliner. Bevor Sie die Mascara wegwerfen, sollten Sie nicht vergessen, dass ein sauberes Bürstchen höchst praktisch zum Entklumpen von Wimpern und Kämmen von Brauen ist. Waschen Sie es also mit einem Shampoo ohne Feuchtigkeitspflege, und lassen Sie es auf einem sauberen Handtuch trocknen.

PUDERLIDSCHATTEN UND ROUGE

Puder halten ewig. Ich besitze Lidschattenpaletten, die ich bereits mit 16 gekauft habe, und die Farben lassen sich nach wie vor perfekt auftragen, ohne meine Haut zu reizen. Wenn irgendein Puder einen ekligen Belag bekommt, der den Pinsel daran hindert, die Farbe aufzunehmen, nehmen Sie einfach ein stumpfes Buttermesser und kratzen ihn vorsichtig ab, bis eine frische Schicht darunter hervorkommt.

CREMES UND LOTIONS

Alles Flüssige oder Cremige riecht schlecht, wenn es gekippt ist. Es ist allerdings gut möglich, dass es längst vorher keine Wirkung mehr zeigt. Halten Sie sich also an die Angaben auf der Verpackung. Wurde die Creme oder Lotion noch nicht angebrochen, haben Sie etwa zwei Jahre Zeit, sie aufzubrauchen. Doch ich rate Ihnen natürlich, sie sofort zu benutzen und zu genießen: Das Leben ist kurz!

NAGELLACK

Nagellack kann sich mit der Zeit in seine einzelnen Bestandteile auflösen, oder wenn man ihn an einem zu warmen Ort aufbewahrt. Das Fläschchen in diesem Fall heftig schütteln, damit sich die Bestandteile wieder verbinden. Wenn das funktioniert, können Sie ihn bedenkenlos weiterverwenden. Wenn nicht, wird es Zeit, sich davon zu verabschieden. Bewahren Sie Ihren Nagellack an einem kühlen Ort auf. Es muss nicht der Kühlschrank sein, aber viele, die ich kenne, horten ihn genau dort. Ich persönlich finde eher, dieser Ort sollte für Käse reserviert sein. Wer ihn für Schönheitsprodukte verwendet, scheint zu jenen tragischen Frauenfiguren zu gehören, die nichts als Wodka und Nagellack darin aufbewahren. Wird der Nagellack klumpig, geben Sie einfach ein bisschen Nagellackentferner auf Acetonbasis dazu, und schütteln Sie das Ganze gut durch. Das verdünnt ihn und macht ihn hoffentlich wieder wie neu.

LIPPENSTIFT

Manche Lippenstifte halten jahrelang, andere fangen an zu müffeln oder bekommen eine körnige Konsistenz, die furchtbar aussieht und sich auch so anfühlt. Selten benutzte Lippenstifte in einer kühlen Umgebung aufbewahren und bitte sofort wegwerfen, wenn die Substanz müffelt oder sich optisch verändert. Hängen Sie besonders an einer Farbe, die aus dem Handel genommen wurde, schneiden Sie das Ende ab. Vielleicht hilft es? Meist tummeln sich die Bakterien nur an der Oberfläche.

LIPGLOSS

Der Lipgloss selbst ist an und für sich kein Problem, aber der Applikator kann heftig müffeln, wenn er nur selten verwendet wird. (Dasselbe gilt für Concealer, die einen Applikator oder Pinsel haben.) Die weiche Spitze nimmt Bakterien aus dem Mund auf, die sich dann innerhalb der Hülse vermehren. Wenn das passiert, müssen Sie ihn leider entsorgen. Und zwar sofort!

FOUNDATION

Angebrochene Foundation hält acht bis zehn Monate, wenn Sie sie vor der Anwendung schütteln und das Fläschchen anschließend sorgfältig verschließen. Verändert Ihre Foundation die Farbe oder oxidiert, gehört sie in den Müll. Wenn sie sich nach einer gewissen Zeit in ihre einzelnen Bestandteile auflöst, kann es helfen, das Fläschchen heftig zu schütteln. Angetrocknete Reste um die Flaschenöffnung sind kein Problem und können im Notfall sogar als Concealer herhalten.

CONCEALER-STIFTE

Diese Stifte zum Klicken, die lichtreflektierende Partikel enthalten, haben eine lange Lebensdauer, da das Produkt durch die Hülse geschützt wird. Die Applikatoren müssen allerdings häufig gewaschen werden, damit sich keine Bakterien ausbreiten und Pickel oder Irritationen verursachen können. (Letzteres kommt ziemlich häufig vor und bedeutet nicht, dass Sie auf das Produkt an sich allergisch sind.) Außerdem fangen sie sonst irgendwann an zu stinken. Nach mehrmaliger Benutzung mit einem Shampoo ohne Feuchtigkeitspflege unter fließendem Wasser auswaschen und offen trocknen lassen.

PARFÜM

Licht ist der natürliche Feind eines jeden Duftes. Wer sein Parfüm auf der Fensterbank aufbewahrt, ruiniert es so schnell, dass man den Flakon gleich zertrümmern könnte. Bewahren Sie Ihre Parfüms an einem dunklen Ort auf, am besten in ihrer Originalschachtel. (Ich selbst tue das allerdings auch nicht, weil ich mich viel zu sehr an den Flakons erfreue.) Metallkanister garantieren die längste Haltbarkeit (zum Beispiel bei »She« von Armani oder bei »Rive Gauche« von YSL). Aber hochwertiges Parfüm in einem Glasflakon kann bis zu zehn Jahre halten, wenn es richtig gelagert wird. Haben sich Duft oder Farbe Ihres Parfüms drastisch verändert, hat es wohl leider das Zeitliche gesegnet.

BEAUTY-KNOW-HOW:
HIER BEKOMMEN SIE RAT

»Der Kritiker ist die einzige unabhängige Informationsquelle.
Der Rest ist Werbung.«

Pauline Kael

Ich bin besessen von Zeitschriften, ja ich würde sogar sagen, dass ich meine Karriere und meine Liebe zu Beauty-Produkten dem wunderbaren Magazin *Just Seventeen* verdanke, das leider eingestellt wurde. Ich liebe Zeitschriften sogar noch mehr als Zeitungen und habe durch ihre Lektüre und die Recherche für meine eigenen Zeitschriftenartikel viel gelernt. Aber wenn es um Beiträge zu Beauty-Produkten geht, sollte man ein paar Dinge wissen: Alle Hochglanzmagazine müssen positiv über die Produkte ihrer Werbekunden berichten. Das sind meist große Konzerne wie Estée Lauder, Chanel oder L'Oréal. Ist dann noch Platz übrig, kann die Beauty-Redakteurin eine eigene Produktauswahl treffen. Wirklich aufrichtig können Redakteure von Hochglanzzeitschriften allerdings nicht sein, auch wenn es viele gibt, die wirklich brillant informiert und guten Willens sind. Viele Zeitungen können da unabhängiger agieren, wenn auch nicht alle.

Trotzdem glaube ich, dass wir Leserinnen klug genug sind, um damit umgehen zu können – vorausgesetzt es gibt eine gewisse Ausgewogenheit in der Berichterstattung. Eine gute Alternative sind Bloggerinnen: Sie sind nicht so abhängig von Anzeigenkunden und können deshalb aufrichtiger bewerten, was sie meist auch tun. Manchmal handelt es sich dabei um ausgewiesene Experten, aber die vielen, die keine sind, leisten trotzdem einen wertvollen Beitrag in einer sonst sehr homogenen Medienlandschaft. Für mich stehen Zeitschriften für tolle Ideen, Fachwissen, unübertroffenen Zugang zu Informationen und für wunderschöne, inspirierende Fotos. Blogs wiederum stehen für aufrichtige, allumfassende Informationen. Sie haben auch die Möglichkeit, viel konkretere Zielgruppen anzusprechen. So finden farbige Frauen im Internet deutlich bessere Informationen als in den Printmedien, von denen sie mehr oder weniger ignoriert werden. Die Berichterstattung in Zeitungen ist vielleicht eine Art Mischung aus beidem. Ich möchte alle Möglichkeiten nutzen und finde, die Leute sollten aufhören, die verschiedenen Medien gegeneinander auszuspielen. Es gibt tolle Informationsquellen auf allen drei Medienplattformen, die ich gerne weiterempfehle – Zeitschriften mit den inspirierendsten Fotos und Beauty-Ideen, Blogs, die nicht lange um den heißen Brei herumreden, Foren, in denen sich echte Beauty-Nerds tummeln, und Zeitungsartikel integerer Autoren. Folgende Liste enthält (englischsprachige) Quellen, die ich selbst verwende, trotzdem können sie es einem nicht abnehmen, sich selbst auf die Suche nach Produkten zu machen, die Sie lieben. Es gibt im wahrsten Sinne des Wortes Millionen von Beauty-Tutorials und Blogs sowie zahllose tolle Zeitschriften: Bitte kaufen Sie sie, sonst werden sie nicht lange überleben! Meine Liste ist in keiner Weise vollständig und rein subjektiv. Wenn darin etwas nicht auftaucht, ist das noch lange kein Negativurteil.

AUSWAHL ENGLISCHSPRACHIGER BEAUTY-QUELLEN

CAROLINE HIRONS

Caroline Hirons ist gelernte Visagistin, Markenberaterin, Bloggerin und eine Freundin von mir, die sich besonders gut mit Hautpflege auskennt. Wir sind nicht immer einer Meinung – zum Glück! Zum Beispiel haben wir völlig unterschiedliche Ansichten zum Thema Gesichtswasser. Aber unabhängig davon respektiere ich sie sehr. Man kann ihr blind vertrauen. Ihr Blog (carolinehirons.com) ist fantastisch. Er wird regelmäßig aktualisiert, ist witzig, aufrichtig, hilfreich und informativ. Auf höfliche Leseranfragen reagiert sie durchaus. Carolines Schreibe ist angenehm direkt, aber nie unfreundlich.

LUCA TURIN UND TANIA SANCHEZ

Es ist vermutlich extrem ungeschickt, andere Schönheitsratgeber zu empfehlen. Aber ich kann einfach nicht über Parfüm schreiben, ohne Luca Turins und Tania Sanchez' *Das kleine Buch der großen*

Parfums zu erwähnen. Es ist nicht nur mein Lieblingsbuch über Parfüms, sondern vermutlich sogar mein Lieblingsbuch überhaupt! Es würde mich wirklich freuen, wenn ich Sie mit meiner Begeisterung für Parfüms anstecken könnte. Wenn dem so ist, dann kaufen Sie bitte sofort dieses Buch und lernen Sie von echten Profis. Niemand schreibt besser über Parfüms als dieses Autorenduo. Und niemand findet so aufregende, schöne Worte, wenn es darum geht, Düfte zu erschnuppern.

KATIE PUCKRIK

Ich habe Katie schon mit 15 kennengelernt. Sie war damals Tänzerin bei den Pet Shop Boys, und ich habe als First Make-up Assistant an der Produktion ihres Musikvideos mitgewirkt. Ich bin in der Beauty-Branche geblieben, während sie DJane und Fernsehmoderatorin wurde. Außerdem hat sie eine extreme Begeisterung für Parfüms entwickelt. Sie hat jetzt einen fantastischen, unterhaltsamen Blog über Düfte, der Kritiken und Videos über Parfüms enthält: katiepuckriksmells.com.

INDIA KNIGHT

India ist die äußerst beliebte Beauty-Kolumnistin der Style-Seiten der *Sunday Times*. Sie ist eine Art Anti-Beauty-Redakteurin, da sie sich kaum darum kümmert, was gerade neu und angesagt ist. Sie geht nicht zu Produkteinführungen und Seminaren, ja sie betrachtet sich nicht einmal als echte Expertin. Dafür ist sie eine kritische Mittvierzigerin, die sich extrem für gute Produkte und ebensolche Behandlungsmethoden begeistern kann. Außerdem hat sie guten Geschmack. Sie ist völlig unabhängig, vollkommen aufrichtig und sehr leidenschaftlich, was Dinge anbelangt, die sie mag. Außerdem macht es einen Riesenspaß, ihre Kolumne zu lesen.

PIXIWOO

Das sind die zwei Visagisten-Schwestern Sam und Nic Chapman, die eine Reihe von extrem beliebten und leicht umzusetzenden Tutorials auf YouTube stellen. Sie sind nicht nur fantastische Visagistinnen, sondern besitzen auch die Fähigkeit, Informationen auf eine warmherzige und völlig unarrogante Weise zu vermitteln – und zwar an jede Frau, die sich dafür interessiert. Die beiden sind unglaublich sympathisch, sodass man nur zu gern ein paar Stunden mit ihnen verbringt.

KATE SHAPLAND

Kate Shapland ist Beauty-Redakteurin beim *Telegraph Magazine*. Sie hat enorme Erfahrung auf ihrem Gebiet und ist hoch angesehen. Das Thema Beauty ist ihre Leidenschaft, und sie ist ein Riesenfan von kleineren Marken, die nicht den Werbeetat haben, der Artikel in Hochglanzzeitschriften garantiert. Sie ist vertrauenswürdig, unabhängig, begabt und unbestechlich. Darüber hinaus hat sie eine eigene Firma namens MyShowcase.com, die Nischenprodukte auf dem Kosmetikmarkt direkt vertreibt.

ALEXANDRA STEINHERR

Alex Steinherr ist Beauty-Redakteurin bei einem Hochglanzmagazin. Sie muss dieselben Einschränkungen akzeptieren wie ihre Kolleginnen, aber für mich ist sie eine Ausnahmeerscheinung, weil sie sich auf ihrem Gebiet perfekt auskennt und wirklich dafür brennt. Ihrer Leidenschaft und ihrem Fachwissen begegnet man auf den Seiten der britischen *Glamour*, wo sie das Beauty-Ressort leitet.

Ich bin auch eine begeisterte Leserin der Kolumnen von Nicola Moulton (*Vogue*), Annabel Meggeson (*Red*) und von der freien Journalistin Jan Masters. Aber ich lese auch gern die Texte zahlreicher anderer Beauty-Redakteure, die ich an dieser Stelle unmöglich alle aufzählen kann.

JO FAIRLEY UND SARAH STACEY

Zwei hoch angesehene Beauty-Redakteurinnen, die ein wunderbares Buch mit dem Titel *Beauty Bible – Der große Ratgeber für perfekte Ausstrahlung* herausgeben haben. Jo hat auch ihren eigenen Parfüm-blog (thescentcritic.com), der wirklich fantastisch ist.

ROJA DOVE

Wenn Sie jemals Gelegenheit haben, Roja Dove bei einem Parfüm-Workshop zu erleben, sollten Sie diese auf keinen Fall verpassen. Das ist der Mann, der mich überhaupt dazu inspiriert hat, mich mit Parfüms zu beschäftigen! Sein Wissen ist unerreicht und seine Begeisterung absolut ansteckend. Er besitzt eine eigene *Haute Parfumerie* bei Harrods in London und besucht häufig Kaufhäuser und Boutiquen in der ganzen Welt.

A MODEL RECOMMENDS

Ruth Crilly, ein erfolgreiches Model, das auf eine lange Karriere zu-rückblicken kann, berichtet auf ihrer Seite (amodelrecommends. com) über Beauty und Mode und wirft einen interessanten Blick hinter die Kulissen. Wie die Pixiwoo-Schwestern ist sie sehr freund-lich und sympathisch und tut sich häufig mit anderen einflussrei-chen Bloggerinnen wie Caroline Hirons zusammen.

MAKEUPALLEY

Eine riesige Internet-Community, deren internationale Mitglieder Kritiken zu so gut wie jedem Beauty-Produkt verfassen. In kurzen Bewertungen können eins bis fünf Punkte vergeben werden, die Durchschnittsbewertung wird neben jedem Produkt angezeigt. Eine extrem nützliche Quelle für alle, die überlegen, ein neues Produkt auszuprobieren.

ALLURE.COM

Wenn Sie Beauty-Junkies fragen, welche Zeitschrift sie am allermeisten lieben, werden sie ausnahmslos *Allure* nennen. Diese amerikanische Zeitschrift ist der Maßstab schlechthin in Sachen Beauty-Berichterstattung. Die Leute, die dort arbeiten, wissen, wie man über Lifestyle schreibt: Sie berichten ernsthaft über Albernes und albern über Ernstes und sind in Sachen Unterhaltung, Stil und Humor eine echte Autorität. Bei *Allure* finden Sie Hunderte von Kritiken (die allerdings nicht ganz ohne Einfluss der Werbekunden zustande kommen), ausführliche Artikel über neueste wissenschaftliche Erkenntnisse, tolle Interviews mit Beauty-Insidern und fantastische Tutorials. Auch die Fotos sind großartig. Das neue interaktive Abo fürs iPad ist eines der besten seiner Art.

SALIHUGHESBEAUTY.COM

Natürlich empfehle ich auch meine eigene Seite, möchte aber allen Beauty-Nerds vor allem das Forum empfehlen. Dort treffen sich täglich Gleichgesinnte, um ihre aufrichtige Meinung zu Themen wie Beauty, Kinder, Partnerschaft, Mode, Bücher und Politik zu äußern. Außerdem finden Sie dort Tausende von Produktbewertungen aus erster Hand – es gibt immer jemanden, der ein bestimmtes Produkt bereits ausprobiert hat, in der Regel sogar mehrere Personen. Darüber hinaus gibt es auf meiner Seite eine Reihe von Interviews mit dem Titel *In the bathroom with ...* (»*Im Bad mit ...*«). Wenn Sie nur halbwegs so neugierig sind wie ich, werden Sie bestimmt Ihren Spaß daran haben!

VAL GARLAND

Die Einblicke, die Val Garland – für mich eine der kreativsten Visagistinnen überhaupt – auf ihrer Internetseite (mastered.com) gibt, sind unglaublich inspirierend. Folgen Sie ihr auf Instagram und Twitter (@TheValGarland), dort finden Sie Backstage-Fotos, Tipps und aufrichtige, unbeeinflusste Produktempfehlungen, die mit ihrem »VALidated«-Banner versehen wurden.

THANDIEKAY.COM

Eine Beauty-Webseite, die von der preisgekrönten Schauspielerin Thandie Newton und von der weltberühmten Visagistin Kay Montano ins Leben gerufen wurde. Dort findet man Tutorials, persönliche Anekdoten und Bewertungen. Die Herangehensweise ist durchweg positiv, und es gibt viele Links zu anderen Blogs. Viele der dort schreibenden Autoren haben nämlich eigene tolle Webseiten mit hilfreichen Tipps für Frauen jeder Hautfarbe.

PAULA BEGOUN

Die amerikanische Autorin Paula Begoun, auch scherzhaft *Cosmetics Cop* genannt, hat 2,5 Millionen Beauty-Bücher verkauft, meist zum Thema Hautpflege. Mittlerweile herrscht sie sogar über ein eigenes Produktimperium (Paula's Choice). Sie konzentriert sich hauptsächlich auf Inhaltsstoffe, die sie für wirksam, hilfreich oder schädlich hält, und ihre Erkenntnisse sind in einer umfassenden Datenbank gespeichert (paulaschoice.com/beautypedia). Sie ist weder Wissenschaftlerin noch Hautärztin, aber dafür eine engagierte Rechercheurin in Sachen Schönheit. Was sie sagt, klingt sehr vernünftig. Ihre zahlreichen Anhänger (von denen sich viele in ihrem Forum austauschen) sind ihr treu ergeben. Ich nicht (vermutlich weil sie findet, blauer Lidschatten sollte abgeschafft werden). Trotzdem bin ich sehr froh, dass es sie gibt, in einer Industrie, die mehr so starke Persönlichkeiten braucht wie sie.

CHARLOTTE TILBURY

Charlotte ist eine der begehrtesten Visagistinnen weltweit und hat an Kampagnen sämtlicher Stardesigner mitgewirkt – angefangen von Tom Ford bis hin zu Chanel. Sie ist auf sehr glamouröses, sexy Make-up spezialisiert, das sie regelmäßig auf ihrem eigenen Blog Charlottetilbury.com vorstellt. Sie benutzt eine Vielzahl von Produkten in ihren Videos, hat aber auch eine eigene (fantastische) Make-up-Marke, deren Produkte man bei Selfridges in Großbritannien und im Netz bei Net-a-porter.de bekommt. Tolle Tipps gibt sie außerdem auf Instagram: @CTilburyMakeup.

SAM MCKNIGHT

Seit Jahrzehnten ist der schottische Hair-Stylist Sam McKnight der Profi für Fotosessions schlechthin. Er hat mit allen gearbeitet – angefangen bei Kate Moss über Cara Delevigne und Madonna bis hin zu Prinzessin Diana. Er hat einen wahnsinnig unterhaltsamen Instagram-Account (@Sam McKnight), auf dem er Schnappschüsse aus seinem extrem glamourösen Leben in der Beauty-Industrie postet, aber auch irgendwie tröstliche Bilder aus seinem Blumengarten.

INTO THE GLOSS

Ein amerikanisches Online-Beauty-Magazin (intothegloss.com) mit einer tollen Webseite und Instagram-Feed (@IntoTheGloss). Hier finden Sie witzige und intelligente Beauty-Artikel, schräge Ideen, interessante Neuigkeiten und werbekundenfreundliche, aber nichtsdestotrotz unterhaltsame Bewertungen.

MARY GREENWELL

Wenn Sie wie ich ein großer Fan der Supermodel-Ära mit wilden Mähnen und glamourösem Make-up sind, werden Sie vermutlich bereits wissen, dass Mary damals eine der Schlüsselfiguren der Szene war. Sie hat mich dazu inspiriert, in der Beauty-Branche zu arbeiten, und bleibt eine der weltbesten Visagistinnen. Ihr Schwerpunkt ist Beauty auf dem roten Teppich. Ich liebe ihre Beiträge auf Instagram und Twitter (@marygreenwell), weil ich mich auf diese Weise über ihre tollen Looks für Cate Blanchett, Uma Thurman, Jessica Chastain und viele andere auf dem Laufenden halten kann.

STYLIST

Das Beauty-Ressort des *Stylist* (stylist.co.uk) wird von Joanna McGarr geleitet, einer extrem guten Beauty-Redakteurin, die sowohl stylen als auch schreiben kann. Ihre mit Preisen überschütteten Seiten enthalten interessante, ausführliche Artikel zum Thema Beauty sowie traditionelle Shoppingtipps und Produktempfehlungen.

FRAGRANTICA.COM

Eine große Online-Community von Parfümfans, die mehrere nützliche Funktionen und aufrichtige Bewertungen von Leuten bietet, die sich wirklich für Düfte begeistern. Es kann einem leicht passieren, dass man dort nur rasch einen bestimmten Duft nachschlagen will, um sich dann drei Stunden später mit einer Rieseneinkaufsliste wieder von dort abzumelden.

BASENOTES.COM

Eine riesige Datenbank über Parfüms, die man nach Inhaltsstoffen, Genres, Marken und Parfümeuren durchsuchen kann. Eine sehr hilfreiche Quelle, wenn Sie beispielsweise feststellen, dass Sie den Duft von Iris mögen, und wissen wollen, welche Parfüms ihn enthalten.

AUSWAHL DEUTSCHSPRACHIGER BEAUTY-BLOGS UND -VLOGS

LIPSTICKLOVE.DE

Die Münchnerin Maria hat eine ausgeprägte Leidenschaft für Lippenstifte. Passenderweise hat sie ihren Blog Lipstick Love genannt und präsentiert täglich Lippenstifte in aktuellen Farben. Neben Lippenstiften finden sich News aus dem Schönheitskosmos und Berichte von Beauty-Events auf ihrem Blog.

IPAINTMYWORLD.BLOGSPOT.DE

Hier stellen zwei Make-up-verrückte junge Damen ihre Lieblingsprodukte in Kombination mit stimmungsvollen Bildern vor.

JOSIELOVES.DE

Der Blog der Münchnerin Sarah mit viel Beauty, aber auch einer
Menge Fashion und Berichten über glamouröse Events und interessante Reisen.

JUSTMAKEITUP.DE

Auf Julias Blog findet man alles von Beauty-Basics über Hair und
Make-up-Tutorials bis zu News aus der Beauty- und Style-Welt.

TOBEYOUTIFUL.COM

Colli und Momo sind immer auf der Suche nach den neuesten
Trends und präsentieren sie auf ihrem Blog in Beiträgen und Tutorials.

MAGI-MANIA.DE

Bloggerin Magi ist vor allem für ihre ausführlichen Video-Tutorials
bekannt. Auf ihrem YouTube-Kanal magimania zeigt sie vorm heimischen Badezimmerspiegel step-by-step, wie man beispielsweise
ein glamouröses Augen-Make-up schminkt. Zusammen mit ihren
Co-Bloggern Zaz, Tini, Schoko und Malice stellt sie zudem täglich
neue Beauty-Produkte vor, testet und bewertet sie.

DAARUUM

Der YouTube-Kanal daaruum zeigt eine bunte Mischung aus Lifestyle, Travel, Beauty, Fashion und Food.

FUNNYPILGRIM

Mira zeigt in ihrem Beauty-Vlog nicht nur Schmink-Looks für den Alltag, sondern stellt zum Beispiel auch ein Make-up-Starter-Kit für ein kleines Budget vor und verrät uns, wie Lippenstift länger hält.

XKARENINA

Die 24-jährige Studentin zählt Make-up zu ihren größten Hobbys und teilt ihre Leidenschaft regelmäßig mit ihren Fans auf ihrem Vlog – ob Abendroutine im Bad oder Schminktutorials mit günstigen Drogerieprodukten.

SASHA COEFIELD

Mit ihrem YouTube-Kanal asksash88 hat Sasha Coefield sich als Flechtexpertin weltweit einen Namen gemacht. Ihr Buch *Flechtfrisuren* ist auch in Deutschland erschienen.

AUSWAHL AN ONLINEHÄNDLERN FÜR BEAUTY-PRODUKTE IM DEUTSCHSPRACHIGEN RAUM

- Asos.de
- Beautylane.de
- Douglas.de
- Flakoni.de
- Iparfumerie.de
- Kosmetikonline-shop.com
- Lookfantastic.de
- Ludwigbeck.de
- Makeup-bestellen.de
- Net-a-porter.de
- Niche-beauty.com
- Parfumdreams.de
- Purenature.de
- Qvc.de
- Urbanoutfitters.de

Natürlich kann man die Produkte auch über die eigenen Websites der Kosmetikhersteller bestellen.

DANK

Ich stehe für immer in Georgia Garretts Schuld, meiner unglaublich cleveren und intelligenten Agentin bei RCW. Enormer Dank gebührt auch Louise Haines, Georgia Mason und allen anderen bei Fourth Estate sowie Sam Wolfson, Steph Stevens, Louise Brown, Virginia Norris und Jane Shepherdson, die dieses Buch auf Anhieb verstanden haben und mich mit Rat und Tat professionell begleitet haben. Ein weiteres Dankeschön geht an die unnachahmliche Mary Greenwell, eine meiner frühesten Vorbilder, die es irgendwie geschafft hat, im richtigen Leben sogar noch schlauer und toller zu sein.

Meine ganze Liebe und mein Dank gilt meiner Familie: Wyn und David Hughes, Jake Walters, Sarah Morgan, Julia Marcus, Richard Wormwell, Paul Simper, Jason Burns, Victoria Reynard und Rachel James, die eine der Glücklichen war, der ich mit elf eine Seife von Clinique geschenkt habe, und die meine Leidenschaft 28 Jahre später immer noch teilt: Sie war nämlich bereit, sich für dieses Buch fotografieren zu lassen.

Ich kann mich sehr glücklich schätzen, die Frauen der salihughes beauty.com-Community hinter mir zu haben, die stets kritisch nachfragen, mein Wissen testen und mir sagen, wenn etwas ihr Leben revolutioniert hat oder einfach nur totaler Mist ist. Bitte machen Sie auch mit! Das sind alles Frauen, mit denen Sie liebend gern zur Schule gegangen wären. Ich danke auch den Moderatoren, vor allem meiner Mitbegründerin Debra Brock, meiner Assistentin Lauren Oakey, dem Kolumnisten Michael Hogan und dem wunderbaren Team Fi Nightingale und Nicola Ridings Watson, die so fantastisch die Stellung gehalten haben, als ich an diesem Buch schrieb, und die mir jeden Tag die Tränen in die Augen treiben vor lauter Lachen.

Ein ganz besonderer Dank geht an India Knight, Sam Baker, Nat Saunders und Lucy Mangan. Vier sehr liebe Freunde, die mich unglaublich großzügig unterstützt und zu diesem Buch ermutigt haben. Ihre Ratschläge waren stets hilfreich und sehr durchdacht. Bedanken möchte ich mich auch bei allen Beauty-PR-Frauen, auf deren Einsatz und Effizienz ich mich fest verlasse (ihr seid wirklich wahnsinnig gut in eurem Job!), sowie bei meinen Redakteuren bei *Grazia, Red, Guardian Weekend* und *Glamour* für ihre Unterstützung und Nachsicht während der Fertigstellung von *Echt schön*. Aufrichtiger Dank geht natürlich auch an den unvergleichlichen Daniel Maier, der unbeirrbar an mich geglaubt hat, was er mit ständigen Sticheleien und einer Vielzahl irritierender Geräusche kundtat, wodurch ich gezwungen war, mich endlich hinzusetzen und loszuschreiben.

Zuletzt bedanke ich mich vor allem bei meinen heiß geliebten wunderbaren Söhnen Marvin und Arthur. Tut mir leid, dass ich wegen meiner Arbeit oft nicht mit euch spielen konnte. Jedes Schlusswort, das ich schreibe, ist euch gewidmet.

Alles Liebe, Sali.

Salis Instagram: @salihughesbeauty
Twitter: @salihughes
Website: salihughesbeauty.com
#PrettyHonest

Design und Art Direktion
BLOK
www.blokdesign.co.uk

Fotos
Jake Walters
www.jakewalters.com

Styling
Steph Stevens
Mit besonderem Dank an Whistles
www.whistles.co.uk

Make-up
Mary Greenwell von Premier Hair and Make-up
Sarah Reygate von My-Management
Sali Hughes

Danke auch dem Estée-Lauder-Archiv, das mir die Vintage-Kompaktpuder
zur Verfügung gestellt hat.

Haare
Louise Brown
Ole Amodio von Hershesons

Haare, Make-up und Beauty-Assistenz
Lauren Oakey

Ich bedanke mich bei allen Freunden und Lesern, die netterweise einverstan-
den waren, in diesem Buch genannt zu werden:
Polly Sampson, Rachel James, Claire Jamieson, Wendy Garrett, Judy Campbell,
Eva Lazarus, Jodie Moynihan, Jo Tutchener-Sharp und Sonny Sharp, Verity
und Frances Spragge.

Zusätzlicher Dank geht an:
Nicholas Pearson und Daisy Garnett, Peter und Emmanuelle Peri,
Jane und Ben Kilburn, www.kilburnnitghtingale.com, Jane und Steven Collins,
Real Patisserie, Brighton, www.realpatisserie.co.uk, Fliesen von Bert and
May Tiles, Taschen von Merryn Leslie, Schmuck von Karin Andreasson,
www.karinandreassonjewellery.com und von Juliette Collins,
www.geoffreyslondon.com.

REGISTER

413